21世纪管理类核心课程教材

兰州大学教材建设基金资助出版

U0593077

ANALYSIS OF ENTERPRISE FINANCIAL REPORT

企业财务报表分析

主　编　万红波

副主编　戈延俐　秦兴丽

编　者（按姓氏首字母排序）

戈延俐　李敏杰　刘玉萍　齐肖男

秦兴丽　唐玉玲　涂　姣　万红波

邬紫妍　徐媛媛　张金鹏

兰州大学出版社
LANZHOU UNIVERSITY PRESS

图书在版编目（ＣＩＰ）数据

企业财务报表分析 / 万红波主编. -- 兰州 ： 兰州
大学出版社，2017.8（2020.3重印）
ISBN 978-7-311-05222-5

Ⅰ． ①企… Ⅱ． ①万… Ⅲ． ①企业管理－会计报表－
会计分析 Ⅳ． ①F275.2

中国版本图书馆CIP数据核字(2017)第197531号

策划编辑　陈红升
责任编辑　郝可伟　　陈红升
封面设计　陈　文

书　　名　**企业财务报表分析**
作　　者　万红波　主编
出版发行　兰州大学出版社　（地址：兰州市天水南路222号　730000）
电　　话　0931-8912613(总编办公室)　　0931-8617156(营销中心)
　　　　　0931-8914298(读者服务部)
网　　址　http://www.onbook.com.cn
电子信箱　press@lzu.edu.cn
印　　刷　北京虎彩文化传播有限公司
开　　本　787 mm×1092 mm　1/16
印　　张　16.5(插页2)
字　　数　381千
版　　次　2017年8月第1版
印　　次　2020年3月第2次印刷
书　　号　ISBN 978-7-311-05222-5
定　　价　38.00元

前 言

　　本书是为本科生编写的企业财务报表分析教材。企业财务报表是反映企业财务状况、经营成果和现金流量的报表，包括资产负债表、利润表、现金流量表和所有者权益变动表。企业财务报表是对企业经营活动、投资活动和筹资活动等的高度概括。通过财务报表的阅读和分析，我们能够掌握企业的偿债能力、运营能力、盈利能力、发展能力、获现能力等，可以为财务报表的信息使用者提供决策所需的信息。本教材力图为财务报表使用者提供系统的理论和方法介绍，帮助使用者提高财务报表分析技能。

　　本教材主要有以下几方面的特色：

　　1. 基本理论、方法和案例能够满足相关专业本科生的学习需求。

　　2. 本教材强调环境分析在整个财务分析中的重要性，将宏观环境分析、产业环境分析和企业内部资源分析作为财务分析的基础，为更好理解财务数据提供基础。

　　3. 本教材精选2013年上市公司的案例进行分析，注重企业合并报表和上市公司财务分析，引入前言的理论与方法，综合反映了本教材的与时俱进，体现本课程理论与实践相结合的特点。

　　4. 本教材对财务分析的进一步应用进行了讨论，介绍了预警系统建立的方法，讨论了财务报表分析报告的撰写，并利用实例进行了分析，使读者能够准确地掌握财务报表分析的要领。

　　本教材共10章，第1章是总论，对财务分析这门课程的发展阶段、财务分析常用方法及本书的结构进行介绍；第2章至第7章是企业财务报表分析的理论核心，介绍各财务报表分析的主要关注点、分析方法和指标，第8章至第10章则涉及企业财务报表分析理论的应用，包括建立财务预警指标体系，企业盈余管理和造假的识别，以及企业财务报表分析的综合应用。

　　本教材由兰州大学管理学院万红波副教授，兰州大学财务处副处长戈延俐，兰州交通大学讲师唐玉玲，兰州交通大学讲师张金鹏，以及兰州大学管理学院研究生李敏杰、刘玉萍、齐肖男、秦兴丽、涂姣、郇紫妍、徐媛媛共同编著完成。在教材的编写过程中，团队不断进行探讨，一起商讨教材的主题思想、章节结构、编写风格及分工情况，最后由戈延俐和秦兴丽进行修改，万红波副教授进行定稿。

　　鉴于企业财务报表分析的理论在不断发展，本书中的一些观点、见解可能不够全面和准确，恳请广大读者提出宝贵意见。由于编写时间紧迫、书中难免有疏漏、错误之处，恳请广大读者指正。

　　本书得到了2013年兰州大学教材出版基金资助。衷心感谢兰州大学教务处、兰州大学出版社对本书的支持与关注；衷心感谢兰州大学管理学院领导对本书的鼓励与支持；还要特别感谢兰州大学出版社陈红升老师热情细心的支持和帮助，使得这本凝结了众多优秀教师多年教学经验和实践经验总结的书稿得以顺利地完成和出版。

编者

2017年5月

目　录

第一章　财务报表分析概论

【目的要求】

1.了解财务报表分析的起源和演变；

2.了解财务报表分析的概念、作用和内容；

3.熟悉财务报表分析的基本方法；

4.了解财务报表分析的框架和本书的分析路径。

阅读材料

企业并购，不分析财务报表行不行？

2013年上半年，国内市场上发生了许多重大并购事件，其中一项是：国家电网并购澳大利亚能源企业。并购标的是新加坡电力公司子公司澳大利亚Jemena公司60%的股权和澳大利亚新能源澳洲网络19.1%的股份，并购金额是364.8亿人民币（60亿美元）。

思考：

购买企业，是购买总资产还是净资产？其价格确定应考虑哪些因素？

如果让你参与购买谈判，你应该关注财务报表的哪些项目？

第一节　财务报表分析的起源和演变

财务报表分析始于西方银行家对贷款者的信用分析，之后又广泛应用于投资领域和公司内部。从财务报表分析产生与发展的过程不难发现，该学科的理论与实务一直是在外部市场环境的影响下不断加以完善的。

一、信用分析阶段

企业财务报表分析起源于美国银行家对企业进行的所谓的信用分析。银行为确保发放贷款的安全，一般要求企业提供资产负债表等资料，以便对企业的偿债能力进行分析。所以，信用分析又称为资产负债表分析，主要用于分析企业的流动资产状况、负债状况和资产周转状况等。然而必须强调的是，企业良好的偿债能力（尤其是长期偿债能力）必须以良好的财务状况和强大的盈利能力为基础。因此，现代企业的财务报表分析，不再只是单纯地对资产负债表进行分析，而是朝着以利润表为中心的方向转变。

在实践中，银行往往是混合采用几种不同的方法来做出是否贷款的决策，从财务报表分析的角度来说，对中小企业，银行往往重点考察其资产负债表；而对大型企业，银行则往往重点强调企业盈利能力的可持续发展状况。

二、投资分析阶段

银行对企业进行信用分析的结果不仅为银行本身所利用，对投资者也意义重大。投资者就是希望从投资中获得预期的收益，所以，为确保和提高投资收益，广大投资者纷纷利用银行对不同企业及行业的分析资料进行决策。于是，财务报表分析由信用分析阶段进入投资分析阶段，其主要任务也从稳定性分析过渡到收益性分析。

需要注意的是，对企业财务报表的分析由稳定性分析转变为收益性分析，并非是后者对前者完全替代，而是以后者为中心的两者在分析中的并存。

由于盈利能力的稳定性是企业经营稳定性的重要方面，企业的流动性在很大程度上依赖于盈利能力，所以随着对企业盈利能力稳定性分析的深化，收益性分析也成为稳定性分析的重要组成部分。这时的稳定性分析，其内涵不仅包括企业支付能力的稳定性，还包括企业收益能力的稳定性。于是，财务报表分析又朝着以收益为中心的稳定性分析方向发展，逐步形成了目前企业财务报表分析的基本框架。

三、内部分析阶段

在企业财务报表分析的开始阶段，企业财务报表分析只是用于外部分析，即企业外部利益相关者根据各自的要求进行分析。后来，企业接受银行的分析与咨询的过程中，逐渐认识到了财务报表分析的重要性，开始由被动地接受分析逐步转变为主动地进行自我分析。尤其是在第二次世界大战以后，企业规模不断扩大，经营活动日趋复杂，企业为了在激烈的市场竞争中求生存、谋发展，不得不借助于财务报表所提供的有关信息进行资讯导向、目标管理、利润规划及前景预测。这些都说明，企业财务报表分析开始由外部分析向内部分析拓展，并表现出两个显著特征：（1）内部分析不断扩大和深化，成为财务报表分析的重心；（2）分析所用的资料非常丰富，为扩大分析领域、改善分析效果、发展分析技术提供了前提条件。通过财务报表分析掌握企业的财务状况，进而判断企业的经营状况，已经成为现代企业及社会的一大要求。不过，无论是外部分析还是内部分析，所用的资料都是来源于对外公布的财务报表。

第二节　财务报表分析的概念、作用和内容

一、财务报表分析的概念

企业财务报表分析的概念有狭义和广义之分。狭义的财务报表分析是指以企业财务报表为主要依据，有重点、有针对性地对有关项目及其质量加以分析和考察，对企业的财务状况和经营成果加以剖析，以反映企业在运营过程中的利弊得失、财务状况及发展趋势，为报表使用者的经济决策提供重要信息支持的一种分析活动。广义的财务报表分析在此基础上还包括企业概况分析、企业优势分析（地域、资源、政策、行业、人才、管理等）、企业发展前景分析、证券市场分析等。

如果说财务报表的产生过程是一种综合，是把企业各个部分、各个方面、各种因素变化产生的经济业务，按照一定的规则加以分类、汇总，从而在整体上反映企业的财务状况和经营成果，那么财务报表分析则是把这个整体重新分解为各个部分来认识，以揭示企业各种管理活动与经营活动和财务状况之间的内在联系，恰当地把握企业的财务状况和发展趋势。

二、财务报表分析的作用

财务报表是企业会计信息的主要载体，而财务报表分析又是以企业对外报送的财务报表为主要分析依据，因此，财务报表分析的作用必然与会计的作用以及与财务报表的作用密不可分。概括起来说，财务报表分析至少应具有以下三个方面的作用。

财务报表分析可以为投资者和债权人进行投资和信贷决策提供有用的信息。企业目前潜在的投资者、债权人是企业外部重要的财务报表使用者，他们为了选择投资和信贷对象，衡量投资和信贷风险，做出投资和信贷决策，不仅需要了解毛利率、资产报酬率、权益报酬率等指标包含的有关企业盈利能力和发展趋势方面的信息，还要了解流动比率、速动比率、资产负债率等指标包含的有关企业偿债能力方面的信息；更要了解企业所处行业、竞争地位以及经营战略方面的非财务信息。在此基础上，可以通过进一步分析投资后的收益水平和风险程度，预测企业价值或者评价企业信用等级，做出更为科学的投资和信贷决策。因此，财务报表分析可以为投资者和债权人提供非常有用的投资和信贷决策信息。

财务报表分析可以为企业管理者进行经营决策提供有用的信息。企业财务管理的根本目标是努力实现企业价值最大化。财务报表分析作为企业财务管理的重要组成部分，有助于管理者了解企业盈利能力和资产周转状况，不断挖掘企业改善财务状况、扩大财务成果的内部潜力，充分认识未被利用的人力资源和物质资源，寻找不良资产区域及形成原因，发现进一步提高资产利用效率的可能性，以便从各方面揭露矛盾、找出差距、寻求措施，

促进企业生产经营活动按照企业价值最大化的目标实现良性运行。同时，由于财务报表分析不仅分析企业历史业绩水平，还注重分析企业未来的长期发展能力，因此它还可以为企业长期战略的制定和实施提供重要的信息支持。

此外，在企业发展过程中，并购与重组是最常见的企业扩张形式。从基本形态来看，并购与重组包括资产重组、资本重组、债务重组、业务重组、人事重组等。上述重组中，前四种重组均与财务报表分析密切相关。如果不能对重组与并购对象的财务报表进行分析，也难以恰当地决定被并购与重组企业的价值，更难以协调重组各方的经济利益关系。因此，财务报表分析可以为企业管理者提供非常有用的经营决策信息。

财务报表分析可以为投资者评价企业管理层受托责任的履行状况提供重要的信息。企业接受了包括国家在内的所有投资者、债权人的投资，就有责任按其预定的发展目标和要求，合理利用资源，加强经营管理，提高经济效益，接受考核和评价。财务报表分析通过了解企业的偿债能力、营运能力和盈利能力等，采用趋势分析法和同行业对比分析等方法，便可以大致判断企业的财务健康状况、业绩改善程度、未来发展趋势以及行业竞争性，从而为投资者和债权人评价企业管理层受托责任的履行情况提供重要的信息支持，同时也为企业进行管理薪酬与激励决策提供重要的依据。

三、财务报表分析的内容

不同的财务报表使用者，由于其对财务信息的需求不同，因而相应的财务报表分析的内容也不同，但概括起来，主要包括以下几方面。

（一）资本结构分析

企业在生产经营过程中周转使用的资金，是从不同的来源取得的（包括从债权人借入和企业自有两大部分），又以不同的形态分配和使用（包括流动资产、固定资产、无形资产和其他资产等）。资本结构的健全和合理与否，直接关系企业经济实力的充足和经济基础的稳定与否。如果资本结构健全、合理，企业经济基础就比较牢固，就能承担各种风险；反之，如果资本结构不合理，企业就会处于虚弱的经济基础，难以承担各种风险。分析资本结构，对于企业的经营者、投资者或债权人，都具有十分重要的意义。

（二）偿债能力分析

企业在生产经营过程中，为了弥补自有资金的不足，通常需要举债来筹集部分生产经营资金。但是举债必须以能偿还为前提。如果企业不能按时偿还所负债务的本息，那么企业的生产经营就会陷入困境，以致危及企业的生存。因此，对企业经营者来说，通过财务报表分析，测定企业的偿债能力，有利于其做出正确的筹资决策和投资决策；而对债权人来说，偿债能力的强弱是他们做出贷款决策的基本的和决定性依据。

（三）获利能力分析

获利能力即获取利润的能力。获取利润是企业生产经营的根本目的，也是投资者投资的基本目的。获利能力的大小显示着企业经营管理的成败和企业未来前景的好坏，因而是企业经营者和投资者财务报表分析的重点。

（四）资金运用效率分析

企业筹集资金的目的是使用。如果资金得到充分有效的使用，则企业必能获得较多的收入，而且能减少对资金供应量的需求；反之，如果筹集到的资金得不到充分有效的使用，不仅不能给企业带来利益，而且会给企业带来负担。因此，资金利用效率的高低，直接关系到企业获利能力的大小，预示着企业未来的发展前景，因而是企业经营者和投资者进行财务报表分析的一项重要内容。

（五）现金流量分析

对现金流量表的分析，可以为财务报表的使用者提供企业在该会计期间内现金流入、现金流出以及现金净流量信息，估计企业现金的产生能力和使用方向，反映企业现金增减变动情况，从现金流量的角度来揭示企业的财务状况。

（六）成本费用分析

在市场经济条件下，产品的价格是由市场决定的。在同样的市场价格条件下，如果能降低成本，减少费用，企业就能获取较高的利润，从而在市场竞争中处于有利的地位；反之，则会在市场竞争中处于劣势，以致被淘汰。由于有关成本费用的报表属于企业内部使用报表，投资者、债权人一般无法取得，因而成本费用的分析是企业经营者财务报表分析的重要内容。

（七）收入、利润和利润分配分析

收入和利润水平的高低与企业生产经营规模和能力相适应，反映着企业经营管理水平的高低和企业获利能力的大小，也预示着企业未来的发展前景。而利润分配政策则直接关系到企业未来的发展和企业承担风险的能力，这些都是企业经营者和投资者财务报表分析的重要内容。

四、财务报表分析信息使用者

从实际应用方面来说，财务报表分析的不同主体由于利益倾向的差异，决定了其对企业进行财务报表分析时，必然有不同的要求和不同的侧重点。

（一）企业所有者

所有者或者股东作为投资人，必然高度关心其投资的盈利状况，即对企业投资的回报率极为关注。对一般投资者来讲，其比较关心企业提高股息、红利的发放水平；而对拥有企业控制权的投资者，其考虑更多的则是如何增强竞争实力，扩大市场占有率，降低财务风险，追求长期利益等。

（二）企业债权人

债权人因为不能参与企业剩余价值分配，所以对其贷款的安全性首先予以关注。因此，债权人在进行财务报表分析时，最关心的是企业是否有足够的支付能力，以保证其债务本息能够及时、足额地偿还。对短期债权人来说，其比较关心企业资产的流动性和现金充足程度；而对长期债权人来说，其考虑更多的则是企业整体的负债水平、盈利能力以及企业的发展前景。

（三）企业管理者

为了满足不同利益主体的需要，协调各方的利益关系，企业管理者必须对企业经营理财的各个方面，包括盈利能力、偿债能力、营运能力及社会贡献能力的全部信息予以详尽的了解和掌握，以便及时发现问题，采取对策，规划和调整市场定位目标、经营战略，进一步挖掘潜力，为经济效益的持续稳定增长奠定基础。

（四）政府经济管理机构

政府对国有企业投资的目的，除关注投资所产生的社会效益外，还必然对投资的经济效益予以考虑。在谋求资本保全的前提下，期望能够同时带来稳定增长的财政收入。因此，政府考核企业经营理财状况，不仅需要了解企业资金占用的使用效率，预测财务收入增长情况，有效地组织和调整社会资金资源的配置，还要借助财务报表分析，检查企业是否存在违法违纪、浪费国家财产的问题，最后通过综合分析，对企业的发展后劲以及对社会的贡献程度进行分析、考察。

（五）商品和劳务供应商

商品和劳务供应商与企业的贷款提供者情况类似。他们在向企业赊销商品或提供劳务后即成为企业的债权人，因而他们必须判断企业能否支付所购商品或劳务的价款。从这一点来讲，大多数商品和劳务供应商对企业的短期偿债能力感兴趣。另一方面，某些供应商可能与企业存在较为长久的、稳固的经济联系，在这种情况下，他们又对企业的长期偿债能力感兴趣。

（六）顾客

在许多情况下，企业可能成为某个顾客的重要的商品或劳务供应商。此时，顾客关心的是企业连续提供商品或劳务的能力。因此，顾客关心企业的长期发展前景及有助于对此做出估计的获利能力指标与财务杠杆指标等。

（七）企业雇员

企业的雇员通常与企业存在长久、持续的关系。他们关心工作岗位的稳定性、工作环境的安全性以及获取报酬的前景。因此，他们对企业的获利能力和偿债能力均感兴趣。

（八）社会公众

社会公众对特定企业的关心也是多方面的。一般而言，他们关心企业的就业政策、环境政策、产品政策以及社会责任履行情况方面，而对这些方面的分析，往往可以借助对获利能力的分析。

（九）竞争对手

竞争对手希望获取关于企业财务状况的会计信息及其他信息，借以判断企业间的相对效率与竞争优势。同时，财务报表还可以为未来可能出现的企业兼并提供信息。因此，竞争对手可能把企业作为接管目标，他们对企业财务状况的各个方面均感兴趣。

尽管不同利益主体进行财务报表分析有着各自的侧重点，但我们还是可以从中得出以下结论：财务信息使用者所要求的信息大部分都是面向未来的；不同的信息使用者各有其不同的目的，因此，即使对待同一对象，他们所要求得到的信息也是不同的；不同的信息使用者所需信息的深度和广度不同；企业财务报表中并不包括使用者需要的所有信息。

第三节　财务报表分析的基本方法

财务报表分析的主要依据是财务报表的数据资料，但是以金额表示的各项会计资料并不能说明除本身以外的更多的问题。因此，必须根据需要并采用一定的方法，将这些会计资料加以适当的重新组合或搭配，剖析其相互之间的因果关系或关联程度，观察其发展趋势，推断其可能导致的结果，从而达到分析的目的。一般来说，根据比较对象的不同，财务报表分析可以使用多种分析方法。

一、比较分析法

（一）比较分析法的含义

比较分析法是财务报表分析中最常用的一种分析方法，也是一种基本方法。所谓比较分析法是指将实际达到的数据与特定的各种标准相比较，从数量上确定其差异，并进行差异分析或趋势分析的一种分析方法。所谓差异分析是指通过差异揭示成绩或差距，做出评价，并找出产生差异的原因及其对差异的影响程度，为今后改进企业的经营管理指引方向的一种分析方法。所谓趋势分析是指将实际达到的结构，与不同时期财务报表中同类指标的历史数据进行比较，从而确定财务状况、经营状况和现金流量的变化趋势及变化规律的一种分析方法。由于差异分析和趋势分析都是建立在比较的基础上，所以统称为比较法。

（二）比较数据

有绝对数比较和相对数比较两种。

1. 绝对数比较

即利用会计报表中两个或两个以上的绝对数进行比较。以解释其数量差异。例如，飞天公司2012年的产品销售额为2000万元，产品销售利润为200万元；2013年的产品销售额为2400万元，产品销售利润为300万元。则2013年与2012年的差异额为：产品销售额为400万元，产品销售利润为100万元。

2. 相对数比较

即利用财务报表中有关系的数据的相对数进行比对，如将绝对数换算成百分比、结构比重、比率等进行对比，以揭示相对数之间的差异。例如，飞天公司2012年的产品销售成本占产品销售额的百分比为85%，2013年的产品销售成本占产品销售额的百分比为80%，则2013年与2012年相比，产品销售成本占产品销售额的百分比下降了5个百分点，这就是利用百分比进行比较分析。也可以将财务报表中存在一定关系的项目数据组成比率进行对比，以揭示企业某方面的能力，如偿债能力、获利能力等，这就是利用比率进行比较分析。

一般来说，绝对数比较只通过差异数说明差异金额，但没有表明变动程度，而相对数比较则可以进一步说明变动程度。在实际工作中，绝对数比较和相对数比较可以交互应用，以便通过比较做出更充分的判断和更准确的评价。

（三）比较标准

在财务报表分析中经常使用的比较标准有以下几种。

1.实际指标与预算比较，可以揭示出实际与预算之间的差异，了解该项指标的完成情况。

2.本期指标同上期指标或历史最好水平比较，可以确定前后不同时期有关指标的变动情况，了解企业生产经营活动的发展趋势和管理工作的改进情况。

3.本企业指标同国内外先进企业该指标进行比较，可以找出与先进企业之间的差异，推动本企业改善经营管理，赶超先进水平。

（四）比较方法

比较分析有两种具体方法：横向比较法和纵向比较法。

1.横向比较法

横向比较法又称为水平分析法，是指将反映企业报告期财务状况的信息与反映企业前期或历史某一时期财务状况的信息进行对比，研究企业各项经营业绩或财务状况的发展变动情况的一种财务报表分析方法。水平分析法所进行的对比，一般而言，不是单项指标对比，而是对反映某方面情况的报表的全面、综合对比分析，在对财务报表分析中应用较多。因此，通常也将水平分析法称为财务报表分析法。水平分析法的基本要点是，将报表资料中不同时期的同项数据进行对比。对比的方式有以下几种。

一是绝对值增减变动，其计算公式为：

绝对值变动数量=分析期某项指标实际数－基期同项指标实际数

二是增减变动率，其计算公式为：

变动率（%）=（变动绝对值）÷（基期实际数量）×100%

三是变动比值率，其计算公式为：

变动比值率=（分析期实际数量－基期实际数量）÷（基期实际数量）×100%

水平分析法通过将企业财务报告期的财务会计资料与前期进行对比，揭示各方面存在的问题，为深入、全面分析企业财务状况奠定了基础。因此，水平分析法是财务报表分析的基本方法。另外，水平分析法可用于一些可比性较高的同类企业中，但一定要注意其可比性问题，即使在同一企业应用，对于差异的评价也应考虑其对比基础；另外，水平分析中，应将两种对比方式进行结合运用，仅用变动量，或仅用变动率都可能得出片面的甚至是错误的结论。

2.纵向比较法

纵向比较法又称为垂直分析法。垂直分析与水平分析不同，它的基本点不是将企业报告期的分析数据直接与基期相比求出增减变动量和增减变动率，而是通过计算财务报表中各项目占总体的比重或结构，反映财务报表中项目与总体关系的情况及其变动情况。财务报表经过垂直分析法处理后，通常称为度量报表，或称总体结构报表、共同比报表等。垂直分析法的一般分析步骤如下：

第一，确定财务报表中各项目占总额的比重或百分比。

第二，通过各项目的比重，分析各项目在企业经营中的重要性。

第三，将分析期各项目的比重与前期同项目的比重进行对比，研究各项目的比重变动情况。

共同比财务报表分析的主要优点是便于对不同时期财务报表的相同项目进行比较，如果是数期数据，可以观察到相同项目变动的趋势，有助于预测和评价，但无论是金额、百分比还是共同比的比较，都只能做出初步分析和判断，还需要在此基础上做进一步分析，才能对变动的有利或不利的因素做出较明确的判断。

二、趋势分析法

趋势分析法是将连续数期财务报表中的相同指标进行对比，确定其增减变动的方向、数额和幅度，以说明企业财务状况和经营成果的变动趋势的一种方法。趋势分析法的一般步骤如下：

第一，计算趋势比率或指数。通常指数的计算有两种方法：一是定基指数；二是环比指数。定基指数是以某一时期的数额为固定的基期数额而计算出来的动态比率；环比指数是以每一分析期的前期数额为基期数额而计算出来的动态比率。

第二，根据指数计算结果，评价与判断企业各项指标的变动趋势及其合理性。

第三，预测未来的发展趋势。

在采用趋势分析法时，要注意以下问题：用于进行对比的各个时期的指标，在计算口径上必须一致；剔除偶发性项目的影响，使作为分析的数据能反映正常的经营状况；对某项有显著变动的指标做重点分析，研究其产生的原因，以便采取对策，趋利避害。

例如，汤臣倍健从2009年到2013年的资产总额分别为149,433,343元、1,753,646,608元、1,894,171,143元、2,104,730,577元、2,455,327,971元，则其资产变化趋势如下图1-1。

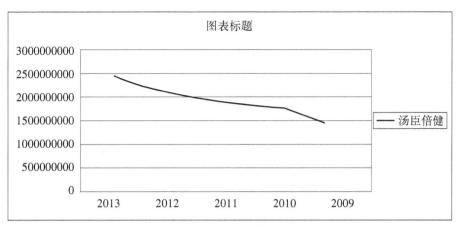

图1-1　资产变化趋势图

三、比率分析法

比率分析法是指利用财务报表中两项相关数值的比率揭示企业财务状况和经营成果的

一种分析方法。根据分析的目的和要求的不同，比率分析主要有以下三种：

（一）构成比率分析

构成比率又称结构比率，是某个经济指标的各个组成部分与总体的比率，反映部分与总体的关系。利用构成比率，可以考察总体中某个部分的形成和安排是否合理，以便协调各项财务活动。

（二）效率比率分析

它是某项经济活动中所费与所得的比率，反映投入与产出的关系。利用效率比率指标，可以进行得失比较，考察经营成果，评价经济效益。

（三）相关比率分析

它是根据经济活动客观存在的相互依存、相互联系的关系，以某个项目和与其有关但又不同的项目加以对比所得的比率，反映有关经济活动的相互关系。

比率分析法的优点是计算简便，计算结果容易判断，而且可以使某些指标在不同规模的企业之间进行比较，甚至也能在一定程度上超越行业间的差别进行比较。但采用这一方法时对比率指标的使用应该注意以下几点：计算比率的子项和母项必须具有相关性，把不相关的项目进行对比是没有意义的；计算比率的子项和母项必须在计算时间、范围等方面保持口径一致。运用比率分析法，需要选用一定的标准与之对比，以便对企业的财务状况做出评价。

四、因素分析法

因素分析法也称因素替换法，它是用来确定几个相互联系的因素对分析对象——综合财务指标或经济指标的影响程度的一种分析方法。采用这种方法的出发点在于，当有若干因素对分析对象产生影响时，假定其他各个因素都无变化，顺序确定每一个因素单独变化所产生的影响。总之，因素分析法是指确定影响因素、测量其影响程度、查明指标变动原因的一种分析方法。

因素分析法有连环替代法和差额计算法两种方法。

（一）连环替代法

连环替代法是指确定影响因素，并按照一定的替换顺序逐个因素替换，计算出各个因素对综合性经济指标变动程度的一种计算方法。为正确理解连环替代法，首先应明确连环替代法的一般程序或步骤。

1.确定分析指标与其影响因素之间的关系。确定分析指标与其影响因素之间关系的方法，通常是用指标分解法，即将经济指标在计算公式的基础上进行分解或扩展，从而得出影响因素与分析指标之间的关系式，如对于总资产报酬率指标，要确定它与影响因素之间的关系，可按下式进行分解：

总资产报酬率=息税前利润/平均资产总额

=（销售净额/平均资产总额）×（息税前利润/销售净额）

=（总产值/平均资产总额）×（销售净额/总产值）×（息税前利润/销售净额）

=总资产产值×产品销售率×销售利润率

分析指标与影响因素之间的关系式，既说明哪些因素影响分析指标，又说明这些因素与分析指标之间的关系及顺序。如上式中影响总资产报酬率的有总资产产值、产品销售率和销售利润率三个因素，它们都与总资产报酬率成正比例关系。它们的排列顺序是：总资产产值在先，其次是产品销售率，最后是销售利润率。

2. 根据分析指标的报告期数值与基期数值列出两个关系式，或指标体系，确定分析对象。如对于总资产报酬率，两个指标体系是：

基期总资产报酬率=基期总资产产值×基期产品销售率×基期销售利润率

实际总资产报酬率=实际总资产产值×实际产品销售率×实际销售利润率

3. 连环顺序替代，计算替代结果。所谓连环顺序替代就是以基期指标体系为计算基础，用实际指标体系中每一个因素的实际数顺序替代其相应的基期数，每次替代一个因素，替代后的因素被保留下来。计算替代结果，就是在每次替代后，按关系式计算其结果。有几个因素就替代几次，并相应确定计算结果。

4. 比较各因素的替代结果，确定各因素对分析指标的影响程度。比较替代结果是连环进行的，即将每次替代计算的结果与这一因素被替代前的结果进行对比，两者的差额就是替代因素对分析对象的影响程度。

5. 检查分析结果。即将各因素对分析指标的影响额相加，其代数和应等于分析对象。如果两者相等，说明分析结果可能是正确的；如果不相等，则说明分析结果一定是错误的。

【例1-1】某企业2012年和2013年有关某材料费用、产品产量、材料单耗和材料单价资料如下表：

表1-1　某企业相关资料

指标	2012年	2013年
材料费用(元)	4000	4620
产品产量(件)	100	110
材料单耗(千克)	8	7
材料单价(元)	5	6

连环替代法的应用步骤如下：

1. 指标分解

材料费用=产品产量×材料单耗×材料单价

2. 建立指标体系

实际指标体系：实际材料费用=110×7×6=4620

基期指标体系：基期材料费用=100×8×5=4000

分析对象：4620-4000=620

3. 连环顺序替代，计算替代结果

基期材料费用=100×8×5=4000

替代第一因素：110×8×5=4400

替代第二因素：110×7×5=3850

替代第三因素：110×7×6=4620

4.比较各因素的替代结果

产品产量的影响：4400-4000=400

材料单耗的影响：3850-4400=-550

材料单价的影响：4620-3850=770

5.最后检验分析结果

材料费用总体影响：400-550+770=620

根据上述测算可得出如下评价：2013年材料费用比2012年材料费用增加620元，一是因为2013年比2012年多生产了10件产品，使材料费用增加400元，但材料单耗每件下降1元，又使材料费用下降了550元，材料单价的上升使材料费用上升了770元，综合上述三种因素的影响，使材料费用上升了620元。因此，今后的努力方向应是提高材料的使用效率。

（二）差额计算法

差额计算法是因素分析法在实际应用中的一种简化形式，它的计算程序是：第一步，计算各个因素的差额；第二步，如果影响因素是两个，即以第一个因素的差额乘以第二个因素的上年数（或计划数等其他数值），求出第一个因素的影响程度，以第二个因素的差额乘以第一个因素的本年数（或实际数等其他数值），求出第二个因素的影响程度；第三步，汇总各个因素对经济性综合指标差异数的影响数。

从因素分析法的计算程序和上述举例可以看出，因素分析法具有以下三个特征：要按照影响因素同综合性经济指标之间的因果关系；确定影响因素；计算过程的假设性及因素替代的顺序性。

沿用上例，具体计算步骤如下：

1.产量变动影响成本数=（实际产量-基期产量）×基期单耗×基期单价

=（110-100）×8×5=400

由于产量的增加，使原材料费用增加了400元。

2.单耗变动影响成本数=实际产量×（实际单耗-基期单耗）×基期单价

=110×（7-8）×5=-550

由于单耗的降低，使原材料费用减少了550元。

3.单价变动影响成本数=实际产量×实际单耗×（实际单价-基期单价）

=110×7×（6-5）=770

即由于材料单价上升，使原材料费用增加了770元。

将这三个因素的影响值相加：400-550+770=620（元）

即为三个因素共同影响使这种原材料费用比基期超支了620元。

总体来说，这四种分析方法基本属于传统的财务报表分析方法，发展至今已经较为成熟，这些方法中以系统化的财务比率分析方法为主体，侧重于对企业的盈利能力、偿债能力、营运能力等方面做出分析与评价。当然，各种财务报表分析方法也有一定的局限性，因此，在财务报表分析方法的运用上，应将多种方法有机结合，不断加以完善和创新，在财务数据的基础上更多地结合其他相关信息，最大限度地挖掘财务比率背后的企业财务状况的实际质量，只有这样，才能为财务信息使用者提供更为科学、有效的决策依据。

第四节 财务报表分析的框架与路径

一、财务报表分析的框架

（一）需求导向的财务报表分析框架

不同的分析主体，出于不同的目的分析财务报表，试图从财务报表中提取不同类型的信息，从而导致其对财务报表分析的侧重点会有所不同，使用的分析方法和程序也会有所差异。因此，财务报表分析的框架的设计应以不同信息使用者的不同需求为导向。

1. 基于投资决策的财务报表分析框架

投资者投资公司的目的是扩大自己的财富，他们的财富表现为所有者权益的价格即股价的高低。影响股价的因素很多，主要包括企业的盈利能力和风险状况等。权益投资人的决策主要包括：是否投资于某公司以及是否转让所持有的股份；考察经营者业绩以决定是否更换主要的管理者以及决定股利分配政策等。因为普通股股东的权益是剩余权益，因此他们对财务报表分析的重视程度会超过其他利益关系人。一般来说，权益投资人进行财务报表分析，主要是为了在竞争性的投资机会中做出投资决策。当然，投资者的投资目的不同，对企业财务报表分析的侧重点也有差异，不同的投资者根据各自的投资目的来确定分析重点。

总的来说，能否合理估计企业的内在价值区间将决定基本投资策略是否有效。一般认为，企业内在价值来源于企业的经营活动和投资活动，而财务报表因其反映了企业经营活动、投资活动的财务后果，包含了大量有关企业内在价值的信息。由于种种局限，财务报表反映的企业的内在价值并不十分全面和准确，但不管怎样，通过财务报表分析所展开的企业基本分析在投资决策中仍起核心作用。基于投资决策的财务报表分析框架可以简单地概括为：

（1）企业盈利能力分析；

（2）企业投资风险分析；

（3）未来盈利预测（包括会计利润和现金流量）；

（4）利用适当的价值评估模型估计企业的内在价值。

2. 基于信贷决策的财务报表分析框架

信用分析是财务报表分析的另一重要运用领域。债权人借款给企业并得到企业还款的承诺，期望如期收回本金和利息。债权人希望通过财务报表分析来了解企业的信用质量，评价企业的偿债能力，在此基础上做出有关是否提供贷款和贷款利率高低的信贷决策。出于对信息需求的不同，其关注的角度自然不同，信贷决策中的财务报表分析同投资决策中的财务报表分析相比，前者呈现出许多不同的特点，体现为不同的财务报表分析框架。

短期债权人主要关心企业当前的财务状况，如流动资产的流动性和周转率。长期债权人主要关心企业的长期盈利能力、资本结构和企业陷入财务危机的可能性。企业的长期盈利是其偿还本金和利息的决定性因素，资本结构可以反映长期债务的风险，而企业陷入财务危机的可能性则可以大致反映出所提供资金的安全性。债务人的主要决策是决定是否给企业提供信用，以及是否需要提前收回债权，债权人要在财务报表中寻求借款企业有能力定期支付利息和到期偿还贷款本金的证明。因而，基于信贷决策的财务报表分析框架可以简单地概括为：

（1）企业偿债能力分析；

（2）企业创造现金能力分析；

（3）企业的信用质量分析；

（4）企业发展前景预测和财务危机预警；

（5）企业综合信用风险评估。

3.基于管理决策的财务报表分析框架

财务报表分析不仅是企业外部信息使用者分析企业财务状况的有效工具，而且能够为企业内部管理层提供非常重要的管理决策依据，无论是企业进行收购兼并、风险管理还是业绩评价，财务报表分析所提供的信息在管理决策中均起到不可忽视的作用。

由此可见，财务报表分析框架应从分析主体的分析目的出发，以不同的需求为导向，构建出逻辑清晰、实用、简洁的框架体系。

（二）本书的财务报表分析框架

财务报表作为企业财务状况、经营成果和现金流量的结构性表述，可以概括地揭示出企业经营活动的财务后果。而管理活动是企业通过实行计划、组织、协调和控制等措施手段，促使企业的经营管理活动更加有序、高效进行的一系列过程。无论是企业的投融资管理、人力资源管理、营销管理还是运营管理，其管理后果和在管理过程中体现出来的管理概念均会反映到财务报表上来，只不过不会直接体现为报表中的具体财务数据，而是蕴含在这些财务数据的背后。这就是说，企业不同层面或者不同方向上的管理质量会反映到企业财务状况的某些方面。例如，企业的投资管理质量将决定企业资产的结构和质量；企业的营销管理质量将在企业利润表的销售费用与营业收入的对比中得到反映；企业的融资管理模式与管理质量则会反映到企业的资本结构以及其他应收款、短期借款、财务费用等一系列特定的项目上等。因此，有效的财务报表分析可以从公开的财务数据中提取潜藏的内部管理信息，透视企业的管理理念，对其管理质量进行全面、深入的评价。

我国2006年2月15日颁布的新会计准则体现了国际会计准则的基本理念，资产负债观得到了越来越多的重视，利润表观念不再一枝独秀。也就是说，企业的利润大小将直接取决于资产和负债的变化结果。在这种条件下，在进行财务报表分析时，必将增加对企业资产负债表中资产和负债的质量和价值的关注，强化资产和负债的规模、结构、质量与企业利润规模、结构和质量之间内在规律性联系的分析。这就是说，在新会计准则条件下，企业财务报表分析将更加强调对企业财务状况的质量分析。因此，从发展趋势和现实要求两方面来看，对企业财务状况的质量分析将成为财务报表分析的发展方向之一。围绕财务状况质量展开的资产质量、资本结构质量、利润质量以及现金流质量等方面的分析将构成财务报表分析的核心内容。

本书的主要特色之一就是针对传统的单纯的比率分析方法的缺陷，对教学思路和内容进行了变革和调整。本书以企业的基本财务报表及其附注为基础，以企业财务状况质量的主要方面——资产质量、资本结构质量、利润质量、现金流量质量为核心，以宏观、中观、微观环境中非财务信息为补充，结合时代话题"合并财务报表分析""财务预警"等，并以一个统一的案例贯穿全书，试图通过对企业财务报表进行分析来透视企业的方方面面。

现将本书财务报表分析的逻辑框架整理如下：

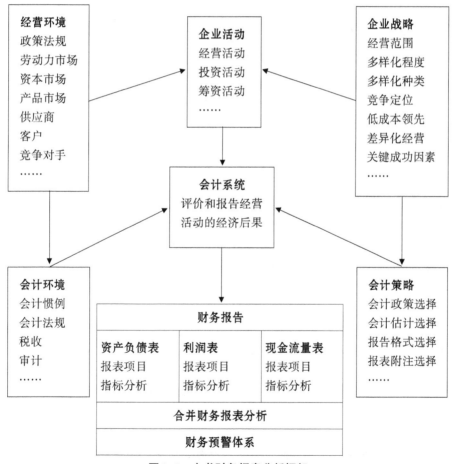

图1-2 本书财务报表分析框架

课后阅读

巴菲特财务报表分析八大方法

一、垂直分析

垂直分析，又称为纵向分析，实质上是结构分析。第一步，首先计算财务报表中各项目占总额的比重或百分比。第二步，通过各项目的占比，分析其在企业经营中的重要性。一般项目占比越大，其重要程度越高，对公司总体的影响程度越大。第三步，将分析期各项目的比重与前期同项目比重进行对比，研究各项目的比重变动情况，对变动较大的重要项目进行进一步分析。经过垂直分析法处理后的财务报表通常称为同度量报表、总体结构报表、共同比报表。以利润表为例，巴菲特非常关注销售毛利率、销售费用率、销售税前利润率、销售净利率，这实质上就是对利润表进行垂直分析。

二、水平分析

水平分析法，又称横向比较法，是将财务报表各项目报告期的数据与上一期的数据进行对比，分析企业财务数据变动情况。水平分析进行的对比，一般不是只对比一两个项目，而是把财务报表报告期的所有项目与上一期进行全面的、综合的对比分析，揭示各方面存在的问题，为进一步、全面深入分析企业财务状况打下了基础，所以水平分析法是财务报表分析的基本方法。这种本期与上期的对比分析，既要包括增减变动的绝对值，又要包括增减变动比率的相对值，才可以防止得出片面的结论。每年巴菲特致股东的信第一句就是说伯克希尔公司每股净资产比上一年度增长的百分比。

三、趋势分析

趋势分析，是一种长期分析，计算一个或多个项目随后连续多个报告期数据与基期比较的定基指数，或者与上一期比较的环比指数，形成一个指数时间序列，以此分析这个报表项目历史长期变动趋势，并作为预测未来长期发展趋势的依据之一。趋势分析法既可用于对财务报表的整体分析，即研究一定时期财务报表各项目的变动趋势，也可以只是对某些主要财务指标的发展趋势进行分析。巴菲特是长期投资，他特别重视公司净资产、盈利、销售收入的长期趋势分析。他每年致股东的信第一页就是一张表，列示从1965年以来伯克希尔公司每年每股净资产增长率、标准普尔500指标年增长率以及二者的差异。

四、比率分析

比率分析，就是将两个财务报表数据相除得出的相对比率，分析两个项目之间的关联关系。比率分析是最基本、最常用也是最重要的财务分析方法。财务比率一般分为四类：盈利能力比率、营运能力比率、偿债能力比率、增长能力比率。2006年国务院国资委颁布的国有企业综合绩效评价指标体系也是把财务绩效定量评价指标分成这四类。从巴菲特过去40多年致股东的信来看，巴菲特这四类比率中最关注的是：净资产收益率、总资产周转率、资产负债率、销售收入和利润增长率。财务比率分析的最大作用是，使不同规模的企业财务数据所传递的财务信息可以按照统一的标准进行横向对照比较。财务比率的常用标准有三种：历史标准、经验标准、行业标准。巴菲特经常会和历史水平进行比较。

五、因素分析

因素分析法又称连环替代法，用来计算几个相互联系的驱动因素对综合财务指标的影响程度的大小。比如，销售收入取决于销量和单价两个因素，企业提价，往往会导致销量下降，我们可以用因素分析来测算价格上升和销量下降对收入的影响程度。巴菲特2007年这样分析，1972年他收购喜诗糖果时，年销量为1600万磅。2007年增长到3200万磅，35年只增长了1倍。年增长率仅为2%。但销售收入却从1972年的0.3亿增长到2007年的3.83亿美元，35年增长了13倍。销量增长1倍，收入增长13倍，最主要的驱动因素是持续涨价。

六、综合分析

多项重要指标结合进行综合分析。企业本身是一个综合性的整体，企业的各项财务活动、各张财务报表、各个财务项目、各个财务分析指标是相互联系的，只是单独分析一项或一类财务指标，就会像盲人摸象一样陷入片面理解的误区。因此我们把相互依存、相互作用的多个重要财务指标结合在一起，从企业经营系统的整体角度来进行综合分析，对整个企业做出系统的、全面的评价。目前使用比较广泛的有杜邦财务分析体系、沃尔评分法、帕利普财务分析体系。最重要、最常用的是杜邦财务体系：净资产收益率=销售净利率×资产周转率×权益乘数，这三个比率分别代表公司的销售盈利能力、营运能力、偿债能力，还可以根据其驱动因素进一步细分。

七、对比分析

和最主要的竞争对手进行对比分析。和那些进行广泛分散投资的机构不同，巴菲特高度集中投资于少数超级明星公司，前10大重仓股占组合的比率超过80%。这些超级明星公司各项重要财务指标都远远超过行业平均水平。在长期稳定发展的行业中，那些伟大的超级明星企业也往往都有一个与其实力相比难分高下的对手。比如软饮料行业中的可口可乐与百事可乐，快餐行业中的麦当劳与肯德基，飞机制造行业中的波音与空客。两个超级明星企业旗鼓相当，几乎垄断了行业的大部分市场，这就形成了典型的双寡头垄断格局。因此把超级明星公司与其竞争对手进行对比分析是最合适的方法。

八、前景分析

预测未来长期业绩是财务分析的最终目标。巴菲特进行财务报表分析的目的不是分析所有公司，而是寻找极少数超级明星："我们始终在寻找那些业务清晰易懂、业绩持续优异、由能力非凡并且为股东着想的管理层来经营的大公司。这种目标公司并不能充分保证我们投资盈利：我们不仅要在合理的价格上买入，而且我们买入的公司的未来业绩还要与我们的预测相符。但是这种投资方法——寻找超级明星——给我们提供了走向真正成功的唯一机会。"对企业未来发展前景进行财务预测是财务报表分析的最终目标。巴菲特说得非常明确："我关注的是公司未来20年甚至30年的盈利能力。"

資料来源于：中商情报网：http://www.askci.com/news/201210/22/93420_66.shtml

练习题

1. 财务报表分析经历了怎样的演变过程? 发展趋势如何?
2. 财务报表分析有哪些内容?
3. 主要的财务报表分析方法有哪些?
4. 如何理解财务报表分析的分析框架与本书的分析路径?

第二章　经营环境分析

【目的要求】

1. 了解企业宏观环境的影响因素；
2. 掌握企业产业环境的分析方法（产品生命周期分析法、五力模型分析法）；
3. 掌握企业内部环境分析的切入点。

阅读材料

战略分析方法—SWOT分析法

SWOT分析就是把企业内外环境所形成的机会（Opportunities）、威胁（Threats）、优势（Strengths）和劣势（Weaknesses）四个方面的情况结合起来分析，以寻找最适合企业实际情况的竞争战略。

机会包括：市场增长迅速、争取到新的用户群、同行业中信誉较好、多元化经营、政府政策的扶持等；威胁包括：市场增长缓慢、行业竞争激烈、新的竞争者、替代产品压力、供应商议价能力提高等；优势包括：规模经济、成本优势、技术创新能力强、生产能力合理、具备合理核心能力等；劣势包括：生产能力低、成本高、研发能力低、管理不善、资金紧张等。

通过上述分析后，可以通过建立矩阵来进行竞争战略的选择：SO战略——依靠内部优势、利用外部机会；WO战略——利用外部机会、客服内部劣势；ST战略——依靠内部优势、回避外部威胁；WT战略——减少内部劣势、回避外部威胁。

企业在经营活动过程总是要基于特定的经营环境和经营战略。经营环境是指对企业经营活动具有直接或间接影响的外部因素的综合，包括企业所处的行业、市场因素以及规范企业经营的各项政策法规，等等。经营战略则是指企业为适应经营环境特别是市场环境的变化，对其经营活动所做出的长远的、全局性的整体规划，以使企业不断保持竞争优势。因此，尽管企业财务报表充斥着数字，但是企业财务报表分析的基本思路却必须跳出烦琐

的数字迷宫，立足于经营环境和经营战略，分析企业的经营范围和竞争优势，充分识别企业面临的各种机会和风险。只有对企业所处的宏观环境、行业环境及其竞争战略加以深入了解，才能更加透彻、全面地解释和分析财务报表。也只有这样，才可以真正从企业的财务报表回归到企业的经营活动，从企业的财务状况透视企业的经营战略与管理问题，在此基础上才可以更加清晰地预测企业的发展前景。这一章我们着重介绍企业经营环境分析和经营战略分析的逻辑切入点。

第一节　经营环境分析

财务状况质量分析必须首先对企业的经营背景进行分析，了解企业所处的经营环境，这是财务报表分析的基础和现行条件。企业经营环境分析可以从宏观环境、产业环境、企业环境几个层面展开。

一、宏观环境分析

一般来说，进行财务报表分析时需要考虑的主要宏观环境因素有法律因素、经济因素和技术因素。

（一）法律因素

法律因素，是指那些制约和影响企业的法律系统以及其运行状态。法律因素包括国家制定的法律、法规、法令以及国家的执法机构等因素。国家的政策、法规对企业的生产经营活动及财会行为具有控制、调节作用，同一个政策或法规，可能会给不同的企业带来不同的机会或制约。

法律是政府管理企业的一种手段。一般来说，政府主要是通过制定法律、法规来间接影响企业的活动。影响企业经济行为的法律、法规有很多，如我国的公司法、中外合资经营企业法、合同法、专利法、商标法、税法、企业破产法等。此外，与企业关系较为密切的行政执法机关如工商行政管理机关、税务机关、物价机关、计量管理机关、技术质量监督机关、专利管理机关、环境保护管理机关、政府审计机关等也影响着企业的财会行为。

（二）经济因素

经济因素是指构成企业生存和发展的社会经济状况及国家的经济政策，包括社会经济结构、经济发展水平、经济体制、宏观经济政策、当前经济状况和其他一般经济条件等要素。与法律因素相比，经济因素对企业生产经营的影响更直接、更具体。与财务报表分析有关的经济因素主要包括如下内容：

1. 社会经济结构

社会经济结构主要包括产业结构、分配结构、交换结构、消费结构和技术结构五个方面的内容。其中，最重要的是产业结构。

2.经济体制

经济体制是指国家经济组织的形式，它规定了国家与企业、企业与企业、企业与各经济部门之间的关系，并通过一定的管理手段和方法来调控或影响社会经济流动的范围、内容和方式等。

3.宏观经济政策

宏观经济政策是指实现国家经济发展目标的战略与策略，它包括综合性的全国发展战略和产业政策、价格政策、物资流通政策等。

4.其他经济因素

其他经济因素包括税收水平、通货膨胀率、贸易差额和汇率、失业率、利率、信贷投放以及政府补助等。

5.其他经济条件

其他一般经济条件和发展趋势对一个企业的成功也很重要。工资水平、供应商及竞争对手的价格变化以及政府政策，会影响产品的生产成本和服务的提供成本以及它们被出售的市场的情况。这些经济因素可能会导致行业内产生竞争，或将公司从市场中淘汰出去，也可能会延长产品寿命、鼓励企业用自动化取代人工、促进外商投资或引入本土投资、使强劲的市场变弱或使安全的市场变得具有风险等。

（三）技术因素

技术因素是指企业所处的环境中的科技要素及与该要素直接相关的各种社会现象的集合，包括国家科技体制、科技政策、科技水平和科技发展趋势等。在科学技术迅速发展变化的今天，技术因素对企业的影响可能是创造性的，也可能是破坏性的。因此，财务报表使用者必须预见这些新技术带来的变化，以预测企业的发展前景。财务报表使用者通过技术因素分析能得出的相关有用信息包括：

1.预测本行业产品和服务的需求变动量，从而预测所分析的企业经营前景或市场前景。

2.评价企业利用新技术，提供更优质、更高性能的产品或服务的可能性。

3.分析技术进步导致企业现有产品被淘汰或缩短企业产品生命周期的概率。

二、产业环境分析

财务报表分析的现行条件是经营环境分析，尽管相关环境的范围广阔，包括法律的因素，也包括经济的因素，但公司经营环境的最关键部分就是公司投入竞争的一个或几个产业。其中产业生命周期是预测产业演变过程的切入点，一个企业现今和未来的状况主要取决于产业状况，产业发展要经过4个阶段：导入期、成长期、成熟期和衰退期。这些阶段是以产业销售额增长率曲线的拐点划分的。产业的增长与衰退由于新产品的创新和推广过程而呈"S"形。

当产业走过它的生命周期时，企业的竞争力与未来收益将会变化，这对财务报表使用者进行财务报表分析是一个重要的补充。

（一）产业生命周期分析

1.导入期

导入期的产品用户很少，销量前途未卜，而且产品质量有待提高，特点、性能和目标市场方面尚处在不可预料的发展变化当中。此外，导入期的产品还具有营销成本高、广告费用大、净利润较低等特点。

因此，若企业处于导入期行业，则其经营风险非常高，研制的产品能否成功，研制成功的产品能否被顾客接受，被顾客接受的产品能否达到经济生产规模，可以规模生产的产品能否取得相应的市场份额等，都存在很大的不确定性。通常，新兴行业只有成功和失败两种可能，成功则进入成长期，失败则无法收回前期投入的研发、市场开拓和设备投资成本。

2.成长期

成长期的标志是产品销量节节攀升，产品的销售群已经扩大，而且广告费用也较高，但是每单位销售收入分担的广告费在下降。加上在这一阶段竞争者涌入，企业之间开始争夺人才和资源，会出现兼并等意外事件。但由于需求大于供应，此时产品价格最高，单位产品净利润也会最高。

若企业处于成长期行业，则其经营风险会有所下降，主要是产品本身的不确定性在降低，但其经营风险仍然维持在较高水平。

3.成熟期

成熟期开始的标志是竞争者之间出现价格竞争。成熟期虽然市场巨大，但是已经基本饱和。新的客户减少，主要靠老客户的重复购买支撑。产品逐步标准化，差异不明显，技术和质量改进缓慢。生产稳定，局部生产能力过剩。产品价格开始下降，毛利率和净利润率都下降，利润空间适中。这个阶段企业的目标应是提高效率，降低成本。

若企业处于成熟期行业，那么企业的销售额和市场份额、盈利水平一般比较稳定，现金流量也容易预测，这些企业的经营风险主要来源于稳定的销售额可以持续多长时间，以及总盈利水平的高低。企业和股东希望长期停留在能产生大量现金流入的成熟期，但是价格战随时会出现，衰退期迟早会到来。

4.衰退期

衰退期企业的产品差别小，因此价格差异小。为降低成本，产品质量可能出现问题。产能严重过剩，只有大批量生产并有自己销售渠道的企业才具有竞争力。进入衰退期后，经营风险会进一步降低，主要悬念是什么时间产品将完全退出市场。

当然，产品生命周期理论也有其不足：各阶段的持续时间随着产业的不同而非常不同，并且一个产业究竟处于生命周期的哪一阶段通常不清楚；产业的增长并不总是呈"S"形；与生命周期每一阶段相联系的竞争属性随着企业的不同而不同等。基于上述种种客观存在的不足，因此运用产品生命周期理论就不能仅仅停留在预测产业的演变上，而应深入了解真正推进这种演变过程的因素。

（二）产业五种竞争力

在一个产业中，潜在进入者，替代品，购买者、供应者讨价还价能力与产业内现有企业的竞争共同决定了产业利润率，因此分析五种竞争力，对财务报表分析至关重要。

1.潜在进入者

潜在进入者将从以下两个方面减少现有企业的利润：第一，进入者会瓜分原有的市场份额获得一些业务；第二，进入者减少了市场集中，从而激发现有企业间的竞争，减少"价格-成本"差。因此，需要分析潜在进入者的数量、规模、产品差异、资金需求、转换成本、分销渠道、其他优势及政府政策等。

2.替代品

替代品往往是新技术与社会新需求的产物，老产品能否被新产品替代，或者反过来说，新产品能否替代老产品，主要取决于两种产品的"性能-价格"比的比较。如果新产品的"性能-价格"比高于老产品，新产品对老产品的替代就具有必然性，如果新产品的"性能-价格"比一时还低于老产品的"性能-价格"比，那么，新产品还不具备足够的实力与老产品竞争。例如，面对数字系统电视机的严峻挑战，我国模拟系统电视机的生产厂家在几年内大幅度降低彩电产品价格，这一行为可能主要是产业内现有竞争者激烈竞争的结果，但它确实有效地抵御了当时还处于技术不稳定、成本价格较高状况的数字系统彩电的替代威胁。当然，替代品的替代威胁并不一定意味着新产品对老产品最终的取代。几种替代品长期共存也是很常见的情况。

3.供应者、购买者讨价还价能力

每个企业作为产业价值链上的一个环节，都具有双重身份：对其上游企业，它是购买者；对其下游企业，它是供应者。通过分析购买者和供应者讨价还价的能力，可以判定企业以下几个方面的实力：企业所处行业的集中程度、企业业务量大小、产品差异化程度、资产专用性程度、纵向一体化程度、信息掌握程度、企业利润潜力等。

4.产业内现有企业的竞争

产业内现有企业的竞争是指一个产业内的企业为市场占有率而进行的竞争。产业内现有企业的竞争是通常意义外的竞争，这种竞争通常是以价格竞争、广告战、产品引进以及增加对消费者的服务等方式表现出来。

（三）竞争环境分析

作为行业环境分析的补充，竞争环境分析的重点集中在与企业直接竞争的每一个企业。

对竞争对手的分析有三个方面的主要内容，即竞争对手的未来目标、现行战略和潜在能力。

1.竞争对手的未来目标

对竞争对手未来目标的分析与了解，有利于预测竞争对手对其目前的市场地位以及财务状况的满意程度。

2.竞争对手的现行战略

对竞争对手现行战略的分析，目的在于揭示竞争对手正在做什么、能够做什么。在对竞争对手目标分析的基础上，判断竞争对手的现行战略就变得相对容易了。非常有用的一种方法是，把竞争对手的战略看成业务中各职能领域的关键性经营方针以及了解它如何寻求各项职能的相互联系。

3.竞争对手的潜在能力

对竞争对手潜在能力实事求是的评估是竞争对手分析中最后的步骤。竞争对手的目标、现行战略会影响其反击的可能性、时间、性质及强烈程度。而其优势与劣势将决定其发起反击行动的能力以及处理所处环境或产业中事件的能力。

（四）市场环境分析

产业环境分析的另一个重要方面是对市场需求状况的分析。市场需求状况直接影响企业销售业绩、销售策略等。

经济学理论认为，决定一个消费者对一种产品的需求数量的主要因素有：该产品的价格、消费者的收入水平、相关产品的价格、消费者的偏好、消费者对产品的价格预期等。一个市场上所有消费者对该产品的总需求还取决于这个市场上消费者的数量。市场营销学中有这样一个公式：市场需求=人口×购买力×购买欲望。这个公式概括了上述各个决定因素：人口对应一个市场上消费者的数量；购买力对应消费者的收入水平；购买欲望对应产品价格、消费者偏好、相关产品的价格以及消费者对产品的价格预期等。

在市场需求的决定因素中，人口和购买力是企业难以控制的因素，但购买欲望这一因素是企业可以把握的，例如产品的定价、差异化程度、促销策略等都可能影响消费者的购买欲望，而这些行为的结果都会在财务报表中呈现。

三、企业环境分析

在对企业进行详尽而全面的外部环境分析之后，财务报表分析的另一个重要前提和现行条件是进行企业内部环境分析。通过经营战略分析，投资者可以决定做什么，即企业所拥有的独特资源与能力所能支持的投资行为。

（一）企业资源分析

企业资源分析的目的在于识别企业的资源状况、企业资源方面所表现出来的优势和劣势以及对未来长期可持续发展的影响。

企业资源分析主要从有形资源分析、无形资源分析和人力资源分析入手。

1.有形资源分析

由于会计核算的要求，资产负债表所记录的账面价值并不能完全代表有形资源的价值。而且有些类似的有形资源可以被竞争对手轻易地取得，因此，这些资源便不能成为企业的优势。但是，具有稀缺性的有形资源能使公司获得竞争优势。

2.无形资源分析

同样由于会计核算的原因，资产负债表中的无形资产也不能代表企业的全部无形资源，甚至可以说，有相当一部分无形资源是游离在企业资产负债表之外的。无形资源是指企业长期积累的、没有实物形态的，甚至无法用货币精确度量的资源，通常包括品牌、商誉、技术、专利、商标、企业文化及组织经验等。尽管无形资源难以精确度量，但由于无形资源一般都难以被竞争对手了解、购买、模仿或替代，因此，无形资源是一种十分重要的企业核心竞争力的来源。商誉也是一种关键的无形资源，它能给企业带来超额利润。对于产品质量差异较小的行业，例如软饮料行业，商誉可以说是最重要的企业资源。

3. 人力资源分析

人力资源是指组织成员向组织提供的技能、知识以及推理和决策能力。大量研究发现，那些能够有效开发和利用其人力资源的企业比那些忽视人力资源的企业发展得更好、更快。是人的进取心和掌握的技能、知识创造了企业的繁荣，而不是其他资源。在技术飞速发展和信息化加快的新经济时代，人力资源在企业中的作用越来越突出。

（二）企业能力分析

企业能力，是指企业配置资源，发挥其生产和竞争作用的能力。企业能力来源于企业有形资源、无形资源和人力资源的整合，是企业各种资源有机组合的结果。

企业能力主要由研发能力、生产管理能力、营销能力、财务能力和组织管理能力等组成。除去财务能力不讲，研发能力是保持企业竞争活力的关键因素。企业的研发活动能够加快产品的更新换代，不断提高产品质量，降低产品成本，求得更大的利润空间；生产管理能力是指将投入（原材料、资本、劳动等）转化为产品或服务并创造利润的活动，涉及生产过程、生产能力、库存管理、质量管理等各个利润环节；营销能力决定企业销量与收入等；组织管理能力主要从以下几个方面进行衡量：

（1）职能管理体系的任务分工；

（2）岗位责任；

（3）集权和分权的情况；

（4）组织结构（直线职能、事业部等）；

（5）管理层次和管理范围的匹配。

（三）价值链分析

企业每项生产经营活动都是其创造价值的经济活动，那么，企业所有的互不相同但又相互关联的生产经营活动，便构成了创造价值的一个动态过程，即价值链。

价值链最初便是为了在企业复杂的制造程序中分清各步骤的"利润率"而采用的一种会计分析方法，其目的在于确定在哪一步可以削减成本或提高产品的功能特性。

现在通过价值链分析还能够得出企业资源与能力的有用性。价值链把企业活动进行分解，通过考虑这些单个的活动本身及其相互之间的关系来确定企业的竞争优势。

价值链分析的关键是，要认识企业不是机器、货币和人员的随机组合，如果不将这些资源有效地组织起来，保证生产出最终顾客认为有价值的产品或服务，那么这些资源将毫无价值。

资源使用的价值链分析要明确以下几点：

（1）确认那些支持企业竞争优势的关键性活动；

（2）明确价值链内各种活动之间的联系；

（3）明确价值系统内各项价值活动之间的联系。

第二节　宇通客车经营环境分析

从企业活动与财务报表的关系可知，财务报表的质量受经营环境、企业战略、会计环境和会计政策选择等众多因素的影响。这些影响可能妨碍会计信息系统在消除资本市场信息不对称方面的作用。为了防止"柠檬市场"崩溃的现象在资本市场中出现，就需要专业的财务报表分析人员对财务报表进行分析。有效的财务报表分析可以从财务报表中提取非财务信息，并通过对企业所处的行业环境和企业内部环境的了解与分析，对企业的财务报表做出合理的解读。现在以郑州宇通客车股份有限公司（以下简称"宇通客车"）为例，依次分析其所处的宏观环境、行业环境、内部环境。

宇通客车是一家集客车产品研发、制作与销售为一体的大型现代化制造企业，拥有底盘车架电泳、车身电泳、机器人喷涂等国际先进的客车电泳涂装生产线，是目前世界单厂规模最大、工艺技术条件最先进的大中型客车生产基地。待其新能源产区建成后，将具备年产30000台的生产力，并成为中国客车行业最先进、世界规模最大的新能源客车基地。

不断创造具有质量、服务和成本综合优势的产品是宇通客车竞争优势的源泉。目前，公司已形成了覆盖公路客运、旅游、公交、团体、校车、专用客车等各个细分市场，包括普档、中档、高档等各个档次，145个产品系列的完整产品链，并成为中国客车工业领军品牌。

宇通客车率先在行业成功实施了CRM客户管理系统，建成了功能完善的客户服务管理平台，24小时为客户提供购买咨询、服务请求、配件查询、问题反馈等一站式服务。公司先后投资1.3亿元，成为中国客车行业内唯一一家组建起8家独资4S中心站的企业，并联合分布全国的800余家售后服务站，覆盖到县级城市的服务网点，将服务半径缩减至70千米以内（除新疆、西藏、内蒙古），从而为提供更优质的服务及维修水平提供了良好保障。

在巩固、提升国内市场份额和品牌地位的同时，公司积极开拓海外业务，代表中国客车走向世界。近几年来，宇通客车远销古巴、委内瑞拉、俄罗斯、伊朗、沙特以及香港、澳门等海外市场。在确保产品品质和海外服务保障的基础上，经过长期战略布局，宇通客车已取得欧盟WVTA整车认证，开始正式进军欧美市场，目前已在法国、挪威、以色列、马其顿等国家实现销售，并于2012年成功进入美国市场。

此外，宇通客车还遵循"崇德、协同、鼎新"的核心价值观和"以客户为中心，以员工为中心"的经营管理理念，以"巩固中国客车第一品牌，成为国际主流客车供应商"为己任，积极践行"致力中国商用车领域发展，提供舒适、安全、客户价值最大化的产品，成为客户和消费者的首选"之使命，为合作伙伴与社会大众创造更大价值。

以上便是宇通客车与此次经营环境分析相关的信息。

一、宏观环境分析

(一) 法律环境分析

1. 安全法规

宇通客车处于汽车制造业。汽车是现代社会主要的交通工具,其制造水准决定了安全隐患的大小,为此,国家制定了一系列法律、法规,来保证行业生产质量,例如,汽车碰撞法规。这些法规对企业的结构、装备质量、乘员舱空间尺寸、汽车制造工艺及材料等各个方面做了严格规定。这说明了宇通客车所处的法律环境是严苛的,有外在压力促进其提高产品质量。

2. 产业发展政策

2004年国家发展和改革委员会发布了《汽车产业发展政策》,内容涵盖政策目标、汽车行业发展规划、技术政策、汽车行业结构调整要求、行业准入管理、支持商标品牌打造、支持产品开发、零部件及相关产业发展方向、营销网络管理、投资管理、进出口管理等各个方面,要求汽车行业推进产业结构调整和升级、规范企业的市场行为、推动汽车私人消费、鼓励汽车产品进入国际市场、要求企业形成若干驰名品牌、推动提高产业集中度、坚持引进技术和自主开发、引导和鼓励发展节能环保型小排量汽车、制定道路机动车辆安全环保节能防盗方面的技术规范的强制性要求等。

这些政策不仅引导了消费方向、规定了企业发展方向,还规范了企业的经济行为,对投资者等进行决策指明了道路。

宇通客车拥有国内最大的规模;拥有行业内首家博士后科研工作站和发改委等四部委联合认定的行业首家"国家级技术中心",并新建了全球唯一专注于客车试验研究的试验中心,还有全球领先的整车阴极电泳生产线和具有国际先进水平的底盘车间等创新技术;加上海外战略的实施、国际质量监管体系的控制等,这些都与当前法律政策契合,所以,宇通客车未来还会有更广阔的发展前景。

(二) 经济环境分析

对于汽车消费,我国一直以鼓励为主,并给予优惠政策,所以汽车销量一路飘红。而且企业金融服务的支持也会推动汽车消费的提升,拉动企业消费需求增长。预计未来三年企业销量增速为10%～15%。

近年来城镇公交发展迅速,加上校车安全事故的警醒,大中型客车的经济前景尤好,所以宇通客车恰逢"盛世"。

同时,一些宏观风险因素也日益显现,例如经济形势正在逆转,原材料价格显著上涨、油价大幅攀升等,这也为企业发展带来了障碍。

(三) 技术环境分析

21世纪,世界汽车工业的一个重要目标就是研制出低耗、无污染的环保型汽车,取代内燃发动机汽车,目前世界上呼声最高的是电动汽车和燃料汽车技术的开发。此外,汽车行业的技术发展趋势还包括:多样化、个性化、小型化、轻量化、电子化、智能化、零部件的高通用化、高成组化等。

宇通客车抓住了汽车技术发展的大趋势，潜心研发客车，以科技提升运营效益。宇通客车配备了最精密的测量、计量设备，通过"发动机热管理系统"科技节油，使用电泳工艺，建立新能源产业园区等，可见，技术环境对宇通客车的发展也是有利的。

二、产业环境分析

（一）产业生命周期分析

根据产业生命周期理论，每个行业都要经历一个由成长到衰退的发展演变过程，一般来说，产业的生命周期可以分为导入期、成长期、成熟期和衰退期，这四个阶段构成了产业的一个生命周期。产业生命周期分析对于企业决策和政府行业政策有着非常大的影响。对企业而言，通过进行产业生命周期分析，可以明确当前产业所处的生命周期阶段，确定企业在其所处的产业中的定位，从而更好地根据产业特征，及时调整企业发展的战略决策。在产业发展的不同阶段，企业有着不同的战略重点，只有对产业生命周期有足够的认识才能认清未来的发展方向，使企业的发展具有前瞻性、目标性和可操作性，从而推进企业稳定、健康地发展；对政府而言，只有懂得产业生命发展周期，才能了解产业发展规律，针对生命周期每个阶段的特征进行产业规划，制定产业政策；对其他利益相关者而言，产业所处的生命周期直接影响投资者等是否进入本行业，进入后的收益如何等。

根据产业生命周期理论，在分析某个产业所处的实际生命周期阶段的时候，通常从产业规模、产出增长率、利润率和技术进步等几个方面进行综合分析。因为随着产业的兴衰，产业的市场容量有着一个"小—大—稳定—小"的过程，因而产业的资产总规模、产出量、利润、技术发展等也会经历"低—高—稳定—萎缩"的过程，所以通过以上财务数据可以推定产业所处的生命周期。

宇通客车是典型的现代制造产业，目前处于成长阶段。这一阶段的标志是产品销量节节攀升，产品的销售群已经扩大，此时消费者对质量要求不高；各企业的产品在技术和性能方面有较大差异；广告费用较高，但是单位广告费在下降；生产能力不足；由于市场扩大，竞争者涌入，企业之间开始争夺资源，会出现企业兼并；而且此时产品的价格最高，单位产品净利润也最高；这一阶段是增加市场份额、改变价格形象和质量形象的好时机。但是，企业的经营风险仍然维持在高水平，因为竞争激烈导致了市场的波动。

（二）五种竞争力分析

1.潜在进入者

因为宇通客车处于一个技术壁垒高、资产需求量大的行业，因此潜在进入者的威胁比较小，加上客车几乎很难有差异，其他企业的转换成本也高，分销渠道也难以建立等，所以几乎没有潜在进入者的威胁。

2.替代品

替代品往往是新技术与社会新需求的产物，老产品能否被新产品替代，或者反过来说，新产品能否替代老产品，主要取决于两种产品的"性能-价格"比的比较。如果宇通客车的"性能-价格"比低于其他企业的产品，那么宇通客车就会面临大敌，龙头地位将会被撼动，这主要看宇通客车的创新速度是否超前。

3.供应者、购买者讨价还价能力

因为其在行业中所处的地位，所以宇通客车具有较强的议价能力，因此宇通客车具有以下相对优势：所处行业的集中程度较高、企业业务量大、产品差异化程度小、企业利润潜力大。

三、企业内部环境分析

（一）资源分析

1.有形资源

宇通客车的有形资源主要体现在企业规模与先进设备两方面。宇通客车厂区位于河南省郑州市宇通客车工业园，占地面积1700亩，日产整车达310台以上。位于郑州东区国际物流园区的宇通客车新能源厂区占地2000余亩，建筑面积达60万平方米。企业规模在行业位列第一。

此外，宇通客车拥有底盘车架电泳、车身电泳、机器人喷涂等国际先进的客车电泳涂装生产线，单厂规模大、工艺技术条件先进，主要生产大中型客车。而且公司先后投资1.3亿元，组建起8家独资4S中心站，并联合分布全国的800余家售后服务站，覆盖到县级城市的服务网点，将服务半径缩减至70千米以内（新疆、西藏、内蒙古除外）。

2.无形资源

宇通客车的无形资源包括品牌、商誉、工艺、技术、管理、团队等，这些都是宇通客车的优势，同样也是分析其他企业无形资产的切入点。

（1）品牌

宇通客车从客户的全面需求出发，主张"使用价值""经济价值""形象价值"三位一体的价值回报，致力于实现"创造更大价值"的品牌主张。

（2）商誉

作为中国客车驰名品牌，宇通客车自2010年起至今，连续多年荣获世界客车联盟（BAAV）颁发的"年度最佳客车制造商""年度最佳创新客车""年度最佳客车安全装备""年度最佳环保巴士""年度最佳客车"等大奖。此外，还有"中国名牌""中国驰名商标""国家汽车整车出口基地企业"称号，"进出口商品免验证书""创新型企业""中国骄傲"等荣誉，2013年公司入选《财富》杂志中国企业500强第222名并被评为"国家技术创新示范企业"。

（3）技术

以市场为导向，依据市场做研发，进行合理的产品规划，拥有行业内首家博士后科研工作站和发改委等四部委联合认定的行业首家"国家级技术中心"，并新建了全球唯一专注于客车试验研究的试验中心，全球领先的整车阴极电泳生产线和具有国际先进水平的底盘车间，全面提高了客车产品的设计水准和工艺保证能力。

（4）管理

宇通客车追求的是精益管理，比如它拥有精密的测量、计量设备，已经通过GB/T19022—2003体系A级认证；还通过6000多个不同的计量设备，对整车生产实现了全过程的有效把控；而且还率先实施了TS16949全程管理系统。

（二）能力分析

1. 研发能力

宇通客车在2000年4月成立了行业内首家博士后工作站，用以指导与验证产品的设计研发；此外，宇通客车还拥有国家级技术中心，每年投入科研费用数亿元，目前获得专利近百项；4大实验室也是宇通客车研发能力较高的体现。

2. 生产管理能力

宇通客车日产整车达310台以上，若其国际物流园区的宇通客车新能源厂顺利建成，宇通客车将具备年产30000台的生产能力；宇通客车遵从的是"以客户为中心，以员工为中心"的管理理念，与现代企业管理先进理念一致。

3. 营销能力

宇通客车率先在行业成功实施了CRM客户管理系统，建成了功能完善的客户服务管理平台，24小时为客户提供购买咨询、服务请求、配件查询、问题反馈等一站式服务；宇通客车还建起8家独资4S中心站，并联合分布全国的800余家售后服务站，覆盖到县级城市的服务网点，将服务半径缩减至70千米以内（新疆、西藏、内蒙古除外），从而为提供更优质的服务及维修水平提供了良好保障。2013年，客车产品实现销售56068辆，较2012年同比增长8.47%，销售收入220.9亿元，较2012年同比增长11.8%，销售业绩在行业继续位列第一。

上述环境分析是从非财务信息的角度进行的分析，若要使财务报表分析更深入、更准确，需要结合财务报表项目分析、财务指标分析等，这些分析的具体运用在后面章节将有详细介绍。

课后阅读

企业财务信息分析评价的非财务信息考虑

一、财务报表附注披露的非财务信息

（1）重要会计估计的说明，包括下一会计期间内很可能导致资产、负债账面价值重大调整的会计估计的确定依据等。

（2）会计政策和会计估计变更以及差错更正的说明。

（3）对已在资产负债表、利润表、现金流量表和所有者权益变动表中列示的重要项目的进一步说明，包括终止经营税后利润的金额及其构成情况等。

（4）或有和承诺事项。

（5）资产负债表日后非调整事项。

（6）关联方关系及其交易等需要说明的事项。

二、未在财务报表附注披露的非财务信息

（1）背景信息。企业经营总体规划和战略目标；企业经营活动和资产的范围与内容，所处行业的特点、产品寿命周期及产品结构。

（2）经营业绩说明。经营活动指标、成本指标、关键经营业务指标、关键资源数量与质量指标。

（3）管理部门的分析讨论。企业财务状况、经营业绩变化的原因和未来的发展趋势。

（4）前瞻性信息。企业面临的机会与风险；管理者的计划，包括影响成功的关键因素；将实际经营业绩与以前披露的机会与风险进行比较。

（5）社会责任。环境责任指标，包括处理废水、废渣、废气的情况，对社会环境治理提供的服务，减少耗用稀有及不可再生资源的措施与效果；企业经营对当地社会的影响，包括对带动地区经济发展的积极作用，为当地提供就业机会的情况，对居民居住环境和社会稳定的影响及措施。

（6）产品生命周期分析。产品生命周期分为起步阶段、成长阶段、成熟阶段和衰退阶段。企业处于不同的产品生命周期阶段，对其生存及未来发展关系极大，其财务报表都会呈现不同的特点。

（7）企业竞争战略分析。企业采用何种竞争战略，都会在披露的财务报表有关数据的变化中表现出来。

（8）经济政策信息分析。国家一定时期的宏观调控政策对企业经济活动具有重大的影响，如产业政策关系到企业所在行业的发展前景及目前是否能享受到相关的优惠政策。此外，价格政策关系到企业对产品价格调整的自主权；信贷政策关系到企业筹资的难易程度及其融资成本；分配政策关系到企业的收益分配管理等。

（9）行业信息分析。不同行业，由于其经营的性质、内容、范围和方式不同，其财务状况与盈利水平的差异较大。

应分析的行业信息主要有：

①行业水平和先进水平；

②行业内竞争对手的相关信息；

③行业的市场前景信息。

（10）市场环境信息分析。在市场经济条件下，各企业面临着不同的市场环境，从而使企业的财务活动受到不同的影响和制约，各类市场与企业财务活动都有密切联系。

（11）人力资源信息分析。人力资源是企业取得成功的关键，也是企业未来现金流量和市场价值的动力所在。在预测企业的发展前景时，必须关注企业的人力资源信息。首先是股东和高级管理人员的信息，其次是职员数量及层次结构信息。一般来讲职员层次越高，企业越有发展前途。

资料来源于：高军武.企业财务信息分析评价的非财务信息考虑[J].现代商业，2009（2）.

练习题

1. 企业所处行业环境的影响因素有哪些？
2. 产品生命周期具体包括哪些内容？
3. 简述"五力模型"分析法。
4. 企业内部环境分析的路径有哪些？

第三章　资产负债表分析

【目的要求】

1.了解资产负债表的性质和作业；

2.熟练掌握资产项目的分析；

3.熟练掌握负债项目和所有者权益项目的分析；

4.熟练掌握企业资本结构分析；

5.熟练掌握企业偿债能力和营运能力分析。

阅读材料

标准普尔信用评级中的定量指标

标准普尔是全球最权威的信用评级机构之一。标准普尔先通过财务分析后的数据将企业的信用等级分类，然后再通过对企业商业风险的定性分析后，确定企业最后的信用级别。

标准普尔在进行信用评价时采用的定性指标包括税前及利息前利润的利息偿付率，扣除利息、税金及折旧费前的利润的利息偿付率，运营资金量/总负债，自有经营现金/总负债，资本回报率，营业收入/销售，长期负债/资本，总负债/资本。

这些指标分别是什么含义？它们是如何来反映企业的偿债能力和信用水平的？

第一节　资产负债表概述

一、资产负债表的性质和作用

资产负债表是反映企业在某一特定日期财务状况的会计报表。它是根据"资产=负债+所有者权益"这一会计基本等式，按照一定的分类标准和一定的顺序，把企业一定日期的资产、负债和所有者权益各项目予以适当排列，并对日常工作中形成的大量数据进行整理后编制而成的。它表明企业在某一特定日期所拥有或控制的经济资源、所承担的现有义务和所有者对净资产的要求权。

资产负债表是企业最重要的财务报表之一，其主要作用如下。

1.反映企业资产的总体规模及具体的分布形态

一般说来，企业控制和运作的资源越多，其创造经济利益的能力也就越强；此外，同样的资源总量，配置结构不同，所产生的经济效益也会不同。因此，通过资产负债表，使用者可以了解企业资产规模的大小以及分析企业资源配置是否合理有效，进而评估企业未来的发展能力，为经济决策提供依据。

2.反映企业资本的来源与构成情况

企业资本来源包括向债权人借入资本和所有者投入资本，负债和所有者权益各占一定比重，这就是通常所说的资本结构。由于负债要按期偿还，而所有者权益则是永久性资本，因此，资本结构不同，将导致企业长期偿债能力、财务风险水平以及举债能力（潜力）的不同。

3.反映企业流动资产的流动性和短期偿债能力

资产负债表左侧资产按照流动性从大到小依次排列，流动资产作为偿还流动负债的保证，其规模大小、组成成分以及变现能力的强弱决定了企业短期偿债能力的大小，进而影响着企业承担财务风险的大小。

4.反映企业财务状况的发展趋势

可以肯定地说，企业某一特定日期（时点）的资产负债表对信息使用者的作用极其有限。只有把不同时点的资产负债表结合起来进行分析，才能把握企业财务状况的发展趋势。同样，将不同企业同一时点的资产负债表进行对比，还可对不同企业的相对财务状况做出评价。

5.反映企业的财务弹性

财务弹性是指企业融通资金和使用资金的能力。企业财务弹性的大小，取决于其资产的构成和资本结构。保持合理的资产和资本结构，是企业既能以较低资本成本获得所需要的资金，又可以改变现金流量的数额和时间分布，以便抓住有利的投资机会或应付突发事件。因此，财务报表的使用者根据它可以评价企业的财务弹性。

6.反映企业的经营效果

企业的经营效果主要表现在获利能力上，而对企业获利能力的考察，单独依据利润表只能观察销售或营业的获利能力。若要观察企业利用所控制的经济资源的获利能力，以及投资者投入资本的增值能力，就要联系资产负债表。资产负债表与利润表的结合，为全面分析、评价企业的获利能力和营运能力提供了基本依据。

二、资产负债表的基本结构

资产负债表的结构一般是指资产负债表的组成内容及各项目在表内的排列顺序。就组成内容而言，资产负债表包括表头、基本内容和补充资料等。

表头部分提供了编报企业的名称、报表的名称、报表所反映的日期、金额单位及币种等内容。

基本内容部分列示了资产、负债及所有者权益等内容。

补充资料列示或反映了一些在基本内容中未能提供的重要信息或未能充分说明的信息。这部分资料或在资产负债表基本内容下部列示，或在报表附注中列示。

根据我国《企业会计准则》的规定，资产负债表采用账户式结构。其格式如表3-1所示。

表3-1　资产负债表（账户式）

资　产	金　额	负债及所有者权益	金　额
流动资产		流动负债	
流动资产合计		非流动负债	
非流动资产		负债合计	
非流动资产合计		所有者权益	
		所有者权益合计	
资产总计		负债及所有者权益总计	

账户式资产负债表左方为资产，资产按照变现能力从强到弱的顺序排列，依次为流动资产和非流动资产；报表右方为负债和所有者权益，其中负债按偿还时间从短到长的顺序排列，依次为流动负债和非流动负债，所有者权益列示在负债下方，按其金额的稳定程度从高到低依次排列。

三、资产负债表的披露要求

按照《企业会计准则》的要求，资产负债表中资产、负债和所有者权益等项目的披露应该满足下列要求：

（一）资产

资产负债表中的资产类至少应当单独列示反映下列信息的项目：

（1）货币资金；

（2）交易性金融资产；

（3）应收及预付款项；

（4）存货；

（5）持有至到期投资；

（6）长期股权投资；

（7）投资性房地产；

（8）固定资产；

（9）生物资产；

（10）无形资产；

（11）递延所得税资产。

（二）负债

资产负债表中的负债类至少应当单独列示反映下列信息的项目：

（1）短期借款；

（2）应付及预收款项；

（3）应交税金；

（4）应付职工薪酬；

（5）预计负债；

（6）长期借款；

（7）长期应付款；

（8）应付债券；

（9）递延所得税负债；

（三）所有者权益。

资产负债表中的所有者权益类至少应当单独列示反映下列信息的项目：

（1）实收资本（或股本）；

（2）资本公积；

（3）盈余公积；

（4）未分配利润。

表3-2是一张资产负债表的实例，是宇通客车2013年12月31日编制的年度资产负债表。

表3-2 资产负债表

编制单位：宇通客车　　　　　　　　2013年12月31日　　　　　　　　单位：万元

资产	期末余额	年初余额	负债和所有者权益（或股东权益）	期末余额	年初余额
流动资产：			流动负债：		
货币资金	420,674.12	305,454.42	短期借款	16,040.81	20,444.38
交易性金融资产	629.51		交易性金融负债		186.07
应收票据	84,104.54	82,816.16	应付票据	130,985.79	55,525.45
应收账款	417,535.43	311,557.19	应付账款	340,650.54	373,624.21
预付账款	20,728.00	16,405.72	预收账款	85,082.65	38,490.90
应收利息			应付职工薪酬	46,844.08	41,225.77
应收股利			应交税费	10,377.24	30,872.19
其他应收款	10,832.01	77,576.48	应付利息		
存货	140,065.88	125,832.85	应付股利	1,709.18	
一年内到期的非流动资产			其他应付款	65,933.04	70,265.80
其他流动资产	80,732.30	82,000.00	一年内到期的非流动负债	3,409.23	9,742.32
流动资产合计	1,175,301.80	1,001,642.81	其他流动负债		
非流动资产：			流动负债合计	701,032.57	640,377.08
可供出售金融资产			非流动负债：		
持有至到期投资			长期借款	412.78	15,611.16
长期应收款			应付债券		
长期股权投资	14,237.78	14,237.78	长期应付款		
投资性房地产			专项应付款		
固定资产	297,985.89	314,651.78	预计负债	15,804.32	19,427.47
在建工程	44,418.94	12,600.89	递延税款负债	83.24	
工程物资			其他非流动负债	26,709.95	20,539.71
固定资产清理			非流动负债合计	43,010.28	55,578.34
生产性生物资产			负债合计	744,042.85	695,955.42
油气资产			所有者权益：		

资产	期末余额	年初余额	负债和所有者权益 （或股东权益）	期末余额	年初余额
无形资产	59,236.29	60,186.99	实收资本（或股本）	127,370.99	70,528.66
开发支出			资本公积	225,866.85	272,489.28
商誉	49.20	49.20	减：库存股		
长期待摊费用		1.53	专项储	39.54	
递延税款资产	27,547.44	24,540.04	盈余公积	86,012.78	67,682.24
其他非流动资产	980.00		未分配利润	435,416.04	320,788.42
非流动资产合计	444,455.54	426,268.21	所有者权益合计	875,714.50	731,955.60
资产总计	1,619,757.35	1,427,911.01	负债和所有者权益总计	1,619,757.35	1,427,911.01

四、资产负债表的局限性

资产负债表的局限性主要体现在以下几个方面。

（1）资产负债表并不能真实反映企业的财务状况。资产负债表是以历史成本为基础的，它不反映资产负债和股东权益的现行市场价值。因而，由于通货膨胀的影响，账面上的原始成本与编表日的现实价值已相去甚远，所代表的不一定就是资产的真实价值。

（2）资产负债表并不能反映企业所有的资产和负债。货币计量是会计的一大特点，会计报表表现的信息是能用货币表述的信息，因此，资产负债表会遗漏无法用货币计量的重要经济信息。另外，即使是可以用货币计量的经济资源，在计量时也未必就是真实的。这是不考虑物价变动对货币购买力的影响，即所谓"币值不变假设"。然而，现实中，物价总是经常处于变动之中，货币的购买力会随着物价的变化而变化，这就出现了矛盾——币值的现实变化与币值不变假设的矛盾。

（3）资产负债表中许多信息是人为估计的结果。例如，坏账准备、固定资产折旧和无形资产摊销等，这些估值难免主观，从而将会影响信息的可靠性。

（4）资产负债表项目的计价运用了不同的计价方法。资产项目的计量，取决于会计核算原则和计价方法。如现金按其账面价值表示，应收账款按照扣除坏账准备后的净值表示，存货则按成本与可变现净值孰低表示，等。这样，由于不同资产采用不同的计价方法，资产负债表上得出的合计数失去了可比的基础，而变得难以理解，它无疑影响了会计信息的相关性。

（5）理解资产负债表的含义必须依靠报表阅读者的判断。很多有关企业长期偿债能力、短期偿债能力和经营效率的信息企业往往是不会直接披露的，需要报表使用者自己分析判断。由于各公司采用的会计政策可能不同，导致使用者难以判断比较。

第二节　资产项目内容及其分析

一、资产总括分析

企业资产按流动性分为流动资产、长期投资、固定资产、无形资产和其他资产。除流动资产外，其他几种资产的形成往往需要投入大量的资金，并且发挥作用的时间也较长，它一旦形成就不易调整或变换。因此，我们应根据各类资产的特点和作用以及它们构成的比重进行细致的分析，从而找出企业生产经营和管理上的优势与不足，并为进一步分析这些优势和不足的形成原因提供材料。

（一）资产结构分析

资产结构就是指企业的流动资产、长期投资、固定资产、无形资产等占资产总额的比重。进行资产结构分析，对报表使用者来说，可以深入地了解企业资产的组成状况、盈利能力、风险大小及弹性高低等方面的信息，从而为其合理地做出决策提供强有力的支持；对企业管理者而言，有助于其优化资产结构，改善财务状况，使资产保持适当的流动性，降低经营风险，加速资金周转；对债权人而言，有助于其了解债券的物资保证程度或安全性；对企业的关联企业而言，可了解企业的存货状况和支付能力，从而对合同的执行前景做到心中有数；对企业的所有者而言，有助于对企业财务的安全性、资本的保全能力以及资产的收益能力做出合理的判断。

1.资产结构的影响因素

（1）企业所处行业的特点和经营领域

不同的行业、不同的经营领域，往往需要不同的资产结构。生产性企业固定资产的比重往往要大于流通性企业；机械行业的存货比重则一般要高于食品行业。

（2）企业的经营状况

企业的资产结构与其经营状况密切相连。经营状况好的企业，其存货资产的比重相对可能较低，货币资金则相对充裕；经营状况不佳的企业，可能由于产品积压，存货资产所占的比重会较大，其货币资金则相对不足。

（3）市场需求的季节性

若产品的市场需求具有较强的季节性，则要求企业的资产结构具有良好的适应性，即资产中临时波动的资产应占较大比重，耐久性、固定资产应占较小比重；反之亦然。旺季和淡季的季节转换也会对企业的存货数量和货币资金的持有量产生较大的影响。

（4）宏观经济环境

宏观经济环境制约着市场的机会、投资风险，从而直接影响企业的长期投资数额。通货膨胀效应往往直接影响企业的存货水平、货币资金和固定资产所占的比重。一些法律或行政法规、政策，也会影响企业的资产结构。

通过对资产结构的分析，可以看出企业的行业特点、经营特点和技术装备特点。对于行业特点，工业企业的非流动资产往往大于流动资产，而商业企业的情况则正好与此相反；在同一行业中，流动资产、非流动资产所占的比重反映企业的经营特点。流动资产比重较高的企业稳定性较差，却较灵活；而那些非流动资产占较大比重的企业底子较厚，但调头难；长期投资较高的企业，金融利润和风险要高。无形资产增减和固定资产折旧速度的快慢反映企业的新产品开发能力和技术装备水平。无形资产持有多的企业，开发创新能力强；而那些固定资产折旧比例较高的企业，技术更新换代快。

2.资产结构的分析方法

分析资产结构与变动情况通常采用垂直分析法。垂直分析法的基本要点是通过计算报表中各项目的比重，反映报表中的项目和总体关系情况及其变动情况。对资产结构变动的分析，还应对流动资产和非流动资产，分项目进行具体比较、分析，以便进一步阐明原因，判断企业资产结构变动的合理性。在判断企业资产各项目结构变动合理性时应结合企业生产经营特点和实际情况。

（1）流动资产构成比重的计算与分析

流动资产构成比重是指流动资产占资产总额的百分比。计算公式为：

$$流动资产比重 = \frac{流动资产}{资产总额} \times 100\%$$

流动资产比重高的企业，其资产的流动性和变现能力较强，企业的抗风险能力和应变力就强，但由于缺乏雄厚的固定资产做后盾，一般而言其经营的稳定性则会较差。流动资产比重低的企业，虽然其底子较厚，但灵活性却较差。流动资产比重上升，则说明企业应变能力提高，企业创造利润和发展的机会增加，加速资金周转的潜力较大。

分析时应注意把流动资产比重的变动与销售收入和营业利润的变动联系起来。如果营业利润和流动资产比重同时提高，说明企业正在发挥现有经营潜力，经营状况好转；如果流动资产比重上升而营业利润并没有增长，则说明企业产品销路不畅，经营形势不好；如果流动资产比重降低而销售收入和营业利润呈上升趋势，说明企业资金周转加快，经营形势优化；如果流动资产比重和营业利润、销售收入同时下降，则说明企业生产萎缩，沉淀资产增加。

由于各行业生产经营情况不一样，流动资产在资产总额中的比重就不一样，合理的程度应根据具体行业、企业来进行判断和分析。

（2）非流动资产构成比重的计算和分析

非流动资产构成比重是指非流动资产占资产总额的百分比。计算公式为：

$$非流动资产比重 = \frac{非流动资产}{资产总额} \times 100\%$$

非流动资产的比重过高首先意味着企业非流动资产周转缓慢，变现力低，势必会增大企业经营风险；其次，使用非流动资产会产生一笔巨大的固定费用，这种费用具有刚性，一旦生成短期内不易消除，这样也会加大企业的经营风险；最后，非流动资产比重过高会削弱企业的应变能力，一旦市场行情出现较大变化，企业可能会陷入进退维谷的境地。

非流动资产比重的合理范围应结合企业的经营领域、经营规模、市场环境以及企业所处的市场地位等因素来确定，并可参照行业的平均水平或先进水平。

（二）资产规模分析

企业资产规模是指企业所拥有的资产存量。它既是保证企业生产经营管理活动正常进行的物质基础，又是关系到企业能否持续经营的重要前提和条件。一个企业的资产必须保持合理的规模，因为资产规模过大，将形成资产资源的闲置，造成资金周转缓慢，影响资产的利用效果；资产规模过小，将难以满足企业生产经营的需要，导致企业生产经营活动难以正常进行。

对资产规模进行分析，通常利用水平分析法从数量上了解企业资产的变动情况，分析变动的具体原因。利用水平分析法的基本要点就是将企业资产负债表中不同时期的资产进行对比，对比的方式有两种：一是确定其增减变动数量；二是确定其增减变动率。应用水平分析法，可以观察资产规模以及各资产项目的增减变化情况，发现重要或者异常的变化，对这些变化再做进一步分析，找出其变化的原因，并判断这种变化是有利的还是不利的。判断一个企业资产规模变化是否合理，要联系企业生产经营活动的发展变化，即将资产规模增减比率同企业产值、销售收入等生产成果指标的增减比率相对比，判断增资与增产、增收之间是否协调，资产营运效率是否提高。

下面我们根据宇通客车2013年12月31日资产负债表的相关资料，编制公司资产结构及增减变动表用来分析该公司资产的构成情况（见表3-3）。

表3-3　资产结构及增减变动表

项目	上年数		本年数		差异	
	金额/万元	比重/%	金额/万元	比重/%	金额/万元	比重/%
流动资产	1,001,642.81	70.15	1,175,301.80	72.56	173,658.99	2.41
非流动资产	426,268.21	29.85	444,455.54	27.44	18,187.33	-2.41
资产总额	1,427,911.01	100.00	1,619,757.35	100.00	191,846.34	0

从表3-3可以看出，宇通客车的流动资产的比重远高于非流动资产的比重，说明该公司资产的流动性和变现能力较强，对经济形势的应变能力较好，资产结构合理。但评价一个公司资产结构是否合理，也就是说，公司在总资产中保持有多少流动资产、多少固定资产才合适，还应对公司的经营性质、规模、公司经营状况、市场环境等因素进行综合分析，或者对近几年来的资产结构进行趋势比较，或者与同行业的平均水平、先进水平进行比较，才能正确评价资产结构的合理性和先进性。

（三）资产结构优化分析

企业资产结构优化就是研究企业的资产中各类资产如何配置能使企业取得最佳经济效益。在企业资产结构体系中，固定资产与流动资产之间的结构比例是最重要的内容。固定资产与流动资产之间的结构比例通常称为固流结构。因此，资产结构优化分析，主要是指固流结构优化分析。

在企业经营规模一定的条件下，如果固定资产存量过大，则正常的生产能力不能充分发挥出来，造成固定资产的部分闲置或生产能力利用不足；如果流动资产存量过大，则又会造成流动资产闲置，影响企业的盈利能力。无论以上哪种情况出现，最终都会影响企业资产的利用效果。

1.固流结构的选择

对一个企业而言，主要有三种类型的固流结构：

（1）适中的固流结构

适中的固流结构是指企业在一定销售量的水平上，使固定资产存量与流动资产存量的比例保持在平均合理的水平上。这种资产结构可在一定程度上提高资金的使用效率，但同时也增大了企业的经营风险和偿债风险，是一种总风险一般、盈利水平一般的资产结构。

（2）保守的固流结构

保守的固流结构是指企业在一定销售水平上，维持大量的流动资产，并采取宽松的信用政策，从而使流动资金处于较高的水平。这种资产结构由于流动资产比例较高，可降低企业偿债或破产风险，使企业风险处于较低的水平。但流动资产占用大量资金会降低资产的运转效率，从而影响企业的盈利水平。因此，该种资产结构是一种流动性高、风险小、盈利低的资产结构。

（3）冒险的固流结构

冒险的固流结构是尽可能少地持有流动资产，从而使企业的流动资产维持在较低水平上。这种资产结构流动资产比例较低，资产的流动性较差。虽然固定资产占用量增加而相应提高了企业的盈利水平，但同时也给企业带来了较大的风险。这是一种高风险、高收益的资产结构。

2.固流结构合理与否的判断标准

在实际工作当中，我们通常根据下列标准来评价企业固定资产与流动资产的结构比例是否合理。

（1）盈利水平与风险

企业将大部分资金投资于流动资产，虽然能够减少企业的经营风险，但是会造成资金大量闲置或固定资产不足，降低企业生产能力，降低企业的资金利用效率，从而影响企业的经济效益；反之，固定资产比重增加，虽然有利于提高资产利润率，但同时也会导致经营风险的增加。企业选择何种资产结构，主要取决于企业对风险的态度。如果企业敢于冒险，就可能采取冒险的固流结构策略；如果企业倾向于保守，则宁愿选择保守的固流结构策略而不会为追求较高的资产利润率而冒险。

（2）行业特点

不同的行业，因经济活动内容不同，技术装备水平也有差异，其固流结构也会有较大差异。一般说来，创造附加值低的企业，如商业企业，需要保持较高的资产流动性；而创造附加值高的企业，如制造业企业，需要保持较高的固定资产比重。同一行业内部，因其生产特点、生产方式的差异较小，所以其固流结构就比较接近，行业的平均固流结构比例应是本企业固流结构的主要参照标准。

（3）企业经营规模

企业经营规模对固流结构有重要影响。一般而言，规模较大的企业固定资产比例相对高些，因其筹资能力强，流动资产比例相对低些。

企业在分析和评价目前固流结构合理性的基础上，必须对固流结构进行进一步优化。固流结构优化必须以企业采取的固流结构策略所确定的标准为根据。固流结构优化的步骤一般是：首先，分析企业的盈利水平和风险程度，判断和评价企业目前的固流结构；其次，根据盈利水平与风险、行业特点、企业规模等评价标准，按照企业选择的固流结构策略确定符合本企业实际情况的固流结构比例的目标标准；最后，对现有的固流结构比例进行优化调整。调整时，既可以调整流动资产存量，也可以调整固定资产存量，还可以同时调整固定资产存量和流动资产存量以达到确定的目标标准。

二、资产具体项目分析

（一）货币资金

1. 货币资金的范围及特点

货币资金项目反映企业库存现金、银行结算户存款、外埠存款、银行汇票存款、银行本票存款、信用证保证金存款、信用卡存款、存出投资款等货币资金的数额。由于货币资金本身可用于偿债，其变现时间等于零，并且通常不存在变现损失问题，因此货币资金是偿债能力最强的资产。但是，具有特殊用途的货币资金不能作为可偿债资产。比如，专门用于固定资产投资的货币资金、银行限制性条款中规定的最低存款余额等，它们不能随时用于偿债，应予以扣除。

货币资金的特点：

（1）有着极强的流动性，在企业经济活动中，有一大部分经营业务涉及货币资金的收支，也就是货币资金在企业持续经营过程中随时有增减的变化；

（2）货币资金收支活动频繁；

（3）在一定程度上货币资金收支数额的大小反映着企业业务量的多少、企业规模的大小；

（4）通过货币资金的收支反映企业收益和损失以及经济效益。

2. 货币资金分析

对于企业货币资金可从以下五个方面进行分析：

（1）规模分析

为维持企业经营活动的正常运转，企业必须持有一定量的货币资金。从财务管理的角度来看，货币资金越多，企业偿债能力就越强。但是如果一个企业货币资金经常处于比重较大的状况，则很可能是企业不能有效利用资金资源的表现；如果比重过低，则意味着企业缺乏必要的资金，可能会影响企业的正常经营，并制约着企业的发展。企业货币资金规模是否合理，主要的决定因素为企业的资产规模与业务量、筹资能力、运用货币资金能力和企业所处行业特点这四个方面，因此在对其进行分析时应充分考虑这四个方面。

（2）变动分析

企业货币资金发生增减变动，可能的影响因素有：

①销售规模的变动：企业销售规模与货币资金规模之间具有一定的相关性。

②信用政策的变动：严格的信用政策会提高现销比例，从而可能导致货币资金规模提高。

③为支出大笔现金做准备：如准备派发现金股利，偿还将要到期的巨额银行借款，或集中购货等，这些都会增加企业货币资金需求的规模。但是这种需求是暂时的，货币资金的需求规模会随着企业现金的支付而降低。

（3）货币资金持有量分析

企业货币支付能力大于1，说明货币支付能力较强，但并不表示企业货币资金的持有量是合理的。由于货币资金是一种非盈利资产，积存过多，必然会造成资金浪费；积存过少，又不能满足企业三个动机（即交易性动机、预防性动机、投资性动机）的需要，增加企业的财务风险。

判断货币资金持有量是否合理，首先看它是否能满足交易性动机，即企业正常经营活动的支出；其次看它是否能满足预防性动机，即应付市场变化的能力。在满足了上述两个需求后，如仍有多余货币，可考虑短期投资，购买证券进行增值。

货币资金中的现金，主要用于日常零星开支。根据《现金管理条例》规定，现金实行限额管理，其限额一般不超过3～5天的日常零星开支；货币资金中其他货币资金部分是为当前必须交易结算而准备的，故无须制定其额度；货币资金中的银行存款占用的数额较大，是确定货币资金持有量的重点。银行存款结存多少比较适宜，主要取决于近期需支付货币资金的需要量与结存量是否相近。如果相近，说明货币资金的持有量就是最佳持有量。

（4）货币资金周转速度分析

货币资金周转速度分析是通过货币资金周转率指标来进行的。货币资金周转率是每期实际收到的销售款项与期初货币资金持有量的比率，是反映货币资金使用效率的指标。

其计算公式如下：

$$货币资金周转率 = \frac{每期实际收到的销售款项}{期初货币资金持有量}$$

企业提高货币资金使用效率，主要通过扩大销售，加快收取货款和降低货币资金持有量两条途径来实现。

在对货币资金进行分析时，还要结合企业的业务规模和行业特点。一般来讲，企业业务规模越大，业务收支越频繁，持有的货币资金就越多。此外，不同行业的企业，其合理的货币资金比重也会有较大差异。

（5）货币资金管理分析

首先，分析企业货币资金收支是否符合国家的规定。国家对有关货币资金收支方面有严格的管理规定，企业必须遵守国家有关的结算政策、现金管理制度，合理调度资金。如果企业没有遵守国家的现金管理制度而保留了过多的货币资金，可能会遭受失窃、白条抵库的损失；如果企业违反国家结算政策，有可能受到有关部门的处罚；如果企业对国家有关货币资金管理规定的遵守质量较差，其进一步融资也将发生困难。

其次，从企业自身货币资金管理角度来进行分析。企业在收支过程中的内部控制制度的完善程度以及实际执行情况，则直接关系到企业的货币资金运用质量。

（二）交易性金融资产

交易性金融资产是指企业为交易的目的所持有的债券投资、股权投资、基金投资等资产，企业持有交易性金融资产的目的是近期出售以便在价格的短期波动中获取利益。交易性金融资产极易变现，流动性仅次于货币资金，但交易性金融资产具有持有时间较短、盈利与亏损难以把握等特点。它在报表中常常表现出金额经常波动、投资收益与亏损易变等特点。

在进行交易性金融资产分析时，首先，注意交易性金融资产增减变动情况及其原因，注意是否存在将长期投资任意结转为交易性金融资产的现象。一些企业可能利用长期投资与交易性金融资产的划分来改善其流动比率，这可以通过交易性金融资产在报表中表现出来的特点进行分析。

（1）从交易性金融资产的数量看

交易性金融资产具有金额经常波动的特点，跨年度不变且金额较为整齐的交易性金融资产极有可能是长期投资。

（2）从投资收益的情况看

交易性金融资产收益具有盈亏不定、笔数较多的特点，而长期投资收益一般具有固定性、业务笔数较少的特点。如果在投资收益的构成中出现异常情况，则有可能是企业将长期投资划为交易性金融资产以改善其流动比率。

其次，要注意交易性金融资产的构成。企业的交易性金融资产包括从二级市场购入的股票、债券和基金等。购入债券和基金风险较小，购入股票风险较大。在资产的风险分析中应该注意交易性金融资产的构成，及时发现风险，予以防范。

（三）应收账款

应收账款是企业因销售商品、产品或提供劳务等，应向购货单位或接受劳务单位收取的款项。应收账款就其性质来讲，是企业的一项资金垫支，是为了扩大销售和增加盈利而发生的，它不会给企业带来直接利益，占用数额过大，又会使存货及其他资产占用资金减少，导致企业失去取得收益的机会，从而造成机会成本、坏账损失和收账费用的增加。因此，应尽量减少其占用数额。应收账款应控制在多大数额为宜，这要取决于销售中赊销的规模、信用政策、收款政策以及市场经济情况等因素。

应收账款的分析可从以下几个方面进行。

1. 应收账款账龄分析

应收账款账龄分析就是对客户所欠账款时间的长短进行分析。具体做法就是将各项应收账款首先分为信用期内的和超过信用期的两大类，然后再对超过信用期的应收账款按照拖欠时间长短进行分类。通过分类，一方面可以了解企业应收账款的结构是否合理；另一方面可以为企业组织催账工作和估计坏账损失提供依据。

对应收账款进行账龄分析，可以通过编制应收账款时间构成表（表3-4）来进行。

表3-4　应收账款账龄分析表

应收账款时间	金额/万元	比重/%
1年以内		
1~2年(含2年)		
2~3年		
3~4年		
4~5年		
5年以上		
应收账款总额		

2.应收账款变动分析

应收账款变动分析，是将应收账款期末数与期初数进行比较，看它的发展变化情况。在流动资产和销售收入不变的情况下，应收账款的绝对额增加了，表明企业变现能力在减弱，承担的风险在增大，其占用比重就不合理；如果应收账款的增长与流动资产增长和销售收入增长相适应，表明应收账款占用相对合理。应收账款变动分析，可通过编制应收账款变动表（见表3-5）来进行。

表3-5　应收账款变动情况表　　　　单位：万元

应收账款时间	期末账面余额	期初账面余额	差异额
1年以内			
1~2年(含2年)			
2~3年			
3~4年			
4~5年			
5年以上			
应收账款总额			

对应收账款变动的分析，应重点分析应收账款的增加是否正常。影响应收账款增加的因素主要有以下几方面：

（1）企业信用政策发生了变化，企业希望通过放松信用政策来增加销售收入。

（2）企业销售量增长导致应收账款增加。

（3）收账政策不当或者收账工作执行不力。

（4）应收账款质量不高，存在长期挂账但难以收回的账款，或者客户发生财务困难，暂时难以偿还所欠货款。

（5）企业会计政策变更。如果一个企业在有关应收账款方面的会计政策发生变更，应收账款也会发生相应变化。如在坏账准备的核算上，由期末余额百分比法改为销售百分比法，应收账款余额也可能因此而降低。

对应收账款变动的分析，还应注意一些企业利用应收账款调节利润的行为。首先，应特别注意企业会计期末突发性产生的与应收账款相对应的营业收入。如果一个企业全年的营业收入1—11月份各月都较为平均，而唯独12月份营业收入猛增，且大部分是通过应收账款产生的，财务分析人员对此应该深入分析。如果企业确实有利润操纵行为，应将通过应收账款产生的收入剔除，同时调整应收账款账面余额。其次，要特别注意关联企业之间的业务往来，观察是否存在通过关联企业的交易操纵利润的现象。如果有，则应予以调整。

3. 应收账款规模分析

影响应收账款规模的因素主要有以下两种。

（1）企业的经营方式及所处的行业特点

对相当多的企业来说，其营销自己的产品或劳务，不外乎采用预收、赊销和现销方式。因此，债权规模与企业经营方式和所处行业有直接关系。如处于商业行业的零售企业，相当一部分业务是现金销售业务，因而其商业债权较少；而相当一部分工业企业，则往往采用赊销方式，从而形成商业债权。

（2）企业的信用政策

企业赊销商品，就是向购买方提供了商业信用。因此，企业的信用政策对其商业债权规模有着直接的影响：放松信用政策，将会刺激销售，增大债权规模；紧缩信用政策，则又会制约销售，减少债权规模。

企业应收账款规模越大，其发生坏账的可能性越大。应收账款规模越小，发生坏账的可能性越小。因此，应在刺激销售和减少坏账间寻找赊销政策的最佳点。

4. 应收账款坏账处理分析

对应收账款坏账处理的分析，主要分析坏账准备。在对坏账准备进行分析时，应注意以下两个方面。

（1）分析坏账准备的计提范围、提取方法、提取比例的合理性

这是分析坏账准备项目的关键。因为新的《企业会计制度》规定，企业可以自行确定计提坏账准备的方法，这样就会导致一些企业出于某种动机，随意选择坏账准备的计提范围、提取方法、提取比例，其结果不是少提坏账准备就是不提坏账准备，从而虚增应收账款净额和利润。

（2）注意比较企业前后会计期间坏账准备的计提方法是否改变

新的《企业会计制度》规定企业坏账准备的计提方法一经确定，不得随意变更。企业随意变更坏账准备计提方法，往往隐藏着一些不可告人的目的。因此，财务分析人员遇到此种情形，首先应查明企业在会计报表附注中是否对坏账准备计提方法变更予以说明；其次分析企业这种变更是否具有合理因素，是正常的会计估计变更还是为了调节利润；最后对不合理因素所引起的会计信息失真问题进行更正和调整。

（四）其他应收款

其他应收款是企业除应收票据、应收账款、预付账款等以外的其他各种应收、暂付款项，是由非购销活动所产生的应收债权，包括：企业拨出的备用金，应收的各种赔款、罚款，应向职工收取的各种垫付款项，以及不符合预付账款性质而按规定转入的预付账款等。具体内容如下：

（1）应收的各种赔款、罚款；

（2）应收出租包装物租金；

（3）应向职工收取的各种垫付款项；

（4）备用金（向企业各职能科室、车间等拨出的备用金）；

（5）存出保证金，如租入包装物支付的押金；

（6）预付账款转入；

（7）其他各种应收、暂付款项。

其他应收款仅仅是暂付款，一般期限较短。如果企业生产经营活动正常，其他应收款的数额不应该接近或大于应收账款，若其他应收款过大，属于不正常的现象，容易产生一些不明原因的占用。因此，经营者应深入了解情况，从而及时发现问题，找出原因，采取措施。

分析其他应收款时，可以通过报表附注仔细分析它的构成、内容和发生时间，特别是其中金额较大、时间较长的款项，要警惕企业利用该项目粉饰利润以及转移销售收入从而偷逃税款。

在实际工作中，一些企业为了种种目的，常常把其他应收款作为企业调整成本费用和利润的手段，把一些本应该计入当期费用的支出或本应计入其他项目的内容放在其他应收款中。因此，分析其他应收款时，最主要的是观察其他应收款的增减变动趋势，如果发现企业的其他应收款余额过大甚至超过应收账款，就应该注意分析是否存在操纵利润的情况。

（五）存货

存货是指企业日常生产经营过程中持有的以备出售，或者仍然处于生产过程，或者在生产或提供劳务过程中将消耗的材料或物料等，包括各类材料、商品、在产品、半成品、产成品等。

存货项目在流动资产中所占的比重较大，它是企业收益形成的直接基础或直接来源，加强存货分析，对加速存货资金周转、减少存货资金占用、提高收益率有着十分重要的意义。对存货的分析，可以从以下几个方面进行。

1.存货真实性分析

存货是企业重要的实物资产，因此，首先，应经常对库存的实物存货价值与其账面价值进行核对，看其是否相符；其次，应检查其待售商品是否完好无损，产成品的质量是否符合相应的产品等级要求，库存的原材料是否属于生产所需，等，以保证存货的真实性、合理性。

对存货真实性的分析，可以初步确定企业存货的状态，为分析存货的可利用价值和变现价值奠定基础。

2.存货计价分析

存货计价分析，主要是分析企业对存货计价方法的选择或变更是否合理。存货发出采用不同的计价方法，对企业财务状况、盈亏情况会产生不同的影响，主要表现在以下三个方面。

（1）存货计价对企业损益的计算有直接影响

表现在：

①期末存货如果计价（估价）过低，当期的收益可能因此而相应减少；

②期末存货如果计价（估价）过高，当期的收益可能因此而相应增加；

③期初存货计价如果过低，当期的收益可能因此而相应增加；

④期初存货计价如果过高，当期的收益可能因此而相应减少。

（2）存货计价对资产负债表有关项目数额计算有直接影响

这些项目包括流动资产总额、所有者权益等项目，都会因存货计价的不同而有不同的数额。

（3）存货计价方法的选择对计算缴纳所得税的数额有一定的影响

因为不同的计价方法，结转当期销售成本的数额会有所不同，从而影响企业当期应纳税利润数额的确定。

计价方法对资产负债表和利润表的影响如表3-6所示。

表3-6　计价方法对资产负债表和利润表的影响

计价方法	对资产负债表的影响	对利润表的影响
先进先出法	存货价值基本得到反映	利润高估
个别计价法	存货价值得到准确反映	利润准确反映
加权平均法	介于两者之间	介于两者之间

在实际工作中，一些企业往往利用不同的存货计价方法，实现其利润操纵的目的，因此，在对企业资产和利润进行分析时，应予以关注。

3.存货的品种构成结构分析

存货的品种构成结构是指企业各类存货占全部存货的比重。存货主要分为库存材料、在产品、产成品等。存货的品种构成结构分析就是将本年实际存货结构与上年、计划存货结构进行比较，观察其变化情况。

分析存货的品种构成结构时，应仔细阅读报表附注中披露的存货品种结构和金额。现代企业都尽量通过各种有效的管理来降低存货规模，以减少资金占用和仓储费用以及降低市场变化带来的风险，企业待售的产品尤其要少。

分析存货的品种构成结构，还应结合市场销售情况来具体分析，并关注不同品种产品的盈利能力、技术状态、市场发展前景以及产品的抗风险能力等方面的状况。

4.存货增减变动分析

各类存货在企业再生产过程中的作用是不同的。其中材料存货是维持再生产活动的必要物质基础，所以应把它限制在能够保证再生产正常进行的最低水平上；产成品存货是存在于流通领域的存货，它不是保证再生产过程持续进行的必要条件，因此必须压缩到最低限度；而在产品存货是保证生产过程持续进行的存货，企业的生产规模和生产周期决定了在产品存货的存量，在企业正常经营条件下，在产品存货应保持一个稳定的比例。一个企业在正常情况下，其存货结构应保持相对稳定。分析时，应主要对变动较大的项目进行重点分析。企业购置存货主要是因为企业对产品销售前景充满信心，提前大量采购原材料；或者是企业预测材料市场价格将大幅度上扬，提前大量进行储备。但存货的增加应以满足生产，不盲目采购和无产品积压为前提，存货减少应以压缩库存量、加速周转，不影响生产为前提。

5.存货规模分析

与其他流动资产项目相比，存货的变现能力相对较弱，因而存货过多将使存货在流动资产中所占的比重上升，流动资产总体的变现能力下降，从而影响企业的短期偿债能力；而且存货过多将使企业的资金过多地占用在存货上，影响企业的资金周转；此外，存货过多会使存货的储存成本，包括保险费用、仓库租赁费、处置费用、变质损失等增加。但是，存货是企业生产经营的前提和条件，存货量不足，就无法满足企业正常生产经营的需要，也容易导致企业生产经营的中断，使企业失去获利的机会，影响企业的经济效益；而且存货量过少，虽然可以减少存货的储存成本，但为了保证生产经营需要存货的订购次数就会增加，相应的订货成本，包括订购、运输、收货、验查和入库过程中发生的各项费用就会增加。

因此，作为企业的经营者，他不可能像债权人那样要求存货越少越好，而是应当从生产经营的需要出发，采用科学的方法，确定合理的存货水平。在这方面，经济订货量模型将帮助企业经营者进行存货管理。经济订货量的实质是最佳存货规模，即在保证企业生产需要的前提下，使存货总成本达到最低的订购数量。计算公式为：

$$Q = 2DK/C$$
$$T = 2DKC$$

其中 Q 为经济订货量，T 为最低年存货总成本，D 表示存货年总需求量，D/Q 表示最优订货次数，每次订货成本为 K，单位储存成本为 C。

6.存货质量分析

存货反映的价值是历史成本，而存货的市价是会变动的。以下迹象表明企业存货很可能出现质量恶化：

（1）市价持续下跌，并且在可预见的未来无回升的希望；

（2）企业使用该项原材料生产的产品的成本大于产品的销售价格；

（3）企业因产品更新换代，原有库存原材料已不适应新产品的需要，而原材料的市场价格又低于其账面成本；

（4）因企业所提供的商品或劳务过时或消费者偏好改变而使市场的需求发生变化，导致市场价格逐渐下跌；

（5）已霉烂变质的存货；

（6）已过期且无转让价值的存货；

（7）生产中已不再需要，并且已无使用价值和转让价值的存货。

7.存货会计政策的分析

一是要分析企业会计期末是否按照账面成本与可变现净值孰低法的原则提取存货跌价准备，并分析其存货跌价准备计提是否正确。二是要分析存货的盘存制度对确认存货的数量和价值的影响。

（六）长期投资

长期股权投资是指能取得并意图长期持有被投资单位股份的投资，包括股票投资和其他长期股权投资。股票投资是指企业以购买股票的方式对其他企业所进行的投资。其他股权投资是指除股票投资以外具有股权性质的投资，一般是企业直接将现金、实物或无形资产等投入其他企业而取得股权的一种投资。企业进行长期投资的目的多种多样，有的是建立和维持与被投资企业之间稳定的业务关系，有的是控制被投资企业，有的是增强企业多样化经营的能力，但大多数企业长期投资的目的主要还是增加企业的利润。由于长期投资期限长，金额通常很大，因而对企业的财务状况影响很大。对企业来说，进行长期投资意味着企业的一部分资金，特别是现金投出后在很长时间内将无法收回。如果企业资金不是十分充裕，或者企业缺乏足够的筹集和调度资金的能力，那么长期投资将会使企业长期处于资金紧张状态，甚至陷入困境。另外，由于长期投资时期长，期间难以预料的因素很多，因而风险也会很大，一旦失败，将会给企业带来重大的、长期的损失和负担，有时可能是致命的打击。当然，与风险相对应，长期投资的利润有时也较高。因此，在进行财务报表分析时，应对长期投资给予足够的重视。

对长期投资的分析可以从以下几个方面进行：

1.长期投资管理要求

按我国现行法律规定，除企业的性质是投资公司外，其他企业对外投资不得超过其净资产的50%。当企业当年更新改造任务较重时，企业不得对外投资。对长期投资进行分析时，应注意分析企业的投资行为是否符合法律要求。

2.长期投资构成分析

长期投资构成分析应重点分析企业对外投资比重的合理性。一般来说，如果企业生产经营没有达到最佳经济规模，或没有达到规模经济，就不应把自己的资金大量投向其他企业。实际中，多数企业都希望这个比重高些，主要原因就在于认为资本经营是现代企业经营发展的新趋势，而对外投资就是资本经营的重要形式。但是对外投资比重多少合适必须结合企业自身的经营状况、经济规模及发展目标而定。

具体来说，长期投资构成分析又可分为长期股权投资的构成分析和持有至到期投资的构成分析。

长期股权投资的构成分析，主要是从企业投资对象、投资规模、持股比例等方面进行分析。通过对其构成的分析，可以了解企业投资对象的经营状况以及它的收益等方面的情况，来判断企业投资的效益。

对持有至到期投资的构成分析，可以按照债券的欠账期长短进行分类分析。一般来说，超过合同约定的偿还期越长的债权投资，其可回收性也就越差。

3.长期投资收益分析

企业对外投资的主要目的是追求投资收益，长期投资收益包括股权投资收益和持有至到期投资收益。其中，股权投资收益分为两部分：一是股利收益；二是买卖股票的差价收益。现阶段我国企业的股票投资收益主要来源于股票二级市场买卖股票的差价收益，这部分收益具有高度不确定性，也不容易计量。

持有至到期投资收益，企业购买国债或其他企业债券，所获得的收益是固定的，即按购买债券的面值乘以规定的年利率计算出的投资收益。按我国现行制度规定，企业应按权责发生制确定债权投资收益，即无论投资企业是否收到利息，都要按应收利息计算出当期的投资收益额。

因此，对企业长期投资收益的分析，应从以下三个方面来进行：一是分析被投资单位的生产经营业绩和利润分配政策；二是分析投资收益是否正确得到了反映；三是防止投资收益反映不实，逃避所得税。

4.长期投资会计政策的分析

长期投资会计政策的分析包括两个方面：一是要评价企业长期股权投资会计核算方法是否适当；二是要审核长期投资减值准备是否计提以及计提是否正确。

计提长期投资减值准备，不但会导致长期投资账面价值的减少，而且会影响当前的利润总额，因此，一些企业往往通过少提或不提长期投资减值准备，来达到虚增长期投资账面价值和利润的目的。财务分析人员应对这种现象有所警觉。

（七）固定资产

固定资产是指同时具有下列特征的有形资产：

第一，为生产商品、提供劳务、出租或经营管理而持有的；

第二，使用寿命超过一个会计年度。

虽然会计准则中对固定资产的时间标准做了具体的规定，但未规定单位标准。由于企业的经营内容、经营规模等各不相同，因此，各企业应根据会计准则中规定的固定资产的标准，结合各自的具体情况，制定适合本企业实际情况的固定资产目录、分类方法。

对固定资产的分析，可以从以下几个方面进行。

1.固定资产结构分析

企业的固定资产占用资金数额大，资金周转时间长，是资产管理的重点。但是，企业拥有的固定资产不都是生产经营使用的，为此，必须保持合理的结构。在分析该项目时，应该首先了解固定资产结构。

固定资产结构分析可通过编制固定资产结构分析表来分析，如表3-7所示。

表3-7　固定资产结构分析表

固定资产类别	上 年 数		本 年 数	
	金额/万元	比重/%	金额/万元	比重/%
生产用固定资产				
非生产用固定资产				
未使用固定资产				
不需用固定资产				
合计				

对固定资产结构分析可从以下三个方面进行：

（1）分析生产用固定资产与非生产用固定资产之间比例的变化情况。非生产用固定资产的增长速度不应超过生产用固定资产的增长速度，它的比重降低应该认为是正常现象。一般来说，非生产经营用固定资产所占比重越大，则总资产的使用效果越差。

（2）分析未使用和不需用固定资产比重的变化情况，查明企业在处置闲置固定资产方面的工作是否具有效率。

（3）分析生产用固定资产内部结构是否合理。要对固定资产的配置做出切合实际的评价，必须结合企业的生产技术特点。

2.固定资产变动情况分析

固定资产变动情况分析主要是对固定资产增长情况、更新情况、退废情况及损失情况进行分析，它是以固定资产的期初数与期末数相比较来确定其变动情况的，可以通过编制固定资产原值增减变动分析表（表3-8）进行分析。

表3-8　固定资产原值增减变动分析表　　　　　　　　　　单位：万元

固定资产类别	期初数	本期增加	本期减少	年末数
房屋建筑物				
机器设备				
运输设备				
电子设备				
其他				
合计				

（1）固定资产新旧程度分析

反映固定资产新旧程度的指标有：固定资产磨损率、固定资产净值率。

固定资产磨损率，就是固定资产累计已计提折旧额和固定资产原价总额的比率，它反映了固定资产的磨损程度。

计算公式为：

$$固定资产磨损率 = \frac{固定资产折旧额}{固定资产原值} \times 100\%$$

当企业固定资产不断更新时，其磨损率指标就会呈下降趋势；当企业固定资产未进行更新时，其磨损率指标将呈上升趋势。

（2）固定资产净值率

固定资产净值率，就是固定资产净值总额与固定资产原值总额的比率，它反映了固定资产的新旧程度。

固定资产净值，是固定资产的原值总额减去固定资产折旧后的余额。

计算公式为：

$$固定资产净值率 = \frac{固定资产原值 - 固定资产折旧额}{固定资产原值} \times 100\%$$

该指标高，说明企业设备较新；该指标低，说明企业设备陈旧。

（3）固定资产磨损率与固定资产净值率的关系

$$固定资产磨损率 + 固定资产净值率 = 1$$

利用这些公式不但可以综合计算企业全部固定资产的新旧程度和磨损程度，也可分别计算各类固定资产的新旧程度和磨损程度。

3.固定资产规模分析

固定资产是企业的劳动手段，是企业生产经营的基础，企业固定资产的规模必须和企业生产经营的总体规模相适应，同时保持和流动资产的一定比例关系。企业应根据生产经营的计划任务，核定固定资产需用量，在此基础上合理配置固定资产和流动资产的比例关系。如果企业的总资产中固定资产比例过高，一方面会使企业对经济形势的应变能力降低，相应的财务风险会增大；另一方面会使固定资产闲置，利用效率降低，同时折旧费用增加，从而使企业的获利能力下降。但是，固定资产比例过低、设备不足虽然可以使企业偿债能力提高，降低风险，但会使企业的资产过多地保留在获利能力降低的流动资产上，而且会使流动资产因相对过多而得不到充分利用，从而使企业的获利能力下降。企业为了扩展业务，获得更多的利润，需要扩大生产经营的规模，首先就要扩大固定资产规模，添置新的设备，同时企业在生产经营过程中，还会发生固定资产的盘盈、盘亏、清理，投资转入、转出等，从而使固定资产的总体规模发生增减变动。在进行财务报表分析时，应对企业固定资产规模的增减变动情况及这种变动对企业财务状况的影响引起足够的重视。

4.固定资产会计政策的分析

固定资产会计政策主要是指计提固定资产折旧和固定资产减值准备两个方面。由于计提固定资产折旧和固定资产减值准备具有一定的灵活性，所以如何进行固定资产折旧以及如何计提固定资产减值准备，会给固定资产账面价值带来很大的影响。因此，在实际工作中，往往存在一些企业利用固定资产会计政策选择的灵活性，虚夸固定资产和利润，结果造成会计信息失真，潜亏严重。因此，财务分析人员必须认真分析固定资产会计政策，正确评价固定资产账面价值的真实性。

在进行固定资产折旧分析时，应分析三个方面：一是分析企业固定资产预计使用年限和预计净残值确定的合理性；二是分析企业固定资产折旧方法的合理性；三是观察企业的固定资产折旧政策是否前后一致。

在进行固定资产减值准备分析时，应该注意企业是否依据企业会计准则计提固定资产减值准备，计提是否正确。在实际处理中，往往存在这种现象：企业的固定资产实质上已经发生了减值，如固定资产由于技术进步已不能使用，但企业却不提或者少提固定资产减值准备，这样就不但虚夸了固定资产，而且虚增了利润，结果造成企业会计信息失真，潜亏严重。

（八）无形资产

无形资产是指企业拥有或控制的没有实物形态的可辨认非货币性资产，主要包括专利权、非专利技术、商标权、著作权、土地使用权、特许权等。

无形资产是企业的一种资产，同其他资产相比，它具有以下几个特点：

①没有实物形态；

②能在较长时期内使企业获得经济效益；

③持有的目的是使用而不是出售；

④无形资产能够给企业提供未来经济效益的大小具有较大的不确定性；

⑤是企业有偿取得的。

对无形资产的分析，可从以下几个方面进行。

1.无形资产规模分析

无形资产尽管没有实物形态，但随着科技进步特别是知识经济时代的到来，对企业生产经营活动的影响越来越大。在知识经济时代，企业控制的无形资产越多，其可持续发展能力和竞争能力就越强，因此企业应重视培育无形资产。

2.无形资产价值分析

在资产负债表中无形资产项目披露的金额仅是企业外购的无形资产；自创的无形资产，在账面上只确认金额极小的注册费、聘请律师费等费用作为无形资产的实际成本。大量的在研究和开发过程中发生的材料费用、直接参与开发人员的工资及福利费、开发过程中发生的租金、借款费用等，均直接记入当期损益。但同样的一项无形资产，当它是外购的时候，确认的账面价值可能要比自创的高许多倍，也就是说，在资产负债表上反映的无形资产价值有偏颇之处，无法真实反映企业所拥有的全部无形资产价值。因此，分析人员在对无形资产项目进行分析时，要详细阅读报表附注及其他有助于了解企业无形资产来源、性质等情况的说明，并要以非常谨慎的态度评价企业无形资产的真正价值。

3.无形资产质量分析

虽然无形资产可以为企业带来一定收益，但它具有不确定性。在许多情况下，无形资产质量恶化是可以通过某些迹象来判断的：

（1）某项无形资产已被其他新技术所替代，使其为企业创造经济利益能力受到重大不利影响；

（2）某项无形资产的市价在当期大幅度下降，并在剩余摊销年限内不会恢复；

（3）其他足以证明某项无形资产实质上已经发生了减值的情形。

4. 无形资产会计政策分析

（1）无形资产摊销分析

无形资产摊销金额的计算是否正确，会影响无形资产账面价值的真实性。因此，在分析无形资产时应仔细审核无形资产摊销是否符合《企业会计准则》的有关规定。此外，在分析时还应注意企业是否有利用无形资产摊销调整利润的行为。

（2）无形资产计提减值准备的分析

在分析无形资产时应注意分析企业是否按照《企业会计准则》规定计提了无形资产减值准备以及计提的合理性。因为，如果企业应该计提无形资产减值准备而没有计提或少提，不仅会导致无形资产账面价值的虚增，而且会虚增当期的利润总额。一些企业往往通过少提或不提无形资产减值准备，来达到虚增无形资产账面价值和利润的目的。因此，财务分析人员对此现象应该进行分析和调整。

第三节　负债项目内容及其分析

一、负债分析

（一）负债结构分析

1. 负债结构

负债结构是指各项负债占总负债的比重，通过对负债结构的分析，可了解各项负债的性质和数额，进而判断企业负债主要来自何方，偿还的紧迫程度如何，揭示企业抵抗破产风险以及融资的能力。

（1）流动负债比重的计算与分析

流动负债比重是指流动负债与负债总额之比：

$$流动负债占负债总额比重 = \frac{流动负债}{负债总额} \times 100\%$$

流动负债占总负债的比重，可以反映一个企业依赖短期债权人的程度。流动负债占负债总额比重越高，说明企业对短期资金的依赖性越强，企业偿债的压力也就越大，这要求企业营业周转或资金周转也要加快，企业要想及时清偿债务，只有加快周转；相反，这个比重越低，说明企业对短期资金的依赖程度越小，企业面临的偿债压力也就越小。

对这个比重的分析，短期债权人最为重视。如果企业持有太高的流动负债与总负债比重，有可能会使短期债权人面临到期难以收回资金的风险，因而使短期债权人的债权利息保障程度很低；对企业所有者来说，在企业不会遇到因短期债务到期不能还本付息而破产清算时，企业保持较高的流动负债与总负债比率，可以使所有者获得财务杠杆利益，同时，对企业来讲则可以降低融资成本。

对流动负债与总负债比重应确定一个合理的水平。其衡量标志是在企业不发生偿债风险的前提下，尽可能多地利用短期负债融资，因为短期负债的融资成本低于长期负债。同时，还应考虑资产的周转速度和流动性。如果企业的流动资产的周转速度快，从而资金回收快，可融通的短期负债就可以多些；相反，短期负债融资则应少一些。

（2）非流动负债比重的计算与分析

非流动负债比重是指非流动负债与负债总额的比值，用以反映企业负债中非流动负债的份额：

$$非流动负债占负债总额比重 = \frac{非流动负债}{负债总额} \times 100\%$$

非流动负债比重的高低反映了企业借入资金成本的高低和筹措长期负债的能力。非流动负债具有期限长、成本高、风险性低、稳定性强等特点，在资本需求量一定的情况下，非流动负债总额的比重越高，表明企业在经营过程中借助外来长期资金的程度越高；反正，该比重越低，说明企业经营过程中借助外来资金的程度越低，从而减轻企业偿债的压力。

【例3.1】根据宇通客车2013年12月31日的资产负债表的有关资料，编制负债结构分析表（如表3-9所示），对该公司的负债结构进行分析。

表3-9　宇通客车负债结构分析表

项目	上年数		本年数		差异	
	金额/万元	比重/%	金额/万元	比重/%	金额/万元	比重/%
流动负债	640377.08	92.01	701032.57	94.22	60655.49	2.21
非流动负债	55578.34	7.99	43010.28	5.78	−12568.06	−2.21
负债总额	695955.42	100.00	744042.85	100.00	191846.43	0

从表3-9中可以看到，宇通客车的流动负债比重无论是2012年还是2013年都较高，而非流动负债的比重都较低，这就使公司的资本结构不稳定，公司的财务风险较大。

2.分析负债结构应考虑的因素

（1）经济环境

企业生产经营所处的环境，特别是资本市场状况，对企业负债结构具有重要影响。当宏观银根紧缩时，企业取得短期借款可能较为困难，其长期负债的比重则相对提高；反之，企业相对较容易取得短期借款，流动负债比重稍大。当然，企业负债结构主要是企业内部的相关因素加上外部条件配合而造成的。

（2）筹资政策

企业负债结构受许多主观因素、客观因素的影响和制约，筹资政策是较为重要的主观因素，企业根据其不同时期的经营目标，进行资产配置，制定筹资政策，这对负债结构有重大影响，或者说起着决定性作用。当企业流动资产规模较大时，企业将采取短期筹资方式，这时流动负债的比重就会大些；反之，当企业长期资产规模较大时，长期负债的比重就会大些。

（3）财务风险

连续性短期负债的风险往往要高于长期负债。

（4）债务偿还期

企业负债结构合理的重要标志，是在负债到期日与企业适量的现金流入量相配合，企业应根据负债偿还期限来安排企业的负债结构。

（二）负债成本分析

负债成本是企业使用债权人资本而付出的代价。不同的负债方式所取得的资本成本往往不同，一般而言，债券成本高于银行借款成本，长期银行借款成本高于短期借款成本。企业在筹资过程中往往希望以较低的代价取得资本。所以，对资本成本的权衡，会影响企业的负债结构。

负债成本计算公式如下：

$$负债成本 = \sum(各负债项目资本成本) \times 该负债项目占负债总额的比重$$

（三）负债性质分析

负债从性质来看表现为两方面：一是向外单位的借入款项，如短期借款；二是所欠的款项，如未交利润。借入的款项，有明确的偿还期，到期必须偿还，具有法律上的强制性；而所欠款项，大多没有明确的支付期，何时支付，支付多少，并不具有强制性。因此，企业应根据负债的性质及自身的支付能力，妥善安排好负债的支付，保护企业自身的信用和形象。

二、流动负债分析

（一）流动负债概述

流动负债是指将在1年（含1年）或者超过1年的一个营业周期内偿还的债务，包括短期借款、交易性金融负债、应付票据、应付账款、预收账款、应付职工薪酬、应缴税金、应付利息、应付股利、其他应付款等。流动负债具有利率低、期限短、金额小、到期必须偿还等特点。

流动负债一般只适合企业流转经营中的短期的、临时性的资金需要，不适合固定资产等非流动资产。因为企业流转经营中的存货等能在流转中很快地变现，用于偿付流动负债，而固定资产等非流动资产则不然，一旦投入需要在较长时期后才能一次性或分期收回，短期内无法变现，无法按期偿还。即使用企业流动资产偿还，也会减少营运资金，从而使企业的日常流转经营活动发生困难。流动负债如果运用得当，可以节约自有资金用于把握更有利可图的投资机会，也有助于加大经营规模，加快经营流转，取得更多的经营利润。但由于流动负债期限短，必须按期偿还，因此如果流动负债总额过大，比重过高，一旦经营流转发生困难，存货销售不出去，就会发生债务危机，影响企业信用，甚至危及企业生产。

（二）流动负债分析

1.结构分析

流动负债结构就是指企业的短期借款、应付票据、应付账款、其他应付款等占流动负债总额的比重。流动负债结构分析，就是分析流动负债内部各项目发生了哪些变化。

2.增减变动分析

流动负债增减变动分析，就是分析流动负债内部各项目发生了哪些变化，分析时从期初、期末的短期借款、应付票据、应付账款、其他应付款等在流动负债总额中所占比重的增减变化，来分析、判断流动负债构成比重与变动趋势是否合理，对企业的生产经营活动有什么影响。

三、非流动负债分析

（一）非流动负债概述

非流动负债是指偿还期在1年或者超过1年的一个营业周期以上的负债，包括长期负债、应付债券、长期应付款等。非流动负债具有利率高、期限长、金额大的特点。

由于非流动负债的利率高、期限长，一般适用于构建固定资产、进行长期投资等，不适用于流转经营中的资金需要。因为固定资产等周转周期较长，变现速度慢，因而需要可以长期使用的资金，而流转经营中的资金只用于购置流动资产、支付工资等，其周转速度快，而且资金占用的波动较大，有时资金紧张，需要通过举债来筹集，有时资金又会闲置，应通过短期投资来加以充分运用。利用长期投资来充作短期流转使用，会使资本成本上升，得不偿失。利用长期负债来购置固定资产，可以扩大企业的生产能力，提高产品质量，降低产品成本，提高企业的市场竞争能力，从而为企业带来更多的利润。在资产报酬率高于长期利率的前提下，适当增加长期负债可以增加企业的获利能力，提高投资者的投资报酬率，同时负债具有节税作用，从而使投资者得到更多的回报。但在资产报酬率下降甚至低于负债利率的情况下，举借长期负债将加大企业还本付息负担，在企业盈利不多时还会导致亏损，因而使企业的风险增大。企业的非流动负债会对企业的财务状况发生重大影响。企业举借非流动负债，使企业当期营运资金增加；而企业偿还非流动负债，使企业当期营运资金减少。在进行财务报表分析时，应对非流动负债的增减变动及其对企业财务状况的严重影响给予足够的重视，对于其中发现的异常情况及时进行研究和处理。

（二）非流动负债分析

1.结构分析

对企业长期负债中各项目金额占长期负债总额的比重进行分析，可了解企业长期负债的分布情况。

2.增减变动分析

长期负债中各项目在长期负债总额中所占比重的增减变动情况反映了企业长期负债的变动趋势。

3.会计政策分析

由于企业非流动负债会计政策和会计方法具有很强的可选择性，采用的政策和方法不同，企业长期负债额就会有差异。分析时应注意会计方法的影响。特别是会计期间变更会计方法时，往往说明企业想借助会计方法调节负债账面价值。

四、或有负债项目及其分析

或有负债是指由过去的交易或事项形成的潜在的义务，其存在须通过未来不确定事项的发生或不发生予以证实；或由过去的交易或事项形成的现时义务，履行该义务不是很可能导致经济利益流出企业，就是该义务的金额不能可靠地计量。

或有负债主要包括：

①未决诉讼；

②未决仲裁；

③企业对售后商品提供担保；

④附追索权的贴现票据；

⑤企业为其他单位提供担保；

⑥由于污染环境而可能发生治污费用或可能支付罚金；

⑦在发生税收争议时，有可能补缴税款或获得税款返还。

或有负债是一项比较特殊的负债，具有两个特征：一是或有负债由过去的交易或事项产生；二是或有负债的结果具有不确定性。

还有一类是特殊的现时义务。与负债相比，它所承担的现时义务其特殊性表现在：该现时义务的履行不是很可能导致经济利益流出企业，就是该现实义务的金额不能可靠地计量。其中："该现时义务的履行不是很可能导致经济利益流出企业"，是指导致经济利益流出企业的可能性不超过50%。

对企业或有负债的分析，主要是通过企业会计报表附注中披露的关于或有负债的文字描述，如或有负债形成的原因、性质、可能性以及对报告期和报告期后企业财务状况、经营成果和现金流量的可能影响。这充分体现了谨慎性原则。

第四节　资本结构分析

一、资本结构概述

资本结构是指企业的全部资金来源中负债和所有者权益所占的比重及其相互间的比例关系。企业的全部资金来源于两个方面：一是借入资金，包括流动负债和长期负债；二是自有资金，即企业的所有者权益（在股份制企业为股东权益）。

企业的资本结构可用图3-1表示：

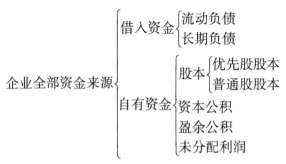

图3-1 资本结构图

资本结构无论对债权人、投资者还是企业经营者来说都是十分重要的。

对债权人来说，通过分析资本结构，可以了解负债和所有者权益在企业全部资金来源中所占的比重，判断企业对其债权的保障程度，评价企业的偿债能力，从而为决策提供依据。

对投资者来说，通过分析资本结构，可以了解负债在全部资金来源中所占的比重，评价企业偿债能力，判断其投资所承担的财务风险的大小以及负债对投资报酬的影响，从而为投资决策服务。

对经营者来说，通过分析资本结构，可以评价企业偿债能力的高低和承担风险能力的大小，发现企业理财中存在的问题，采取措施调整资本结构，实现资本结构的最优化。

二、资本结构的类型

不同的资本结构，其成本和风险是各不相同的。最佳的资本结构应是成本最低而风险最小的资本结构。而事实上，这种资本结构是不存在的，低成本一般伴随着高风险，而低风险又与高成本相联系。企业应在成本和风险之间合理取舍，选择最适合自身生存和发展的资本结构。

资本结构一般分为三种类型。

1.保守型资本结构

保守型的资本结构是指在资本结构中主要采取权益性融资，且负债融资中又以长期负债融资为主。如下图所示：

流动资产	流动负债
非流动资产	非流动负债及所有者权益

这种结构下，企业对流动负债的依赖性较低，从而减轻了短期偿债压力，风险较低；但是由于长期资金的资金成本一般高于短期资金的资金成本，因此又会增大企业资金综合成本，降低企业的盈利水平。可见，这是一种低风险、高成本的资本结构。

2.适中型资本结构

这是一种中等风险和成本的资本结构。如下图所示：

流动资产	流动负债
非流动资产	非流动负债及所有者权益

这种结构下，权益性融资和负债融资的比重主要根据资金使用的用途来确定：用于流动资产的资金主要由流动负债提供，用于长期资产的资金主要由权益性融资和长期负债提供。同时，使权益性融资和负债融资的比重保持在较为合理的水平之上。

3.激进型资本结构

激进型资本结构是指在资本结构中全部采用或主要采用负债融资，并且流动负债被大量用于长期资产。如下图所示：

流动资产	流动负债
非流动资产	非流动负债及所有者权益

显然，这是一种风险高但成本低的融资结构。对希望取得高收益的企业而言，这是一种有吸引力的资本结构。

三、资本结构的选择

所谓资本结构的选择是指企业合理地组织资金来源，使不同来源的资金保持一个最佳的比例关系。

不同渠道和方式取得的资金，其风险和资金成本是不同的。一般来说，负债风险大，但资本成本低；优先股风险小于负债，但资金成本高于负债；普通股股本成本最高，但风险最小。选择资本结构，就是根据企业的具体情况，合理地组织各种资金来源渠道和方式的搭配，使企业的风险和资金成本最小化、收益最大化。其中最关键的问题是正确处理负债与投资者投入资本的比例关系。

首先，负债的利率是固定的，当资产报酬率高于负债利率时，举债能使企业收益增加，使股东实际的投资报酬率高于资产报酬率。负债比率越高，股东所得的实际投资报酬率就越高。

其次，负债具有节税作用，负债比率越大，企业留给股东的财务也就越多。

再次，负债的资金成本较低，提高负债比率有利于降低综合资金成本。

正因为如此，几乎所有企业的资金中都含有相当比重的负债。当然，负债的比重并不是越高越好。过高的负债比率意味着企业资金中所有者权益所占比重下降，所有者权益对债务的保证程度降低，使企业偿债能力下降，引发债务危机的可能性增大。而在资产报酬率低于负债利率的情况下，负债不仅不能给企业带来更多的收益，反而会吞噬企业的盈利，减少投资者的投资报酬。

在具体安排资本结构时，经营者应根据企业生产经营的不同情况来确定负债与投资者投入资本之间的比例关系，合理组织筹集资金的方式。一般来说，在企业创业阶段，由于对未来经营状况尚无太大把握，为了避免由于负债经营造成的利息负担而给经营带来压力，经营者应完全或主要采用自有资金进行经营。在股份有限公司中，应主要采用发行普通股方式筹集资金，不宜发行优先股，因为优先股同负债一样，一般都有固定的利息负担。在企业发展较为顺利、资产报酬率高于负债利率、对发展前景充满信心时，可以充分利用长期借款、发行债券、固定资产融资租赁等方式。在企业发展比较顺利时需要筹集大量资金，但对大量举债造成的利息负担尚无太大把握，或者不愿承担过大的风险时，可以采用增资方式，扩大自有资金以满足需要；股份有限公司还可以采用发行优先股的方式，这样既能避免由于发行新股而影响原股东对公司的控制权，又能避免由于负债经营而给企业造成的偿债压力。

当然，企业本身的状况是十分复杂的，最佳资本结构也无固定标准模式，关键在于根据企业本身的经营状况合理配置资金来源渠道和筹资方式，以最小的综合资金成本取得最高收益。为此企业可以通过不同资本结构方案的获利能力，特别是资本金报酬率或每股收益等指标，来比较不同资本结构方案的收益水平，在此基础上，通过有关偿债能力的分析评价不同资本结构方案的风险大小，再在上述分析基础上综合评价不同资本结构的优劣，确定一个最佳的资本结构。

第五节 偿债能力与运营能力分析

偿债能力是指企业清偿到期债务的现金保障程度。企业偿债能力分析的内容受企业负债的内容和偿债所需资产内容的制约，不同的负债其偿还所需要的资产不同，或者说不同的资产可用于偿还的债务也有所区别。一般地说，由于负债可分为流动负债和非流动负债，资产可分为流动资产和非流动资产，因此偿债能力分析通常可分为短期偿债能力分析和长期偿债能力分析。

一、短期偿债能力分析

短期偿债能力是指企业用其流动资产偿付流动负债的能力，它反映企业偿付日常到期债务的实力。企业能否及时偿付到期的流动负债，是反映企业财务状况好坏的重要标志。对债权人来说，企业要具有充分的偿债能力，才能保证其债权的安全，按期取得利息，到期收回本金。对投资者来说，企业短期偿债能力的强弱意味着企业盈利能力的高低和投资机会的多少，企业短期偿债能力下降通常是盈利水平降低和投资机会减少的先兆，这意味着资本投资的流失。对企业管理者来说，企业短期偿债能力的强弱意味着企业承受财务风险的能力大小。对企业的供应商和消费者来说，企业短期偿债能力的强弱意味着企业履行合同能力的强弱。当企业短期偿债能力下降时，企业将无力履行合同，供应商和消费者的利益将会受到损害。有时一个效益不错的企业，会由于资金周转不灵，偿还不了短期债务而导致破产，所以对短期偿债能力的分析要侧重于研究企业流动资产与流动负债的关系，以及资产变现速度的快慢。因为大多数情况下，短期债务需要用货币资金来偿还，因而各种资产的变现速度也直接影响到企业的短期偿债能力。总之，短期偿债能力分析是财务报表分析的一项重要内容。

反映企业短期偿债能力的指标主要有：流动比率、速动比率、现金比率等，通过对这些指标的计算分析，可以评价企业短期偿债能力的强弱程度以及对企业生产经营的适应情况。

（一）流动比率

流动比率是流动资产与流动负债的比率，表示每元流动负债有多少流动资产作为还款的保障，同时还表明了当企业遇到突发性现金流出，如发生意外损失时的支付能力。它是个相对数，排除了企业规模不同的影响，更适合企业之间以及本企业不同历史时期的比较。其计算公式为：

$$流动比率 = \frac{流动资产}{流动负债}$$

该指标越大，表明公司短期偿债能力越强，企业财务风险越小，债权人的权益越有保证。由于流动资产中变现能力较差的存货、应收账款等在流动资产中约占一半，一般认为流动比率维持在 2：1 左右较为合适。它表明企业财务状况稳定可靠，除了满足日常生产经营的流动资产需要外，还有足够的财力偿付到期的债务。流动比率高，不仅反映企业拥有的营运资金多，可用以抵偿债务，而且表明企业可以变现的资产总额大，债权人遭受损失的风险小；如果该比率过低，则表示企业可能难以如期偿还债务。对于流动比率分析，我们既要同本企业历史各期流动比率进行比较，也要同行业平均流动比率水平进行比较。

一般地说，或从债权人立场上说，流动比率越高越好，但从经营者和所有者角度看，并不一定要求流动比率越高越好。

过高的流动比率往往是由于以下原因造成的：

①由于企业对资金未能有效运用；

②由于企业赊销业务增多致使应收账款增多；

③由于产销失衡、销售不利导致在产品、产成品等积压。

应该说，这些原因造成的较高的流动比率，并不是健康的财务状况。它不仅丧失机会收益，还会影响资金的使用效率和企业的获利能力，也就是说可能是资金的使用效率较低的表现。

进行流动比率分析时应注意人为因素对流动比率指标的影响。由于债权人注重以流动比率衡量企业的短期偿债能力，所以有的企业为了筹借资金，有意在会计期末采用推迟购货、允许存货跌价、抓紧收回应收账款、尽可能在偿还债务后再商借等方法，粉饰其流动资产和流动负债状况，提高流动比率。因此作为债权人在进行财务报表分析时，除了观察流动比率和现金流量的变化之外，还应当对不同会计期间流动资产和流动负债状况的变化进行对比分析。

【例 3.2】宇通客车有关资料及流动比率的计算如表 3-10 所示。

表3-10 宇通客车有关资料及流动比率计算

年　度 项　目	2012年	2013年
流动资产/万元	1,001,642.81	1,175,301.80
流动负债/万元	640,377.08	701,032.57
流动比率	1.56	1.68

该公司2012年和2013年的流动比率都略低于一般公认标准，表明该公司短期债务的偿还能力偏弱，短期债务的安全程度一般。

用流动比率来评价短期偿债能力有明显的局限性，如存货积压和应收账款回收困难也会导致流动比率的提高，而这些情况实际上是企业偿债能力不足的表现。为了能更真实地揭示企业的短期偿债能力，我们还可以使用速动比率这一指标。

（二）速动比率

速动比率是从流动资产中扣除存货部分，再除以流动负债的比值，它可用于衡量企业流动资产中可以立即用于偿还流动负债的能力。其计算公式如下：

速动比率＝速动资产÷流动负债

速动资产的计算通常有两种方法：

（1）速动资产＝流动资产-存货

这种方法将流动性较差的存货从流动资产中扣除，从谨慎的角度进行分析，这种方法计算出的速动比率用来反映企业的短期偿债能力更加令人信服。

但这个指标也有其局限性：第一，速动比率只是揭示了速动资产与流动负债的关系，是一个静态指标；第二，速动资产中仍包含了流动性较差的应收账款，使速动比率所反映的偿债能力受到怀疑；第三，各种预付款项及预付费用的变现能力也很差。

【例3.3】宇通客车有关资料及速动比率的计算如表3-11所示。

表3-11 宇通客车有关资料及速动比率计算

年　度 项　目	2012年	2013年
流动资产/万元	1,001,642.81	1,175,301.80
存货/万元	125,832.85	140,065.88
速动资产/万元	875,809.96	1,035,235.92
流动负债/万元	640,377.08	701,032.57
速动比率	1.37	1.48

根据计算结果可以看出，宇通客车速动比率高于一般公认水平，说明该公司偿债能力较强，2013年速动比率比2012年增加了0.11，说明该公司偿债能力在增强。

（2）速动资产=货币资金+交易性金融资产+应收票据+应收账款净额

在企业不存在待处理流动资产损失及其他流动资产项目时，这两种方法的计算结果是一致的。否则，第二种速动资产的计算方法要比前一种准确，国际上流行采用此法。用这种方法计算出来的速动比率，称为保守速动比率。

由于速动资产的变现能力较强，通常认为正常的速动比率为1。对短期债权人来说，此比率越大，企业对债务的偿还能力就越强；但如果速动比率过高，则又说明企业货币性资产过多，而可能失去一些有利的投资和获利机会。这个比率应在企业不同会计年度之间，并参照行业标准进行比较。

影响速动比率可信度的重要因素是应收账款的变现能力。账面上的应收账款不一定都能变成现金，实际坏账可能比计提的准备要多；季节性的变化，可能使财务报表的应收账款数额不能反映平均水平，所以，在评价速动比率指标时，还应结合应收账款周转率指标分析应收账款的质量。

速动比率同流动比率一样，它反映的是会计期末的情况，并不代表企业长期的财务状况。它有可能是企业为筹借资金人为粉饰财务状况的结果，所为债权人应进一步对企业整个会计期间和不同会计期间的速动资产、流动资产和流动负债情况进行分析。

（三）现金比率

现金比率是指现金类资产对流动负债的比率，它能反映企业直接偿付流动负债的能力。该指标的作用是表明在最坏情况下短期偿债能力如何。

该指标有以下两种表示方式。

（1）现金类资产仅指货币资金，其计算公式如下：

$$现金比率 = \frac{货币资金}{流动负债}$$

【例3.4】宇通客车有关资料及现金比率的计算如表3-12所示。

表3-12 宇通客车有关资料及现金比率的计算

项　　目　　＼　　年　　度	2012年	2013年
货币资金/万元	305,454.42	420,674.12
流动负债/万元	640,377.08	701,032.57
现金比率	0.48	0.60

从债权人的角度来看，将现金类资产与流动负债进行对比，计算现金比率具有十分重要的意义，它可以比流动比率、速动比率更真实、更准确地反映企业的短期偿债能力。特别是当债权人发现企业的应收账款和存货的变现能力存在问题的情况下，该比率就更有实际意义。

（2）现金类资产包括所有的货币资金和现金等价物（指易于变现的有价证券），计算公式如下：

$$现金比率 = \frac{货币资金+现金等价物}{流动负债}$$

现金比率是最严格、最稳健的短期偿债能力衡量指标，它反映企业随时可以还债的能力。现金比率过低，反映企业偿债能力很差。但这一比率过高，表明企业流动资金没有得到充分利用，企业将失去有利的投资机会，所以并不鼓励企业保留过多的现金类资产。一般认为该比率应在20%以上，在这一水平上，企业的直接支付能力不会有太大的问题。

（四）影响变现能力的其他因素

（1）可动用的银行贷款指标

银行已同意、企业尚未办理贷款手续的银行贷款限额，可以随时增加企业的现金，提高支付能力。

（2）即将到期或准备变现的长期资产

即将到期的长期资产，或者由于某种原因，企业可能将一些长期资产出售转变为现金，都将增加企业资产的流动性。

（3）或有负债

或有负债是可能发生的债务，按我国《企业会计准则》规定并不作为负债登记入账，也不在报表中反映。只有已办理贴现的商业承兑汇票，作为附注列示在资产负债表的下端。其他的或有负债，包括售出产品可能发生的质量事故赔偿、尚未解决的税额争议可能出现的不利后果、诉讼案件和经济纠纷案可能败诉并赔偿等，都没有在报表中反映。这些或有负债一旦成为事实上的负债，将会加大企业的偿债负担。

（4）担保责任引起的负债

企业可能以它自己的一些流动资产为他人提供担保，如为他人向金融机构借款提供担保，为他人购物担保或为他人履行有关经济责任提供担保等。这种担保很可能成为企业的负债，增加偿债负担。

（5）企业的偿债能力声誉

具有良好偿债能力声誉的企业，在短期偿债能力方面出现困难时，通常有能力筹得资金，提高偿债能力。这个增强变现能力的因素，也与企业所处的筹资环境有关。

二、长期偿债能力分析

长期偿债能力是企业偿还长期债务的能力。企业的长期债务是指偿还期在1年或者超过1年的一个营业周期以上的负债，包括长期借款、应付债券、长期应付款等。

长期偿债能力分析对债权人来说，可以判断债权的安全程度，即是否能按期收回本金及利息；对企业经营者来说，有利于优化资本结构，降低财务风险；对投资者来说，可以判断其投资的安全性与盈利性；对政府及相关管理部门来说，可以了解企业经营的安全性。反映企业长期偿债能力的财务指标主要有：资产负债率、产权比率、有形净资产债务率和已获利息倍数。

（一）资产负债率

资产负债率是企业负债总额与资产总额的比率，它表明企业资产总额中，债权人提供资金所占的比重，以及企业资产对债权人权益的保障程度。其计算公式如下：

$$资产负债率 = \frac{负债总额}{资产总额} \times 100\%$$

资产负债率是衡量企业负债水平及风险程度的重要标志。负债对企业来说，一方面，增加了企业的风险，借债越多，风险越大；另一方面，债务的成本低于权益资本的成本，增加债务可以改善获利能力。既然债务同时增加企业的风险和利润，企业管理者的任务就是在利润和风险之间取得平衡。一般地说，该指标为50%比较合适，有利于风险与收益的平衡；如果该指标大于100%，表明企业已资不抵债，视为达到破产警戒线。但这并没有严格标准，即使对于同一企业，处于不同时期，对资产负债率的要求也不一样，当企业处于成长期或成熟期时，其前景比较乐观，预期的现金流入也比较高，所以，企业应适当增大资产负债率，以充分利用财务杠杆的作用；当企业处于衰退期时，企业的前景不甚乐观，预期的现金流入也有日趋减少的势头，在这种情况下，企业应采取相对保守的财务政策，减少负债，降低资产负债率，以降低财务风险。所以具体标准要根据企业的环境、经营状况和盈利能力等来评价。

【例3.5】宇通客车有关资料及资产负债率的计算如表3-13所示。

表3-13 宇通客车有关资料及资产负债率的计算

年度 项目	2012年	2013年
资产总额/万元	1,427,911.01	1,619,757.35
负债总额/万元	695,955.42	7440,42.85
资产负债率	0.49	0.46

从表3-13可以看出，宇通客车2012年、2013年年末的负债占全部资产的比重均未超过50%，其比重基本保持稳定，说明该公司偿债能力较强，资产结构比较合理。

（二）产权比率

产权比率是企业负债总额与所有者权益之间的比率，它反映投资者对债权人的保障程度。其计算公式如下：

$$产权比率 = \frac{负债总额}{所有者权益} \times 100\%$$

根据经验标准，产权比率可分为五类，如表3-14所示。

表3-14 产权比率分类

类别	理想型	健全型	资金周转不灵	危险	关门清算
产权比率/%	100	200	500	1000	3000

一般认为，该指标为1:1时最理想。该项指标越低，表明企业的长期偿债能力越强，债权人承担的风险越小，债权人也就愿意向企业增加借款。该指标过低时，表明企业不能充分发挥负债带来的财务杠杆作用；反之，当该指标过高时，表明企业过度运用财务

杠杆，增加了企业财务风险。该指标必须在与其他企业以及行业平均水平对比中才能评价其高低。

【例3.6】宇通客车有关资料及产权比率的计算如表3-15所示。

表3-15 宇通客车有关资料及产权比率的计算

年度 项目	2012年	2013年
负债总额/万元	695,955.42	744,042.85
所有者权益/万元	731,955.60	875,714.50
产权比率/%	95.08	84.96

通过计算可以看出，宇通客车2013年产权比率比2012年有所下降，说明企业偿债能力有所增强。

（三）有形净值债务率

有形净值债务率是企业负债总额与有形净值的百分比。有形净值是将商标、专利权以及非专利技术等无形资产从净资产中扣除，这主要是由于无形资产的计量缺乏可靠的基础，不可能作为偿还债务的资源。其计算公式如下：

$$有形净值债务率 = \frac{负债总额}{所有者权益 - 无形资产净值} \times 100\%$$

有形净值债务率指标实质上是产权比率指标的延伸，是评价企业长期偿债能力更为保守和稳健的一个财务比率，它将企业偿债安全性分析建立在更加切实可靠的物质保障基础之上，在企业陷入财务危机、面临破产等特别情况下，使用该指标衡量企业的长期偿债能力更有实际意义。从长期偿债能力来讲，该比率越低越好。

【例3.7】宇通客车有关资料及有形净值债务率的计算如表3-16所示。

表3-16 宇通客车有关资料及有形净值债务率的计算

年度 项目	2012年	2013年
负债总额/万元	695,955.42	744,042.85
所有者权益/万元	731,955.60	875,714.50
无形资产净值/万元	60,186.99	59,236.29
有形净值/万元	671,768.61	816,478.21
有形净值债务率/%	103.60	91.13

通过计算可以看出，宇通客车该项指标2013年比2012年略有降低，表明企业偿债能力增强，债务人利益的受保障程度增高。

（四）已获利息倍数

已获利息倍数又称为利息保障倍数，是指企业经营业务收益与利息费用的比率，用以衡量企业偿付借款利息的能力。其计算公式如下：

$$已获利息倍数 = \frac{息税前利润}{利息费用}$$

公式中的"息税前利润"是指利润表中未扣除利息费和所得税之前的利润；分母"利息费用"是指本期发生的全部利息费用，即不仅包括利润表中财务费用项目下的利息费用，还应包括计入固定资产成本的资本化利息。

已获利息倍数指标反映了企业盈利与利息费用之间的特定关系，一般地说，该指标越高，说明企业支付利息费用的能力越强，企业对到期债务偿还的保障程度也就越高，从长期来看，该比率至少应大于1；如果已获利息倍数过小，企业将面临亏损，偿债的安全性和稳定性将面临下降的风险。对于已获利息倍数指标的衡量，没有绝对的标准，这需要与其他企业，特别是本行业平均水平进行比较，来分析本企业的指标水平。同时从谨慎性的角度出发，最好比较本企业连续几年的该项指标，并选择最低年度的数据，作为标准。原因在于，企业在经营好的年度要偿债，在经营不好的年度也要偿还大约等量的债务。采用指标最低年度的数据，可保证最低的偿债能力。

（五）影响长期偿债能力的其他因素

1. 长期租赁

长期租赁有两种形式：融资租赁和经营租赁。在融资租赁形式下，租入的固定资产作为企业的固定资产入账，相应的租赁费用作为长期负债处理。这种资本化的租赁，在分析长期偿债能力时，已经包括在债务比率指标计算之中；企业的经营租赁量比较大、期限比较长或具有经常性时，即构成了一种长期性筹资，这种长期性筹资虽然不包括在长期负债之内，但到期时必须支付租金，会对企业的偿债能力产生影响。因此，如果企业经常发生经营租赁业务，应考虑租赁费用对偿债能力的影响。

2. 担保责任

担保项目的时间长短不一，有的涉及企业的长期负债，有的涉及企业的短期负债。在分析企业长期偿债能力时，应根据有关资料判断担保责任带来的潜在长期债务问题。

3. 或有项目

或有项目是指在未来某个或几个事件发生或不发生的情况下，会带来收益或损失，但现在还无法肯定是否发生的项目。或有项目的特点是现存条件的最终结果不确定，对它的处理方法要取决于未来的发展。或有项目一旦发生便会影响企业的财务状况，因此企业不得不对它们予以足够的重视，在评价企业长期偿债能力时也要考虑它们的潜在影响。

三、营运能力分析

企业营运能力是指企业充分利用现有资源创造社会财富的能力，它可用来评价企业的资源利用程度和营运能力。

企业营运能力分析，主要是通过销售收入与企业各项资产的比例关系，分析各项资产的周转速度，了解各项资产对收入的贡献程度。对营运能力进行分析主要可以揭示企业资金管理效率、销售能力的强弱、信用状况和企业管理者的工作绩效。

反映企业营运能力的财务指标主要有：总资产周转率、流动资产周转率、应收账款周转率、存货周转率和固定资产周转率。

（一）总资产周转率

企业在一定的生产经营规模条件下，完成既定的任务所需要的资产，在某种程度上取决于资产的周转速度。资产周转的快慢与企业生产经营过程、资产管理、财务状况等方面相关。因此分析资产周转速度，可促使企业加强内部管理和有利于工作质量的提高，促进企业全面、健康地发展。

总资产周转率是指企业一定时期的主营业务收入与资产总额的比率，它说明企业的总资产在一定时期内（通常为一年）周转的次数。计算公式如下：

$$总资产周转率 = \frac{营业收入}{总资产平均余额}$$

式中：

$$总资产平均余额 = （年初资产总额 + 年末资产总额）÷2$$

总资产周转率也可用周转天数表示：

$$总资产周转天数 = \frac{计算期天数}{总资产周转率} = \frac{计算期天数 \times 总资产平均余额}{营业收入}$$

其中，计算期天数取决于主营业务收入所涵盖的时期长短。最常用的计算期为一年，会计上统一每年按360天计算。

该项指标可用来分析企业全部资产的使用效率。如果企业总资产周转率较高，说明企业利用其全部资产进行经营的成果好，效率高，企业具有较强的销售能力；反正，总资产周转率低，说明企业经营成果差，效率低，最终会影响企业的获利能力。如果企业的总资产周转率长期处于较低状态，企业就应该采取措施提高销售收入或处置资产，以提高总资产利用率。

（二）流动资产周转率

流动资产周转率是指企业一定时期内（通常为一年）流动资产周转的次数。计算公式如下：

$$流动资产周转率 = \frac{营业收入}{流动资产平均余额}$$

式中：

$$流动资产平均余额 = （年初流动资产 + 年末流动资产）÷2$$

流动资产周转率也可用周转天数表示：

$$流动资产周转天数 = \frac{计算期天数}{流动资产周转率} = \frac{计算期天数 \times 流动资产平均余额}{营业收入}$$

流动资产周转率反映流动资产的管理效率。该比率越高，意味着企业的流动资产周转速度越快，利用效果越好。在更快的周转速度下，就会相对节约流动资产，其意义相当于扩大流动资产投入，在某种程度上增强了企业的盈利能力；而延缓周转速度，则需要补充流动资产参加周转，形成资金浪费，降低企业盈利能力。

应通过分析、研究影响流动资产周转的因素，查明周转加速或缓慢的原因，从而找出资金周转落后的环节，寻求改进周转情况的途径，以达到促进资金的有效使用和节约的目的。

（三）应收账款周转率

当企业采取较宽松的信用政策和收账政策时，其应收账款占用额比较大，回收速度就相对较慢，利用应收账款周转率和应收账款周转天数指标就可以看出应收账款转化为现金的速度。

1.应收账款周转率

应收账款周转率是指年度内应收账款转为现金的平均次数，它说明了应收账款流动的速度。计算公式如下：

$$应收账款周转率 = \frac{营业收入}{应收账款平均余额}$$

式中：

"营业收入"数据来自利润表，是指扣除折扣和折让后的销售净额，"应收账款平均余额"是指未扣除坏账准备的应收账款金额，计算公式为：

$$应收账款平均余额 = （期初应收账款余额 + 期末应收账款余额） \div 2$$

一般认为，该指标越高越好。该指标越高，表明收款迅速，在应收账款上占用的资金就越少，坏账损失发生的可能性越小，企业经营越好；也表明了资产的流动性高，偿债能力强，可以节约收账费用。否则，资金过多地滞留在应收账款上，影响企业正常的资金运动，降低资金运用效率。

2.应收账款回收期

应收账款回收期表示应收账款周转一次所需要的天数，即企业自产品销售出去开始至应收账款收回为止所需的天数。计算公式为：

$$应收账款回收期 = \frac{计算期天数}{应收账款周转率} = \frac{计算期天数 \times 应收账款平均余额}{营业收入}$$

该指标越低，说明应收账款回收越快，企业资金被外单位占用的时间越短，管理工作的效率越高。

通过对应收账款回收速度的分析，可以考核企业销售收入的质量、现金的流量，以及潜在的亏损，促使企业尽快回收账款，加速资金周转，使坏账损失降到最低点。

在分析评价一个单位应收账款的收取效率时，还应考虑单位所给的赊欠条件。要评价企业应收账款周转率的优劣，很难掌握一个具体的标准。一个企业的应收账款周转率是好是坏，要视企业的经营特点，并参照同行业情况进行评价。

（四）存货周转率

企业可以通过存货周转率、存货周转天数及营业周期三个指标对存货进行流动性分析，即从不同的角度和环节上找出存货管理中的问题，使存货管理在保证生产经营连续性的同时，尽可能少占用经营资金，提高资金的使用效率，增强企业短期偿债能力，促进企业管理水平的提高。

1. 存货周转率

存货周转率有两种计算方式：一是以成本为基础的存货周转率，它主要用于流动性分析；二是以收入为基础的存货周转率，它主要用于获利能力分析。计算公式如下：

$$成本式的存货周转率 = \frac{营业成本}{存货平均余额}$$

$$收入式的存货周转率 = \frac{营业收入}{存货平均余额}$$

式中：

$$存货平均余额 = （期初存货 + 期末存货）\div 2$$

在计算存货平均余额时应注意：如果企业的经营具有较大的季节性，根据期初和期末存货简单平均容易造成假象（如期末、期初存货偏低或偏高），解决的方法就是采用各月月末的数字进行平均。这对企业内部分析研究者来说容易做到，而对外部分析者来说则很难做到。

存货周转率是衡量和评价企业从购入存货、投入生产到销售收回等各环节管理状况的综合性指标。该指标越高，说明存货占用水平越低，流动性越强，存货转换为现金或应收账款的速度越快，企业便会有良好的现金流量与较高的经营效率；反之，该指标越低，存货周转慢，存货储存过多，占用资金多。但是，存货周转率并不是越高越好，过高的存货周转率可能导致其他费用如管理费用的增加，还可能导致存货不足和发生缺货的现象，引起停工待料等问题，因此，分析一个企业的存货周转率高低应结合同行业的存货平均水平和企业过去的存货周转情况。

2. 存货周转天数

存货周转天数是指存货周转一次所需要的天数即存货转换为货币资金或应收账款所需要的天数。计算公式如下：

$$存货周转天数 = \frac{计算期天数}{存货周转率}$$

或

$$成本基础的存货周转天数 = \frac{计算期天数 \times 存货平均余额}{营业成本}$$

$$收入基础的存货周转天数 = \frac{计算期天数 \times 存货平均余额}{营业收入}$$

该指标越小，表明存货周转速度越快。一般情况下，存货周转越快，说明企业投入存货的资金从投入到完成销售的时间越短，资金的回收速度越快，在企业资金利润率较高的情况下，企业就越能获得更高的利润。如若存货周转率低，就反映出企业的存货可能是销不对路，有过多的停滞存货影响资金的及时回拢。

在不同行业，由于企业的经营性质不同，用以判断存货周转率的好坏标准也有差异。要衡量存货的周转速度快慢，可以将企业实际周转率与行业平均水平或标准水平加以比较，也可以与连续几个年度进行对比来衡量。

3.营业周期

营业周期是指从取得存货开始到销售存货并收回现金为止的这段时间。计算公式如下：

$$营业周期=存货周转天数+应收账款周转天数$$

营业周期的长短取决于存货周转天数和应收账款周转天数。营业周期短，说明资金周转速度快；营业周期长，说明资金周转速度慢。

（五）固定资产周转率

固定资产周转率是企业主营业务收入与固定资产平均净值之间的比率。它反映固定资产的周转情况。其计算公式如下：

$$固定资产周转率 = \frac{营业收入}{固定资产平均净值}$$

式中：

$$固定资产平均净值=（期初固定资产净值+期末固定资产净值）÷2$$

固定资产周转率也可用固定资产周转天数表示，其计算公式如下：

$$固定资产周转天数 = \frac{计算期天数}{固定资产周转率} = \frac{计算期天数×固定资产平均净值}{营业收入}$$

固定资产周转率越高，表明企业固定资产周转速度越快，利用效率越高，即固定资产投资得当，结构分布合理，营运能力较强；反之，固定资产周转率低，表明固定资产周转速度慢，利用效率低，即拥有固定资产数量过多，没有充分利用，设备有闲置。企业在进行固定资产周转率分析时，应以企业历史最好水平和同行业平均水平为标准，进行对比分析，从中找出差距，努力提高固定资产周转速度。

课后阅读

我国会计观念的转变

长期以来，我国部分上市公司屡屡出现一个看似很不正常的现象，即在连续几年收入和利润持续稳定增长的情况下，突然陷入严重的财务危机。当然这一现象涉及很多方面的问题，其中有企业业绩评价体系本身存在的一系列问题，有会计法规、政策规定不合理的问题，也有市场体系不完善的因素等。但从财务报表分析的角度来看，有一点却不容忽视，那就是企业在追求"良好"的财务业绩的同时，又在制造着大量的不良资产，就是我们所说的资产质量日趋恶化，从而最终陷入财务困境无法自拔。

既然企业的目标是生存、发展和盈利，为了实现这一目标，企业管理者就必须追求长远利益的最大化，而不是当期利益的最大化。这就要求企业管理者更多地考虑企业未来的发展，更加关注企业所面临的机会和风险，更加注重企业资产的质量和营运效率。

新会计准则的首要特点就体现在会计观念的变化上。新准则强化资产负债表观念，淡化利润表观念，追求企业真实资产、负债条件下的净资产增加，体现全面收益观念。这样一来，资产负债表便成为企业报表的主表，利润表则变成了资产负债表的附表，起着解释企业资产和负债变动情况的作用。因此，新准则比以往更加关注企业资产的质量、模式和资产的营运效率，不再仅仅关注其营运效果。因此，研究资产质量问题，事关企业的生存和发展，日益成为财务报表分析领域的一个重要话题。资产质量分析不但具有重要的理论研究价值，同时对企业来说也具有相当重大的现实意义。

练习题

一、单选题

1.下列哪项不会影响速动比率？   （   ）

A. 应收账款   B. 固定资产   C. 短期借款   D. 应收票据

2.当流动比率小于1时，赊购原材料将会（   ）

A. 增大流动比率   B. 降低流动比率

C. 减少营运资金   D. 增多营运资金

3.某企业某年度年末流动负债为50万元，年初存货为40万元，全年主营业务成本为120万元，年末流动比率为2.5，速动比率为1.3，则本年度存货周转次数为（   ）次

A. 1.6   B. 2.5   C. 2.4   D. 1.56

4.计算应收账款周转率时，"平均应收账款"是指   （   ）

A. 未扣除坏账准备的应收账款金额

B. 扣除坏账准备后的应收账款净额

C. "应收账款"账户的净额

D. "应收账款"账户余额与"坏账准备"账户余额之间的差额

5.计算已获利息倍数时，其利息费用   （   ）

A. 只包括经营利息费用，不包括资本化利息

B. 只包括资本化利息，不包括经营利息费用

C. 不包括经营利息费用，也不包括资本化利息

D. 既包括经营利息费用，也包括资本化利息

二、多选题

1.影响公司变现能力的表外因素包括   （   ）

A. 未动用的银行贷款限额   B. 未终结的诉讼案件

C. 或有负债   D. 为他人担保项目

2.分析企业资金规模的合理性，要结合企业以下因素一起分析   （   ）

A. 投资收益率   B. 资产规模与业务量

C. 筹资能力   D. 运用货币资金能力

3.企业货币资金存量及比重是否合适的分析评价应考虑的因素有   （   ）

A. 行业特点   B. 企业融资能力

C.资产规模与业务量　　　　　D.运用货币资金的能力

三、思考题

1.企业资产负债表的作用有哪些？

2.如何对资产进行总括分析？

3.如何选择正确的资本结构？

4.分析负债结构时应考虑的因素有哪些？

5.如何评价存货周转率？

第四章　利润表分析

【目的要求】

1.了解利润表的性质和作用；

2.重点掌握利润表项目内容及其分析；

3.重点掌握企业获利能力和发展能力的分析。

阅读材料

利润表的重要性

我们开办企业是为了赚钱，如果没有利润，再多的资产也是无济于事。因此，对企业的经济效益分析显得尤其重要。企业的利润表恰好能够满足我们的要求，它记载了企业的收入和费用，揭示了企业的未来前景和是否有能力为投资者创造财富。

具体来讲，读利润表我们可以从收入项目和费用项目来分析公司未来盈利情况和对企业未来发展做出预测。企业的盈利能力越强，则其给予股东的回报越多，企业的价值越大，同时盈利能力越强，其偿债能力得到加强，所以利润表财务分析对公司未来发展前景的判断是有很大帮助的。

第一节　利润表概述

一、利润表的性质及其作用

利润表又称损益表和收益表，是反映企业一定时期经营成果的会计报表。它是把一定期间的营业收入与其同一会计期间相关的营业费用进行配比，以计算出企业一定时期的净利润或者净亏损。由于利润是企业经营业绩的综合体现，又是进行利润分配的依据，因此利润表是会计报表体系中的主要报表。

既然利润表如此重要，我们不禁会问，它有哪些作用呢？简单来说，利润表的作用主要体现在以下方面：

1.有助于我们正确评价企业的经营成果和经营业绩

利润表反映了企业在一定期间内的各种收入和各项成本费用的发生情况及其最终的财务成果状况。通过对利润表的分析，我们可以判断企业在这一会计期间是取得了利润还是发生了亏损，同时，通过不同环节的利润分析，可准确说明各环节的业绩，全面地分析和把握企业的经营状况。

2.有助于我们及时、准确地发现企业经营管理过程中存在的问题

利润表集中反映了企业各项活动的收益和成本费用，而对企业各项活动价值进行判断，我们无非更多地是通过收益与成本费用的比较来确定。因此，通过对利润表的分析，我们可以了解企业生产经营状况，发现生产经营活动存在的问题，这有助于企业全面地改善经营管理，提高经营效益。

3.有助于我们分析和预测企业的获利能力和发展潜力

利润表反映了企业一定时期内的经营成果，提供了营业收入、营业成本、营业外收支、投资损益等明细情况，因此，对利润表的分析有助于分析企业损益的构成及比重，方便预测企业长期的盈利能力和未来的发展潜力。

4.有助于我们做出合理的经济决策

投资者的投资决策，债权人的信贷决策，经营者的经营决策，员工的就业决策，甚至国家的宏观经济决策，都离不开利润表这一重要依据。

二、利润表的格式

（一）利润形成

企业在一定期间内所实现的利润或者亏损是根据当期营业收入与营业费用的配比而计算出来的，计算利润的方法不同，利润表的格式也不同。

一般来讲，利润总额的计算方法有两种：一种是企业一定时期的全部收入总和减去全部费用支出总和，即利润=收入-费用；另一种是根据企业的收入和费用的性质进行分类，尽可能地相互配比，以计算出不同业务所取得的利润，最后将各种利润加总得出利润总额，即利润=营业利润+营业外收支净额。

（二）利润表的格式

由于计算利润的方法有两种，相应地，利润表的格式也有两种。按照第一种方法计算利润的利润表格式称为单步式利润表；按照第二种方法计算利润的利润表格式称为多步式利润表。

1.单步式利润表

单步式利润表是分别地将本期所有收入、支出加在一起，二者相减，计算出企业当期的净损益。其基本格式如表4-1所示。

表4-1　利润表（单步式）

项目	本月数	本年累计数
一、收入		
营业收入		
公允价值变动损益(损失"-"号填列)		
投资收益(损失"-"号填列)		
营业外收入		
收入合计		
二、支出		
营业成本		
营业税金及附加		
销售费用		
管理费用		
财务费用		
资产减值损失		
营业外支出		
所得税费用		
支出合计		
三、净利润		

通过此表可得到以下计算关系：

收入合计=营业收入+公允价值变动损益+投资收益+营业外收入

支出合计=营业成本+营业税金及附加+销售费用+管理费用+财务费用+资产减值损失+营业外支出+所得税费用

净利润=收入合计-支出合计

单步式利润表的主要优点是方法简单，易于理解，避免了项目分类上的困难。但我们不得不承认，单步式利润表提供的信息较少，不利于前后对应项目的比较。

2.多步式利润表

多步式利润表是按照企业利润形成的主要环节，按照营业利润、利润总额和净利润三个层次来分步计算，以详细地反映企业利润形成过程。我国现行会计制度要求企业采用多步式利润表。其基本格式如表4-2所示。

表4-2是一个多步式利润表实例，选自郑州宇通客车股份有限公司2013年年报。

表4-2 利润表（多步式）

编制单位：郑州宇通客车股份有限公司　　　　　　　2013年度　　单位：元

项目	本年金额	上年金额
一、营业总收入	22,093,826,571.04	19,763,459,199.02
其中:营业收入	22,093,826,571.04	19,763,459,199.02
二、营业总成本	20,249,022,041.82	18,185,800,721.85
其中:营业成本	17,794,266,439.00	15,817,656,983.84
营业税金及附加	123,587,552.80	116,779,946.92
销售费用	1,241,389,817.24	1,149,954,983.39
管理费用	1,071,030,306.22	880,513,246.49
财务费用	7,871,611.86	−37,831,413.90
资产减值损失	10,876,314.70	258,726,975.11
加:公允价值变动收益	8,155,741.77	−1,860,661.04
投资收益	31,006,105.72	61,341,955.80
其中:对联营企业和合营企业的投资收益		
汇兑收益		
三、营业利润	1,883,966,376.71	1,637,139,771.93
加:营业外收入	210,302,895.16	144,038,156.40
减:营业外支出	6,978,909.29	15,992,525.74
其中:非流动资产处置损失	1,431,438.48	809,301.73
四、利润总额	2,087,290,362.58	1,765,185,402.59
减:所得税费用	265,382,461.99	215,398,181.51
五、净利润	1,821,907,900.59	1,549,787,221.08
其中:被合并方在合并前实现的净利润		
归属于母公司所有者的净利润	1,822,575,190.67	1,549,721,544.08
少数股东损益	−667,290.08	65,677.00
六、每股收益:		
(一)基本每股收益	1.43	1.28
(二)稀释每股收益	1.43	1.28

续表4-2

项目	本年金额	上年金额
七、其他综合收益		1,645,437.50
八、综合收益总额	1,821,907,900.59	1,551,432,658.58
归属于母公司所有者的综合收益总额	1,822,575,190.67	1,551,366,981.58
归属于少数股东的综合收益总额	−667,290.08	65,677.00

多步式利润表对项目进行了详细分类，分步骤反映了企业利润总额的形成过程，方便企业前后各期报表及不同企业之间的对比，有利于分析企业的盈利水平，评估企业的经营成果，并据以找出利润增加或者减少的原因，促使企业经营者采取相应措施提高企业的经济效益。

三、利润表的结构

利润表分两部分：表首部分和基本部分。

1. 表首部分

表首部分主要是填写报表名称、编制单位、计量单位、报表编号及报表编制的期间。需要强调的是，因为利润表是反映某一期间损益的动态报表，其编表日期一般填写"某年某月"或者"某个会计年度"。

2. 基本部分

基本部分是利润表的主体，列示具体项目，主要反映了收入、费用及其他具体项目，揭示了企业财务成果的形成过程。我国利润表栏目一般设有"本月数"和"本年累计数"两栏。"本月数"栏反映表中各项目的本月实际发生数，"本年累计数"栏反映各项目自年初起至本月止的累计实际发生额。

我国企业会计制度规定利润表基本部分的内容由以下三个方面构成：

（1）营业利润。

营业利润=营业收入−营业成本−营业税金及附加−销售费用−管理费用−财务费用−资产减值损失 + 公允价值变动收益 + 投资收益

营业利润客观地反映了企业经营的各种业务所形成的利润金额，企业的经营能力和盈利能力主要通过其表现出来。

（2）利润总额

利润总额=营业利润 + 营业外收入−营业外支出

（3）净利润

净利润=利润总额−所得税费用

第二节 利润表项目内容及其分析

一、收入类项目及分析

收入是企业在销售商品、提供劳务和让渡资产使用权等日常活动中形成的经济利益总流入。为获取更多的利润，创收增收对企业发展而言，有着重要的意义。因此，分析企业的各种收入，了解其构成和变化，发现和判断其中的问题，有助于企业更好地经营决策。

（一）收入结构分析

收入结构是指不同性质的收入占总收入的比重。企业的收入有营业收入、营业外收入和投资收入，它有经常性业务收入和非经常性业务收入之分，不同性质的收入对分析企业盈利能力有着不同影响。经常性业务收入主要是营业收入，一般来说，其具有可持续性。而非经常性收入，更多的是由偶发事项或者非经常业务引起，虽然性质上属于营业性的，但缺乏稳定性。在进行企业长期盈利能力分析时，应将非经常性业务收入部分剔除，从而增加预测的准确性。可见，对企业长久发展而言，保持较高比重的经常性业务收入有着至关重要的意义。

收入类项目结构分析表如表4-3所示。

表4-3 收入类项目结构表

项目	金额/元	比 重/%
营业收入	22,093,826,571.04	98.92%
投资收入	31,006,105.72	0.14%
营业外收入	210,302,895.16	0.94%
收入合计	22,335,135,571.92	100%

通过对收入结构的分析，我们可以了解企业的经营方针、经营政策及经营效果，进而预测企业的可持续发展能力。例如，一个企业的营业收入比重低或者不断下降，其发展潜力和前景是值得我们怀疑的。

（二）具体项目分析

1. 营业收入分析

营业收入是企业收入的最重要的来源，同时，它稳定性较强，金额也应最大，清楚直观地反映了企业的市场竞争力情况，表明企业的发展能力。从这个意义上讲，企业产品或者劳务的市场占有状况直接影响甚至决定着该企业的生存和发展能力，可见，营业收入在企业收入分析中占有一席之地。对营业收入情况的分析，可以从其构成及变动增长方面进行。

（1）营业收入的品种构成及变动情况

在多种经营的条件下，营业收入由不同的商品或者劳务收入构成。我们可以通过不同商品或劳务的收入分析，判断企业的主打商品或者主要服务，预测企业的未来发展方向。营业收入的构成及变动情况如表4-4所示。

表4-4　营业收入品种构成及变动情况表

产品名称	上年数		本年度		差异	
	金额/元	比重/%	金额/元	比重/%	金额/元	比重/%
合　计						

通过分析企业的营业收入，可以了解企业的营业业务构成及变动情况。企业应重点扩大其主要经营品种的销售，对其他收入比重较低的品种进行具体分析，做出合理的经营决策，从而有效把握消费者的偏好，及时调整产品结构，扩大市场份额，提高自身竞争力。

（2）营业收入的地区构成分析

通过对企业营业收入的地区构成进行分析，可了解企业的销售市场布局、顾客分布及变动等情况，有助于发现潜在市场，增大市场占有率。

2.投资收益分析

（1）投资收益的确认和计量

企业的投资收益是企业投资活动带来的收益。从投资收益的确认和计量过程来看，债权投资收益将对应企业的货币资金、交易性金融资产、持有至到期投资等项目；股权投资收益将对应企业的货币资金、交易性金融资产、长期股权投资等项目。在投资收益对应企业的货币资金、交易性金融资产的条件下，投资收益的确认不会导致企业现金流转的困难；在投资收益对应企业的长期投资而企业还要将此部分投资收益用于利润分配的条件下，这种利润分配将导致企业现金流转的困难。也就是说，对应长期股权投资增加的投资收益，其质量较差。

（2）投资收益的构成分析

投资收益明细表如表4-5所示。

表4-5　投资收益明细表

单位：元

项　　目	上年数	本年数	差异数
一、投资收入			
1.债权投资收益			
2.其他股权投资收益			

续表4-5

项　　目	上年数	本年数	差异数
3.在按权益法核算的被投资公司的净损益中所占的份额			
4.股权投资转让损益			
投资收入合计			
二、投资损失			
1.债权投资损失			
2.股票投资损失			
3.其他投资损失			
投资损失合计			
投资净收入			

　　通过投资明细表可以看到企业对外进行股票、债券等各种投资所取得的利息、股利等投资收入减去投资损失后的余额，可以了解企业投资效益的状况，企业可总结经验，及时调整投资战略，争取获得更多的投资收益。

　　（3）投资收益的比重分析

　　一般而言，企业投资股票或者债券目的在于获取投资收入，增加利润。然而投资收益在收入中所占的比重过大，说明企业的持续盈利能力较差，缺乏稳定性，风险较大。

　　3.营业外收入分析

　　营业外收入是企业在非日常活动中发生的与其生产经营活动无直接关系的经济利益的净流入，主要包括非流动资产处置利得、非货币性资产交换利得、债务重组利得、政府补助、盘盈利得、捐赠利得等。

　　营业外收入能够增加企业利润，增强企业利润分配能力。但是，我们不得不注意到营业外收入的不稳定性，不能简单地依据该部分收入来预测企业的长期收入状况。

二、支出类项目及其分析

　　费用是指企业在销售商品、提供劳务等日常活动中所发生的经济利益流出，一般由以下三种原因引起：一是生产和销售商品；二是加工产品和提供劳务；三是提供他人使用本企业资产的损失等。它的经济利益流出形式也有三种：一是资产减少；二是负债增加；三是二者兼有。对费用的分析可以从以下几方面进行。

　　（一）费用的确认和计量

　　费用的确认就是一项耗费在何时才能被确认为费用。按照规定，费用应当按权责发生制的原则进行确认，按照实际成本计量。谈到费用，我们可能会联系到成本，二者是否一样呢？其实，成本是指企业生产商品、提供劳务而发生的各种耗费。当产品销售或者服务提供时，才把其成本转为当期的费用。

具体可按照以下情况确认本期的费用：

一是按其与营业收入的因果关系确认费用。凡是与本期收入有直接关系的耗费都应该确认为本期的费用。

二是按合理的分摊方式确认费用。如果某项耗费能在以后若干会计期间带来经济利益，那么该项耗费应该按合理的分摊方式在以后的会计期间内进行分摊，分别确认为不同会计期间的费用。比如，购买一专利技术，即购买一项无形资产，预期它可以在未来的若干使用年限内为企业带来经济利益，则其耗费应该按一定的摊销方法在不同会计期间内进行摊销，确认为不同期间的费用。同样地，固定资产也属于这种情况。

（二）支出结构分析

支出结构是指不同性质的支出占总支出的比重。支出类项目结构分析表如4-6所示。

表4-6　支出类项目结构分析表

项目	金额/元	比重/%
营业成本		
营业税金及附加		
销售费用		
管理费用		
财务费用		
资产减值损失		
营业外支出		
所得税费用		
支出合计		

根据支出类项目分析，计算出各项支出项目占全部支出的比重，与同类其他企业进行比较，找出差异，判断差异是否合理，有助于更好地控制企业的成本费用。

（三）具体项目分析

1.营业成本分析

营业成本是企业已销售产品或提供劳务的实际成本，也可以说是与营业收入相关的、已经确定了归属期和归属对象的成本。在不同类型的企业里，营业成本有着不同的表现形式。在制造业或者工业企业，营业成本表现为已销售产品的生产成本；在商品流通企业里，营业成本表现为已销商品成本。

对企业来说，营业成本的高低直接关系到企业利润的多少。在其他条件不变的情况下，营业成本高，则营业利润、利润总额下降；相反，营业成本低，则营业利润、利润总额提高。在制造业或者工业企业中，产品的生产成本直接影响着营业成本的多少；在商品流通企业里，已销商品成本直接影响着营业成本的高低。

通过对营业成本进行分析，将实际成本和计划成本进行对比，本年度成本与上年度成本进行比较，分析成本的升降情况，可以了解成本管理中存在的问题，以便加强对产品或者服务的成本控制，为获取更多的利润创造机会。

2. 期间费用分析

期间费用是企业当期发生的费用中重要的组成部分，是指本期发生的、不能直接或者间接归入某种产品成本的、直接计入损益的各种费用。这些费用容易确认其发生的期间和归属期间，但很难判断其所应该归属的对象，因而在发生的当期便从当期的损益中扣除。在我国，期间费用划分为管理费用、销售费用和财务费用。

（1）管理费用分析

管理费用是指企业行政管理部门为管理和组织企业生产经营活动而发生的各项费用支出，包括由企业统一负担的管理人员的职工薪酬、差旅费、办公费、劳动保险费、业务招待费、职工教育经费、审计费、咨询费、诉讼费等等。

尽管管理层可以对管理费用中某些支出采取控制或者降低其规模等措施，但是，这种控制或者降低，可能对公司长期发展不利，可能会影响有关人员的积极性。另一方面，折旧费、摊销费等不存在控制其支出规模的问题。因此，一般认为，在企业业务稳定发展的条件下，企业的管理费用变动不会太大，单一追求在一定时期的费用降低，有可能对企业的长期发展不利。

对管理费用的分析，我们应该结合企业的资产规模和销售水平。销售的增长，资产规模的扩大，加大了企业的管理要求，要求增加管理人员，增加相应设备等等，从而会增加管理费用。

（2）销售费用分析

销售费用是指企业在销售商品、材料以及提供劳务的过程中发生的费用。一般包括由企业负担的运输费、装卸费、包装费、保险费、销售佣金、差旅费、展览费、广告费、销售人员的职工薪酬以及专设销售或劳务机构发生的经常性费用等。

企业的销售费用的高低，有的和企业业务活动规模相关（如运输费、装卸费、包装费、销售佣金、展览费、委托代销手续费等），有的和企业从事销售活动人员的职工待遇相关，有的和企业未来发展、开拓市场、提高品牌影响力等长期发展战略相关。从管理层对销售费用有效控制来看，这种控制或降低，可能对企业的长期发展不利，或者影响有关人员的积极性。因此，在分析财务报表时，应将企业销售费用的增减变动和销售量的变动积极结合起来，分析这种变动的合理性、有效性，而不是简单地认为销售费用低的好。

在现实中存在的一个评判标准是可以借鉴的，即将销售费用的增减变动与营业收入的增减变动结合起来进行分析。从长期来看，销售费用的变动与营业收入的变动应该是方向相同，变动幅度相近。当营业收入的增速超过销售费用的增速时，销售费用会显现出其必要性和一定的规模效应。

（3）财务费用分析

财务费用是指企业为筹集生产经营所需资金等而发生的费用，包括利息支出（减利息收入)、汇兑损失（减汇兑收益）、金融机构手续费以及与筹资相关的其他手续费等。其中，经营期间发生的利息支出是企业财务费用的主要构成部分，其中贷款的规模、贷款的利息率和贷款期限决定了贷款利息水平的高低。

①贷款规模。概括地说，如果因贷款规模的原因导致计入利润表的财务费用下降，则企业会因此而改善盈利状况。但是，我们还应该看到，企业可能会因贷款规模的降低而影响发展。

②贷款利率和贷款期限。从企业融资的角度来看，贷款利率的具体水平主要取决于以下几个因素：一定时期资本市场的供求关系、贷款规模、贷款的担保条件以及贷款企业的信誉等。在利率的选择上，可以采用固定利率、变动利率或者浮动利率等。可见，贷款利率中，既有企业不可控制的因素，也有其可以控制的因素。在不考虑贷款规模和贷款期限的条件下，企业的利息费用将随着利率水平波动。从总体上说，贷款期限对企业财务费用的影响体现在利率因素上。

应该说，企业的利率水平主要受一定时期资本市场利率水平的影响。我们不应对企业因贷款利率的宏观下调而导致的财务费用降低给予过高的期望。

总之，既然财务费用由企业的筹资活动引起，因此在进行财务费用分析时，应将财务费用的增减变动和企业的筹资活动联系起来，分析其变动的合理性和有效性，发现其中存在的问题，查明原因，对症下药，以控制和降低费用，提高企业利润水平。

3. 营业税金及附加

营业税金及附加是指企业日常活动应负担的税金，具体包括营业税、消费税、城市维护建设税、资源税及教育附加税。

4. 资产减值损失

资产减值损失是指企业计提各种资产减值准备所形成的损失。比如当固定资产的账面价值大于预计可收回金额时，需要确认资产减值损失，计提固定资产减值准备；应收账款的账面价值高于未来现金流量的现值，需要确认资产减值损失，计提坏账准备等等。

5. 营业外支出

营业外支出是指企业发生的与日常生产经营活动无直接关系的经济利益净流出。主要包括非流动资产处置损失、非货币性资产交换损失、债务重组损失、公益性捐赠支出、非常损失、盘亏损失等。

6. 所得税费用

所得税费用是指企业在会计期间内发生的利润总额，经调整后按照国家税法规定的比率计算交纳税款形成的费用，利润总额减去所得税费用后的差额即为净利润。

三、利润质量分析

利润质量是指公司利润的形成过程及其利润结果的质量。利润质量的高低可以从利润的持久稳定性、风险性以及收现比率等方面进行衡量。

高质量的利润应表现为公司运转良好，公司利润的实现主要靠营业利润，同时，利润的实现能为公司带来较强的支付能力，即能按时足额地交纳税金、支付税金和股利等；反之，低质量的利润往往表现为公司运转不灵，公司利润的实现不是靠营业利润，公司相应的支付能力较差，利润的变动风险大。

下面我们可以从利润构成角度来分析利润的质量。

（一）营业利润

营业利润是公司通过正常的营业活动创造的利润，非营业利润是通过营业活动以外形成的利润。营业利润的多少，代表了企业的总体经营管理水平和效果，从预期利润的持久性、稳定性角度来看，营业利润的质量通常应高于非营业利润的质量。营业利润的比例越高，总体利润的质量就越高；反之，非营业利润的比例越高，总体利润的质量就越低。

此外，还可以进一步分析营业利润中经营性业务利润与偶然业务利润之间的比例，经常性业务利润的比例越大，则总体利润的质量越高，反之则越低。

总之，衡量营业利润应与费用规模、管理水平、营销与产品质量、债务与筹资费用等方面相结合，进行综合分析。

（二）利润总额和净利润

企业的利润总额是由营业利润加上营业外收支净额（非营业利润）组成的。净利润的数额等于利润总额减去所得税费用后的余额。

在正常情况下，企业的非营业利润都是较少的，所得税费用也是相对稳定的，因此只要营业利润较高，利润总额和净利润也会较高。当一个企业利润总额和净利润主要由非营业利润获得时，则该企业利润实现的真实性和持久性应引起财务报表分析人员的重视。

第三节 盈利能力与发展能力分析

一、盈利能力分析

企业的经营活动围绕获取更多的利润展开，而利润的多少直接关系着企业获利能力的大小。分析企业的盈利能力就是判断企业获取利润能力的大小，我们可以通过以下指标进行分析。

（一）收入盈利能力

分析收入盈利能力，可以通过销售毛利率、主营业务利润率、营业利润率、销售利润率及销售净利率等指标进行。

1.销售毛利率

销售毛利率是指销售毛利额占销售收入的比率，其中销售毛利是销售收入与销售成本的差。其计算公式如下：

$$销售毛利=销售收入-销售成本$$

$$销售毛利率=销售毛利÷销售收入×100\%$$

销售毛利率，表示企业实现的每一元销售收入扣除销售成本后，有多少钱可以用于各项期间费用和形成盈利。销售毛利率是企业销售净利率的最初基础，没有足够大的销售毛利率就不能带来盈利。

【例4.1】宇通客车有关资料及销售毛利率的计算如表4-7所示。

表4-7　宇通客车有关资料及销售毛利率的计算

年度 项目	2012年	2013年
营业收入/元	19,763,459,199.02	22,093,826,571.04
营业成本/元	15,817,656,983.84	17,794,266,439.00
营业毛利/元	3,945,802,215.18	4,299,560,132.04
销售毛利率	19.97%	19.46%

销售毛利率指标具有明显的行业特点。一般来讲，营业周期短、固定费用低的行业销售毛利率水平低；而营业周期长、固定费用高的行业则要求较高的销售毛利率，以弥补巨大的固定成本，如工业企业。因此，在分析企业的销售毛利率时，必须与企业的目标销售毛利率、同行业平均水平及先进水平企业的销售毛利率加以比较，以正确评价本企业的盈利能力，并分析差距及其产生的原因，寻求提高盈利能力的途径。

2.营业利润率

营业利润率是企业的营业利润与营业收入的比率，反映企业实现的每一元营业收入能够带来的营业利润额，说明企业在增加收入、提高效益方面的管理绩效。

其计算公式为：

$$营业利润率 = \frac{营业利润}{营业收入} \times 100\%$$

营业利润率反映营业收入扣除成本费用后的盈利能力，该比率对企业盈利能力的考察更加全面。因为，期间费用中大部分是维持企业一定时期生产经营能力所必须发生的费用，将这部分费用从营业收入中扣除后，剩余部分才构成企业稳定可靠的盈利能力。该比率越高，表明企业的盈利能力越强；反之，则说明企业的盈利能力越弱。

【例4.2】宇通客车有关资料及营业利润率的计算如表4-8所示。

表4-8　宇通客车有关资料及营业利润率的计算

年度 项目	2012年	2013年
营业利润/元	1,637,139,771.93	1,883,966,376.71
营业收入/元	19,763,459,199.02	22,093,826,571.04
营业利润率	8.28%	8.53%

3.销售利润率

销售利润率是指企业一定期间内利润总额同营业收入的比率，它表明每一元的营业收入能够带来的利润额。其计算公式如下：

$$销售利润率 = \frac{利润总额}{营业收入} \times 100\%$$

销售利润率指标越高，说明企业销售获利能力越强，企业经营的效益越好，对股东、债权人及政府等越有利。在通过该指标分析企业盈利能力时，因为企业特点不同，故不能简单地将不同企业的销售利润率指标的高低作为评价标准，而是结合行业的平均指标和以前年度的指标进行综合考察，做出公平评价。

【例4.3】宇通客车有关资料及销售利润率的计算如表4-9所示。

表4-9　宇通客车有关资料及销售利润率的计算

项目＼年份	2012年	2013年
利润总额/元	1,765,185,402.59	2,087,290,362.58
营业收入/元	19,763,459,199.02	22,093,826,571.04
销售利润率	8.93%	9.45%

影响企业利润形成的因素中，除了企业的营业利润的影响因素外，还有营业外收入、营业外支出。销售利润率考虑到该部分因素影响，因此其能够比营业利润率更好地反映企业在一定时期总的获利水平。但是，由于在利润总额中包含了不稳定的营业外收支，因此，销售利润率难以反映获利的持久性和稳定性。

4. 销售净利率

销售净利率是指企业净利润与营业收入的百分比，它反映了每一元营业收入中可以赚取的净利润数额。其计算公式如下：

$$销售净利率 = \frac{净利润}{营业收入} \times 100\%$$

销售净利率指标反映了企业营业收入的获利情况。从公式中可以知道，净利润和销售净利率同方向变化，而营业收入额与销售净利率反方向变化。企业在增加销售收入额的同时，要提高销售净利率保持不变或者有所提高，必须获得更多的净利润。因此，企业在扩大销售的同时，应注意改善经营管理，从而提高企业的盈利能力。

【例4.4】宇通客车有关资料及销售净利率的计算如表4-10所示。

表4-10　宇通客车有关资料及销售净利率的计算

项目＼年度	2012年	2013年
净利润/元	1,549,787,221.08	1,821,907,900.59
营业收入/元	19,763,459,199.02	22,093,826,571.04
销售利润率	7.84%	8.25%

（二）成本费用盈利能力

企业成本费用盈利能力，可以通过成本费用利润率、成本利润率等进行判断。

1. 成本费用利润率

成本费用利润率是企业的净利润与成本费用总额的比率，反映了成本费用与净利润之间的关系，从总耗费的角度考核获利情况。其计算公式为：

$$成本费用利润率 = \frac{净利润}{成本费用总额} \times 100\%$$

其中，成本费用=营业成本+营业税金及附加+销售费用+管理费用+财务费用

该指标越大越好。因为成本费用利润率越大，则意味着同样的成本费用能赚取更多的利润，或者说取得同样的利润只要花费更少的成本费用，表明企业的盈利能力越强。

【例4.5】宇通客车有关资料及成本费用利润率的计算如表4-11所示。

表4-11　宇通客车有关资料及成本费用利润率的计算

年份 项目	2012年	2013年
净利润/元	1,549,787,221.08	1,821,907,900.59
营业成本/元	15,817,656,983.84	17,794,266,439.00
营业税金及附加/元	116,779,946.92	123,587,552.80
销售费用/元	1,149,954,983.39	1,241,389,817.24
管理费用/元	1,071,030,306.22	1,071,030,306.22
财务费用/元	7,871,611.86	7,871,611.86
成本费用总额/元	18,163,293,832.23	20,238,145,727
成本费用利润率	8.53%	9.00%

计算结果表明，该公司2013年的成本费用利润率比2012年提高了0.47个百分点，说明企业耗费一定成本费用所得的收益有所增加。

成本费用利润率指标越大越好，因为其意味着，同样的成本费用能取得更多的利润，或者说取得同样的净利润，只需较少的成本费用，表明企业的盈利能力越强。

2. 成本利润率

成本利润率是企业净利润与主营业务成本的比率，其计算公式为：

$$成本利润率 = \frac{净利润}{营业成本} \times 100\%$$

【例4.6】宇通客车有关资料及成本利润率的计算如表4-12所示。

表4-12　宇通客车有关资料及成本利润率的计算

年份 项目	2012年	2013年
净利润/元	1,549,787,221.08	1,821,907,900.59
营业成本/元	15,817,656,983.84	17,794,266,439.00
成本利润率	9.80%	10.24%

企业选择经营品种，有时需要测量评估该品种能够带来的经营效益，因而在企业的管理工作中，还有利用成本利润率指标测算盈利能力的做法。

（三）资产盈利能力

进行资产盈利能力分析，我们可借助资产净利率和净资产收益率指标。

1.资产净利率

资产净利率是企业净利润与平均资产总额的比率，它反映了企业资产利用的综合效果。其计算公式为：

$$资产净利率 = \frac{净利润}{平均资产总额} \times 100\%$$

其中，平均资产总额=（期初资产总额+期末资产总额）÷2

资产净利率指标越高，表明资产利用的情况越好，意味着企业的盈利能力越强，经营管理水平越高。因此，通过分析资产净利率，能够考察生产经营的各环节的工作效率，有助于分清各部门间的责任，从而调动各方面的生产经营的积极性，实现更高的收益。

在分析资产净利率时，如果仅仅测算企业某一年的资产净利率，缺乏说服力，无法准确地对企业的盈利能力做出全面的评价。因此，应将企业以前年度水平及行业的平均水平进行对比，从而提高评价的准确性。

【例4.7】宇通客车有关资料及资产净利率的计算如表4-13所示。

表4-13　宇通客车有关资料及资产净利率的计算

年份 项目	2012年	2013年
净利润/元	1,549,787,221.08	1,821,907,900.59
期初资产总额/元	7,860,071,148.16	14,279,110,141.00
期末资产总额/元	14,279,110,141.00	16,197,573,484.10
平均资产总额/元	11,069,590,644.58	15,238,341,812.55
资产净利率	14.00%	11.96%

2.净资产收益率

净资产收益率是企业净利润与平均净资产的比率，反映了所有者权益获得报酬的水平。其计算公式如下：

$$净资产收益率=\frac{净利润}{平均净资产}\times100\%$$

平均净资产=（年初净资产+年末净资产）÷2

净资产=所有者权益=资产-负债

　　　　=实收资本+资本公积+盈余公积+未分配利润

净资产收益率是最具总和性的评价指标。从公式可以看出，净利润与净资产收益率同方向变动，指标越大，说明企业的盈利能力越强。同时，该指标适用范围较广，不受行业和公司规模的限制。此外，从投资者的角度来考核其投资报酬，净资产收益率反映资本的增值能力及投资者投资报酬的实现程度，因而也成为最受投资者关注的指标。

在利用该指标分析企业的盈利能力时，应结合企业前期的利润率、社会平均利润率、行业平均利润率或者资本成本进行总和考察，以增加分析判断的准确性。

【例4.8】宇通客车有关资料及净资产收益率的计算如表4-14所示。

表4-14　宇通客车有关资料及净资产收益率的计算

年份 项目	2012年	2013年
净利润/元	1,549,787,221.08	1,821,907,900.59
期初所有者权益/元	3,337,764,988.79	7,319,555,953.00
期末所有者权益/元	7,319,555,953.00	8,757,144,969.11
平均净资产/元	5,328,660,470.90	8,038,350,461.06
净资产收益率	29.08%	22.67%

（四）资本金利润率

资本金利润率是企业净利润与平均资本金的比率，它是用于衡量投资者投入企业资本金的盈利能力。其计算公式如下：

$$资本金利润率=\frac{净利润}{平均资本金}\times100\%$$

平均资本金=（期初实收资本+期末实收资本）÷2

资本金利润率是站在所有者立场上来衡量企业盈利能力，它直接反映了投资者投入的效益好坏，是所有者考核其投入企业的资本保值增值程度的基本方式。该指标越大，说明投资人投入资本的获利能力越强，对投资者的吸引力越强；反之，收益水平不高，获利能力不强。

【例4.9】宇通客车有关资料及资本金利润率的计算如表4-15所示。

表4-15 宇通客车有关资料及资本金利润率的计算

项目 \ 年份	2012年	2013年
净利润/元	1,549,787,221.08	1,821,907,900.59
期初实收资本/元	519,891,723.00	705,286,590
期末实收资本/元	705,286,590.00	1,273,709,862.00
平均资本金/元	612,589,156.50	989,498,226.00
资本金利润率	252.99%	184.12%

二、发展能力分析

分析企业发展能力，主要有销售增长率、营业利润增长率和净利润增长率等指标。

（一）销售增长率

销售增长率是指企业报告期的营业收入增加额与其基期营业收入额的比率，它反映了企业在销售方面的成长能力。其计算公式如：

$$销售增长率 = \frac{报告期营业收入增长额}{基期营业收入总额} \times 100\%$$

$$= \frac{报告期营业收入 - 基期营业收入}{基期营业收入总额} \times 100\%$$

销售增长率越高，说明企业产品销售增长得越快，销售情况越好，企业的发展前景越光明；反之，该指标越低，则说明企业销售增长得越慢，销售情况越糟糕，企业发展前景越令人担心。

从个别产品或者劳务的销售增长率指标上，还可以观察企业产品或经营结构情况，进而观察企业的成长性。产品生命周期理论认为，产品和人的生命一样，要经历形成、成长、成熟、衰退这样的周期。就产品而言，也就是要经历一个导入、成长、成熟、衰退的阶段。在第一阶段导入期内，产品开发成功，投入正常生产，该阶段销售规模较小且增长还不太快；在第二阶段成长期内，产品市场空间被打开，大规模地增加生产和销售，产品销售较快；在第三阶段成熟期内，销售较为稳定，增长不会太快；在第四阶段衰退期内，产品销售开始萎缩。根据这个原理，借助产品销售增长率指标，大致可看出企业生产经营的产品所处的寿命周期阶段，据此判断企业的成长性。

【例4.10】宇通客车有关资料及销售增长率的计算如表4-16所示。

表4-16　宇通客车有关资料及销售增长率的计算

年份 项目	2012年	2013年
报告期营业收入/元	19,763,459,199.02	22,093,826,571.04
基期营业收入/元	16,931,925,945.07	19,763,459,199.02
报告期营业收入增长额/元	2,831,533,253.95	2,330,367,372.02
销售增长率	16.72%	11.79%

　　要全面、正确地分析和判断一个企业销售收入的增长趋势和增长水平，必须将一个企业不同时期的销售增长率加以比较和分析。其原因在于，销售增长率仅仅指某个年度的销售情况而言，某个年度的销售增长率可能会受到一些偶然和非正常因素的影响，而无法反映出企业实际的销售增长能力。

　　（二）营业利润增长率

　　营业利润增长率是指企业报告期的营业利润变动额与基期营业利润额的比率。其计算公式如下：

$$营业利润增长率=\frac{报告期营业利润-基期营业利润}{基期营业利润}\times100\%$$

　　营业利润增长率越高，说明企业的生产规模扩张越迅速，生产销售增长的可能性越高；当该指标处于一种停滞的发展状态时，企业的销售规模往往会受到生产能力的限制而难以保证盈利能力的增长速度。

　　【例4.11】宇通客车有关资料及营业利润增长率的计算如表4-17所示。

表4-17　宇通客车有关资料及营业利润增长率的计算

年度 项目	2012年	2013年
报告期营业利润/元	1,637,139,771.00	1,883,966,376.00
基期营业利润/元	1,331,414,057.85	1,637,139,771.00
报告期营业利润增长额/元	305,725,713.00	246,826,605.00
营业利润增长率	22.96%	15.08%

　　分析营业利润增长率应结合企业销售增长率进行。如果企业的营业利润增长率高于企业的销售增长率，则说明企业的产品正处于成长期，经营业务不断拓展，企业的盈利能力不断增强；反之，如果企业的营业利润增长率低于销售的增长率，则说明企业营业成本、营业税金及附加等成本上升超过了营业收入的增长，企业的营业业务盈利能力并不强，企业发展潜力值得怀疑。

　　（三）净利润增长率

　　净利润增长率是指企业报告期的净利润变动额与基期净利润额的比率。其计算公式如下：

$$净利润增长率=\frac{报告期净利润总额-基期净利润总额}{基期净利润总额}\times100\%$$

净利润增长率指标越大，说明企业收益增长的速度越快，表明企业经营管理越好，市场竞争力越强；该指标越小，说明企业收益增长的速度越慢，表明企业经营管理相对差，市场竞争力较弱。

分析企业净利润增长率，应结合企业的销售增长率和以前期的净利润增长率，从而判断企业净利润增长的真实趋势。比如，如果企业的净利润增长率高于销售增长率，说明企业获利能力在不断提高，企业处于快速成长阶段；如果企业的净利润增长率小于销售增长率，则表明企业成本费用的增长超过销售的增长，企业经营管理有待改善。

【例4.12】宇通客车有关资料及净利润增长率的计算如表4-18所示。

表4-18　宇通客车有关资料及净利润增长率的计算

年度 项目	2012年	2013年
报告期净利润总额/元	1,549,787,221.00	1,821,907,900.00
基期净利润总额/元	1,182,380,359.00	1,549,787,221.00
报告期净利润增长额/元	367,406,862.00	272,120,679.00
净利润增长率	31.07%	17.56%

在实际工作中，考察企业的增长能力，通常要把这三种指标结合起来进行分析。一般来讲，如果一个企业的销售增长率、营业利润增长率、净利润增长率能够保持同步增长并且不低于行业平均水平，则基本上可以认为该企业具有良好的增长能力。

课后阅读

利润预算的编制

1.目标利润的编制

在确定目标利润时，要以本企业的历史资料为基础。根据对未来发展的预测，通过研究产品品种、结构、成本、产销数量和价格几个变量间的关系及对利润所产生的影响，结合市场经济动态、企业的长远发展规划等有关信息，在反复研讨论证的基础上加以确定，以确保本期利润的最优化。企业确定目标利润的方法一般有以下四种：量本利分析法、相关比率法、简单利润增长比率法和标杆瞄准法。企业应根据自身的特点，选用与企业经营环境相适合的确定方法。

2.生产经营预算的编制

生产经营预算包括销售预算、生产预算、存货预算、费用预算：

（1）销售预算

一定的目标利润需要一定的目标销售额和目标成本来维系。而销售额是根据对销售价格和销售量两方面的分析确定的。

企业产品价格与销量的确定：在科学的市场调查与预测基础上，以企业经营目标、生产或进货成本、费用、税金、预期收益为依据；以追求经济效益最佳化、实现预期投资报酬率、扩大市场份额、维持营业、维护市场形象等为目标；运用撇脂定价、反向定价、渗透定价、折扣定价等定价技巧，按照成本加成定价法、边际贡献定价法、损益平衡定价法、竞争定价法等确定合理的产品价格。

（2）生产预算

它涉及生产量预算和生产成本预算两个方面。由于产品的产量和成本与产品及原材料的储存水平和各项工料消耗定额有关，因此生产预算也包括单位产品成本和有关存货的核算。生产预算的核心内容是标准成本制度，它是通过深入细致的调查分析和精确的技术测定制定的，成本控制是企业提高利润的有效方法，而标准成本又是实施成本控制的有效手段，对利润预算管理来说，实施标准成本制度也是保证实现目标利润的有效途径。

（3）存货预算

它包括材料存货预算和产品存货预算。在材料采购预算管理中，可以运用经济订货量模型对材料成本进行控制，降低库存成本。产品库存预算的编制方法有库存宽裕度编制法和库存总额编制法两种，期末产成品库存预算以单位产品成本预算为基础进行编制。单位产品成本预算则是根据直接材料、直接制造费用预算等有关资料编制。

（4）费用预算

它包括销售费用预算和管理费用预算。在编制销售费用预算时，要对过去的销售费用进行分析，考察过去销售费用支出的必要性与效果，并考虑预算期销售业务量以及其他相关因素的变化，逐项确定费用的预算数额。管理费用预算的编制，要注意费用标准的确定应遵循先进合理原则。为了便于分清责任，有效运用预算控制管理费用，在编制时应按各行政管理部门分别反映。

3.专门决策预算

它主要包括资本预算和研究与开发费预算。资本预算是企业对投资项目进行分析、筛选和计划的过程，其最关键的内容是估算投资项目的现金流量，现金流量由初始现金流量、营业现金流量和终结现金流量三部分组成。资本投资项目评估的基本方法有静态法和动态法，对于不同投资项目，企业斟酌使用适当的方法估算现金流量，并进行敏感性分析和多因素分析，掌握风险特征，并做出不同风险条件下的投资决策。研究开发费预算基本上是一种分摊预算，在总额支出先行确定的前提下，将其分摊至各研究项目或科研部门。研究开发费的支出由于具有不确定性、风险大、支出金额所占企业费用支出比例越来越大等特点，越来越受到企业管理者的重视，因其支出有别于其他支出，管理者在进行预算控制时应具有一定弹性，不能只注重支出控制情况，而忽视了研究效果。

4.综合预算

综合预算是企业总体经营成果和财务状况的预算，以预算损益表、预算资产负债表及预算现金流量表三种形式来体现。其中预算资产负债表的编制要以资产负债表期初数为起点，充分考虑预算损益表、预算现金流量表的相关数据对资产、负债、所有者权益期初数的影响，采用平衡法加以增减后计算。

练习题

一、单项选择题

1. 会计期末损益类科目结转至本年利润后，"本年利润"科目的贷方余额表示（　　）。

A. 累计未分配的利润　　　B. 净利润　　　C. 净损失　　　D. 利润总额

2. 下列项目中，属于利得的是（　　）。

A. 销售商品流入的经济利益　　　B. 提供技术服务流入的经济利益

C. 出租写字楼流入的经济利益　　　D. 出售固定资产流入的经济利益

3. 某企业2012年度利润总额为315万元，其中国债利息收入为15万元。假定该企业无其他纳税调整项目，适用的所得税税率为25%。该企业2012年净利润为（　　）万元。

A. 225　　　B. 240　　　C. 209.4　　　D. 236.25

4. 某企业2012年2月主营业务收入为100万元，主营业务成本为80万元，管理费用为5万元，资产减值损失为2万元，投资收益为10万元。假定不考虑其他因素，该企业当月的营业利润为（　　）万元。

A. 13　　　B. 15　　　C. 18　　　D. 23

5. 下列交易或事项，不应确认为营业外支出的是（　　）。

A. 公益性捐赠　　　B. 无形资产出售损失

C. 固定资产盘亏损失　　　D. 固定资产减值损失

6. 某企业本期营业收入为1000万元，主营业务成本为500万元，其他业务成本为80万元，资产减值损失为15万元，公允价值变动收益为30万元，营业外支出为10万元，所得税税率25%，假定不考虑其他因素，该企业本期净利润为（　　）万元。

A. 408.75　　　B. 401.25　　　C. 333.75　　　D. 130

二、多项选择题

1. 下列各项项目，年末应无余额的有　　　（　　）

A. 管理费用　　　B. 所得税费用

C. 制造费用　　　D. 长期股权投资

2. 下列各项中，影响企业营业利润的有　　　（　　）

A. 处置无形资产净损益　　　B. 交易性金融资产期末公允价值上升

C. 接受公益性捐赠　　　D. 经营租出固定资产的折旧额

3. 下列各项，影响当期利润表中净利润的有　　　（　　）

A. 固定资产盘盈　　　B. 确认所得税费用

C. 对外捐赠固定资产　　　D. 无形资产出售利得

4. 下列各项中，影响利润表中利润总额的有　　　（　　）

A. 固定资产盘盈　　　B. 确认所得税费用

C. 对外捐赠固定资产　　　D. 无形资产出售利得

5. 下列各项中，可能影响本期所得税费用的有　　　（　　）

A.期末在产品成本　　　　　　　　B.本期应交所得税

C.本期递延所得税资产借方发生额　D.本期递延所得税负债借方发生额

6.下列各项中，应计入营业外支出的有　　　　　　　　　　　（　　）

A.经营期内对外出售不需要的固定资产发生的净损失

B.存货自然灾害损失

C.管理部门的业务招待费

D.长期股权投资处置损失

三、思考题

1.对企业收入进行分析时应考虑哪些因素？

2.企业成本分析的基本思路是什么？

3.如何分析利润的质量？

4.对股东来讲，是否股利支付率越高越好？

5.分析企业不愿意减少股利的原因及当企业宣布削减股利时对市场产生的影响。

第五章 现金流量表分析

【目的要求】

1. 了解现金流量表的概念及作用；
2. 掌握现金流量的分类与结构；
3. 掌握现金流量表项目内容及其分析；
4. 掌握有关现金流量的主要财务比率的计算和使用；
5. 掌握现金流量的趋势分析和结构分析的方法。

阅读材料

现 金

现金是企业的血液，而经营性现金是唯一属于企业自身健康发展的血液，筹资性现金流固然可以输入企业维持生命，但毕竟不具备健康的造血机能，一旦机能失调，企业只能面临清算。富得只有利润没有现金的富翁，绝不是真正的富翁。

在市场经济条件下，企业现金流量在很大程度上决定着企业的生存和发展能力。基于现金的重要性，现金流量分析是分析企业财务状况的重要方法之一。

第一节 现金流量表的概念与作用

一、现金流量表的概念

现金流量表是以现金为基础编制的，用以反映企业在一定会计期间现金和现金等价物（以下简称现金）流入和流出情况的会计报表。其主要目的是反映企业会计期间内经营活动、投资活动和筹资活动等对现金及现金等价物所产生的影响。

　　分析现金流量表，首先要理解现金的概念。现金流量表中的现金是个广义的概念，它不仅包括库存现金，还包括可以随时用于支付的存款以及现金等价物。现金具体包括以下四个方面的内容。

　　（1）库存现金

　　库存现金是指企业持有的可随时用于支付的现金，即与会计核算中"现金"账户所包含的内容一致。

　　（2）银行存款

　　银行存款是指企业存在银行或者其他金融机构、随时可以用于支付的存款，即与会计核算中"银行存款"账户所包括的内容基本一致，区别在于：如果存在银行或其他金融结构的款项中不能随时用于支付的存款，例如不能随时支取的定期存款，不应作为现金流量表中的现金，但提前通知银行或者其他金融机构便可支取的定期存款，则包括在现金流量表中的现金概念中。

　　（3）其他货币资金

　　其他货币资金是指企业存在银行有特定用途的资金，如外埠存款、银行汇票存款、银行本票存款、信用卡存款、信用卡保证金、存出投资款等。

　　（4）现金等价物

　　现金等价物是指企业持有的期限短、流动性强、易于转换为已知金额的现金和价值变动风险很小的投资。例如，某企业于2012年11月购入2010年1月1日发行的期限为三年的国债，购买时还有2个月到期，则这项交易性金融资产应视为现金等价物。权益性投资变现的金额通常不确定，因而不属于现金等价物。企业应根据具体情况确定现金等价物的范围，一经确定不得随意变更。

二、现金流量表的作用

　　现金流量表反映了企业在一定期间内现金的流入和流出情况，编制现金流量表具有以下几个方面的主要作用。

　　（1）能够说明企业一定期间内现金流入和流出的原因

　　现金流量表将现金流量划分为经营活动、投资活动和筹资活动所产生的现金流量，并按照流入现金和流出现金项目分别反映。如果企业当期从银行借入600万元，承诺归还银行利息5万元，在现金流量表的筹资活动产生的现金流量中分别反映借款600万元，支付利息5万元。因此，现金流量表能够反映企业现金流入和流出的原因，即现金从哪里来，又流到哪里去。

　　（2）能够说明企业的偿债能力和支付股利的能力

　　投资者投入资金、债权人提供短期或者长期使用的资金，其原因主要是有利可图。盈利是企业获得现金净流量的根本源泉，而获得足够的现金则是企业创造优良经营业绩的有力支撑。企业获利的多少在一定程度上表明了企业的现金支付能力，但是，企业一定期间内获得利润并不意味着企业真正具有偿债或支付能力。在某些情况下，虽然企业利润表上反映的经营业绩比较乐观，但可能存在财务困难，不能偿还到期债务；还有些企业虽然利润表上反映的经营成果并不乐观，但却有足够的偿付能力。产生这些情况有诸多原因，其中会计核算采用权责发生制和配比原则所含的估计因素也是原因之一。现金流量表完全以现金的收支为基础，消除了由于会计核算采用的估计等所产生的获利能力和支付能力。通过现金流量分析，能够了解企业现金流入的构成，分析企业偿债和支付股利能力，增强投资者的投资信心和债权人收回债权的信心。同时，通过现金流量分析使投资者和债权人了解企业获取现金的能力和现金偿付的能力，为筹资提供有用的信息，也使有限的社会资源流向最能产生效益的地方。

（3）能够分析企业未来获取现金的能力

由于商业信用的大量存在，营业收入与现金流入会有较大的差异，能否真正实现收益，还取决于企业的收现能力。分析企业的现金流量状况，有助于了解企业的收现能力，从而评价企业的资金运用的绩效。现金流量表从总体上反映了企业一定期间内的现金流入和流出的全部状况，说明企业现金从哪里来，又运用到哪里去。现金流量表中的经营活动产生的现金流量，代表企业经营活动创造现金流量的能力，便于分析一定期间内产生的净利润与经营活动产生的现金流量的差异；筹资活动产生的现金流量，代表企业筹资获得现金流量的能力。通过现金流量表及其他财务信息，可以分析企业未来获取或支付现金的能力。例如，企业通过银行借款筹得资金，从本期现金流量表中反映为现金流入，却意味着未来偿还借款时要流出现金。又如，本期应收未收的款项，在本期现金流量表中虽然没有反映为现金的流入，但却意味着未来将会有现金流入。

（4）能够分析企业投资和理财活动对经营成果和财务状况的影响

资产负债表能够提供企业特定日期的财务状况，它所提供的是静态的财务信息，并不能反映财务状况变动的原因，也不能表明这些资产、负债给企业带来多少现金，又用去多少现金；利润表虽能够反映企业一定期间的经营成果，提供动态的财务信息，但它只反映利润的构成，也不能反映经营活动、投资活动和筹资活动给企业带来多少现金，又支付多少现金，而且不能反映投资和筹资活动的全部事项。现金流量表可以提供一定时期现金流入和流出的动态财务信息，表明企业在报告期内由经营活动、投资活动和筹资活动获得多少现金，企业获得的这些现金是如何运用的，能够说明资产、负债、净资产的变动原因，对资产负债表和利润表起到补充说明的作用。从这个意义上来说，现金流量表是连接资产负债表和利润表的桥梁。

第二节　现金流量表的分类与结构

一、影响现金流量的因素

由于每一项经营活动最终对企业的影响均可以反映到会计等式上，因而可通过会计等式的变化分析影响现金流量的因素。

资产=负债+所有者权益

现金=负债+所有者权益-非现金资产

①现金项目之间的增减变动，不影响现金总额的变化。如现金存入银行，购买即将到期的债券。

②非现金项目之间的增减变化，也不影响现金数额的变化。如赊购固定资产，所有者以非现金资产投资。

③现金项目与非现金项目之间的增减变化，影响现金流量。如用现金购买材料，以现金对外投资。

由此可以得出结论：只有涉及企业现金与非现金项目的业务，才会影响现金流量的增加和减少，导致现金流入和流出。因此，反映现金流入和流出的现金流量表主要反映的也就是第三类业务。只要将第三类业务中导致的现金流入和流出按其性质分为经营活动、投资活动和筹资活动，就可系统地反映企业在一定时期内现金流入和流出的数量和原因。

二、现金流量的分类

现金流量是指某一期间内企业现金流入和流出的数量，可以分为三类，即经营活动产生的现金流量、投资活动产生的现金流量和筹资活动产生的现金流量。

（一）经营活动产生的现金流量

经营活动是指企业投资活动和筹资活动以外的所有交易和事项，包括销售商品或提供劳务、购买商品或接受劳务、收到返还的税费、经营性租赁、支付工资、支付广告费用、交纳各项税款等。经营活动产生的现金流量是企业通过运用自身所拥有的资产自身创造的现金流量，主要是与企业净利润有关的现金流量。但企业一定期间内实现的利润并不一定都构成经营活动产生的现金流量，如处置固定资产的净收益或净损失虽然构成净利润的一部分，但它不属于经营活动产生的现金流量。通过分析现金流量表中反映的经营活动产生的现金流入和流出，可以看出企业经营活动对现金流入和流出净额的影响程度；判断企业在不动用对外筹资的情况下，是否足以维持生产经营、偿还债务、支付股利和对外投资等。

各类企业由于所处行业特点不同，在对经营活动的认定上存在一定差异。在编制现金流量表时，应根据企业的实际情况，对现金流量进行合理的归类。

（二）投资活动产生的现金流量

投资活动是指企业长期资产的购建以及不包括在现金等价物范围内的投资的购建和处置活动。现金流量表中的"投资"既包括对外投资，又包括长期资产的购建与处置。投资活动包括取得或收回投资以及购建和处置固定资产、无形资产和其他长期资产等。投资活动产生的现金流量中不包括作为现金等价物的投资，作为现金等价物的投资属于现金自身的增减变动，如购买还有1个月到期的债券等，属于现金内部各项目的转换，不会影响现金流量净额的变动。通过现金流量表中反映的投资活动产生的现金流量，可以分析企业通过投资获取现金流量的能力，以及投资产生的现金流量对企业现金流量净额的影响程度。

（三）筹资活动产生的现金流量

筹资活动是指导致企业资本及债务规模和构成发生变化的活动。筹资活动包括发行股票或接受投入资本、分派现金股利、取得和偿还公司债券等。通过现金流量表中筹资活动产生的现金流量，可以分析企业筹资的能力，以及筹资产生的现金流量对企业现金流量净额的影响程度。

企业在进行现金流量分类时，对于现金流量表中未特别指明的现金流量，应按照现金流量表的分类方法和重要性原则，判断某项交易或事项所产生的现金流量应归属的类别或项目，对于重要的现金流入或流出项目应当单独反映。对于一些特殊的、不经常发生的项目，如自然灾害损失、保险赔款等，应根据其性质，分别归并到经营活动、投资活动或筹资活动项目中。

三、现金流量的计算方法

分析现金流量时，计算经营活动现金流量的方法有两种：一种是直接法；另一种是间接法。这两种方法通常也称为编制现金流量表的方法。所以，现金流量表的具体格式又有两种：直接法下的现金流量表格式；间接法下的现金流量表格式。我国《企业会计准则——现金流量表》规定采用直接法编制，但同时也要求在附注中披露用间接法来计算经营活动的现金流量，所以两者必须同时出现。现将这两种方法简单介绍如下。

1.直接法

所谓直接法，是指通过现金收入和支出的主要类别反映来自企业经营活动的现金流量，其特点是根据经营活动现金流量的各个组成项目，分别列示有关现金来源和运用，各项目现金流量之和即为经营活动的现金流量净额。在实务中，直接法一般以利润表中的营业收入为起算点，调整与经营活动有关项目的增减变动，从而计算出经营活动的现金流量，例如：某企业本期发生销售成本20万元，其中15万元已通过银行付清，5万元暂欠，当期实现销售收入40万元，其中38万元款项已收存银行，2万元赊销，提折旧10万元。假设企业无其他业务活动。

根据这些资料可以判断，该企业当期实现的利润总额为10万（40万-20万-10万）元，但企业实际可动用的资金并不是10万元，而是当期经营活动实现的现金流量净额，用直接法推算，则可知道该企业经营活动收入现金38万元，付出现金15万元，经过对比，其经营活动现金流量为23万（38万-15万）元。本例中，企业可运用的资金为23万元，而利润只有10万元，金额相差较大。因此，在确定企业经营活动现金流量时，大家可以直接找出企业经营活动的现金收入和现金支出的金额，两者对比的差额即为经营活动现金流量的净额，而这种方法即为直接法。

2.间接法

所谓间接法，是指以本期净利润为起算点，调整不涉及现金的收入、费用、营业外收支以及应收应付项目等的增减变动，从而计算出经营活动的现金流量。

在会计核算中，各种收入和费用的确认是按权责发生制认定的，即以"应收应付"作为收入、费用归属期认定的基本标准。这样的话，就会有一些项目影响到当期利润，但不引起企业实际发生现金流入和流出，比如前例中企业实现的销售收入40万元中有2万元是通过赊销取得的。这笔应收款项按权责发生制也应列入到本期收入，从而增加该企业的当期利润，但由于这2万元并没有实际收到，也就不会引起企业实际发生这笔现金流入。

间接法的原理就是通过这些项目的调整，把企业的净利润调节为经营活动现金流量。对企业而言，常见的调整项目具体包括：计提的资产减值准备、固定资产折旧、无形资产摊销和长期待摊费用摊销，处置固定资产、无形资产及其他长期资产的损益，固定资产报废损失、公允价值变动损益、财务费用、投资损失、递延所得税资产减少、递延所得税负债增加、存货的减少、经营性应收应付项目等。

根据前例，使用间接法推算其经营活动现金流量，则应该为净利润10万元加上不用付现的折旧10万元和暂欠的销售成本5万元，减去增加利润但未收到现金的销售收入2万元，结果也是23万元的经营活动现金流量净额，与直接法数据完全一致。

相对于间接法来看，直接法显示了经营活动现金流量的各项流入、流出内容，更能体现现金流量表的目的，有助于预测企业未来的经营活动现金流量，更能揭示企业从经营活动中产生的现金来偿付债务的能力、进行再投资的能力和支付利润的能力；而间接法也有助于分析影响现金流量的原因和企业净利润的质量。因而，我国的现金流量表要求企业在报表主体部分使用直接法，并在附注中按间接法将净利润调节为经营活动现金流量。

四、现金流量表的内容和结构

我国企业的现金流量表包括正表和补充资料两部分（基本格式如表5-1所示）。

表5-1 现金流量表

项　　　　目	金额/元
一、经营活动产生的现金流量：	
销售商品、提供劳务收到的现金	20,813,935,648.99
收到的税费返还	86,125,898.63
收到其他与经营活动有关的现金	232,033,959.69
经营活动现金流入小计	21,132,095,507.31
购买商品、接受劳务支付的现金	15,582,170,206.25
支付给职工以及为职工支付的现金	1,204,304,588.00
支付的各项税费	1,010,817,520.60
支付其他与经营活动有关的现金	1,397,835,575.51
经营活动现金流出小计	19,195,127,890.36
经营活动产生的现金流量净额	1,936,967,616.95

续表5-1

项　目	金额/元
二、投资活动产生的现金流量：	
收回投资所收到的现金	10,632,249,137.24
取得投资收益收到的现金	2,436,968.48
处置固定资产、无形资产和其他长期资产收回的现金	3,617,838.51
收到其他与投资活动有关的现金	800,000,000.00
投资活动现金流入小计	11,438,303,944.23
购建固定资产、无形资产和其他	921,431,061.01
投资支付的现金	10,620,557,148.13
投资活动现金流出小计	11,541,988,209.14
投资活动产生的现金流量净额	−103,684,264.91
三、筹资活动产生的现金流量	
吸收投资收到的现金	71,269,869.00
其中:子公司吸收少数股东投资收到的现金	
取得借款收到的现金	215,166,379.68
收到其他与筹资活动有关的现金	41,693,568.94
筹资活动现金流入小计	328,129,817.62
偿还债务支付的现金	469,771,091.66
分配股利、利润或偿付利息支付的现金	496,968,714.29
其中:子公司支付给少数股东的股利、利润	
支付其他与筹资活动有关的现金	16,985,480.62
筹资活动现金流出小计	983,725,286.57
筹资活动产生的现金流量净额	−655,595,468.95
四、汇率变动对现金及现金等价物的影响	−782,743.90
五、现金及现金等价物净增加额	1,176,905,139.19
加:年初现金及现金等价物余额	3,012,850,641.90
六、期末现金及现金等价物余额	4,189,755,781.09

现金流量表正表是现金流量表的主体，企业一定会计期间现金流量的信息主要由正表提供。正表采用报告式的结构，按照现金流量的性质，依次分类反映经营活动产生的现金流量、投资活动产生的现金流量和筹资活动产生的现金流量，最后汇总反映企业现金及现金等价物净增加额。在有外币现金流量及境外子公司的现金流量折算为人民币的企业，正表中还应单设"汇率变动对现金的影响"项目，以反映企业外币现金流量及境外子公司的现金流量折算为人民币时，所采用的现金流量发生日的汇率或平均汇率折算的人民币金额与"现金及现金等价物增加额"中外币现金净增加额按期末汇率折算的人民币金额之间的差额。

现金流量表补充资料包括三部分内容：

①将净利润调节为经营活动的现金流量（即按间接法编制的经营活动现金流量）；

②不涉及现金收支的投资和筹资活动；

③现金及现金等价物净增加情况。

第三节　现金流量表项目内容及其分析

对报表阅读者而言，虽然不需要掌握现金流量表编制的具体方法和技巧，但对报表中各项目的内容应该了解和掌握，现在我们以表5-1为例来分析、说明现金流量表的各个项目是如何影响企业现金流量的。

一、经营活动产生的现金流量

（一）经营活动流入现金项目

1.销售商品、提供劳务收到的现金

反映企业主营业务和其他业务的现金收入，一般包括收到当期的销售货款和劳务收入款、收回前期的销售货款和劳务收入款以及转让应收票据所收得的现金收入等。发生的销售退回而支付的现金应从销售商品和提供劳务收入款中扣除。企业销售材料和代购代销业务收到的现金，也应在本项目中反映。本项目通常可以用以下公式表示：

销售商品、提供劳务收到的现金＝当期销售商品、提供劳务收到的现金＋当期收到前期的应收账款和应收票据＋当期预收的账款－当期的销售退回而支付的现金＋当期收回前期的坏账损失

2.收到的税费返还

反映企业收到返还的各种税费，包括收到返还的增值税、消费税、营业税、关税、所得税和教育附加返还款等。

3.收到其他与经营活动有关的现金

反映企业除了上述各项目以外所收到的其他与经营活动有关的现金，如流动资产损失

中由个人赔偿的现金、经营租金以及与经营活动有关的罚款收入等特殊项目，如果金额相对不大，可以包括在该项目中，如果金额相对较大，则应单列项目反映。

（二）经营活动流出现金项目

1.购买商品、接受劳务支付的现金

反映企业主营业务、其他业务的现金流出，一般包括当期购买材料、商品、接受劳务而支付的现金（包括增值税进项税额），当期支付的前期购买商品的应付款，以及购买商品而支付的预付现金，扣除本期发生的购货退回而收到的现金等。本项目通常可采用以下公式表示：

购买商品、接受劳务而支付的现金=当期购买商品、接受劳务而支付的现金+当期支付前期的应付账款和应付票据+当期预付的账款-当期因购货退回收到的现金

2.支付给职工以及为职工支付的现金

反映企业以现金的方式支付给职工的工资和为职工支付的其他现金。支付给职工的工资包括工资、奖金以及各种补贴等，以及为职工支付的其他费用如企业为职工缴纳的养老金、失业等社会保险基金和企业为职工缴纳的商业保险金等，企业代扣代缴的职工个人所得税，也在本项目反映。而支付给从事工程项目职工的工资、奖金等，应当列入投资活动。

3.支付的各种税费

反映企业按国家有关规定于当期实际支付的增值税、所得税等各种税款，包括当期发生并实际支付的税金和当期支付以前各期发生的税金以及预付的税金，包括所得税、增值税、营业税、消费税、印花税、房产税、土地增值税、车船使用税、教育费附加、矿产资源补偿费等，但不包括耕地占用税。

4.支付的其他与经营活动有关的现金

反映企业除上述各项目外所支付的其他与经营活动有关的现金，如经营租赁支付的租金、支付的罚款、差旅费、业务招待费、保险费等。

二、投资活动产生的现金流量

（一）投资活动流入现金项目

1.收回投资所收到的现金

反映企业出售、转让或到期收回除现金等价物以外的对其他企业的权益工具、债务工具和合营中的权益等投资收到的现金。收回债务工具实现的投资收益、处置子公司及其他营业单位收到的现金净额不包括在本项目内。

2.取得投资收益所收到的现金

反映企业因对外投资而分得的股利、利息和利润，不包括股票股利。

3.处置固定资产、无形资产和其他长期资产所收到的现金净额

反映企业出售固定资产、无形资产和其他长期资产所取得的现金扣除为出售这些资产而支付的有关费用后的净额。处置固定资产、无形资产和其他长期资产而收到的现金，与

处置活动支付的现金，两者在时间上比较接近，且由于金额不大，可以净额反映。

4.处置子公司及其他营业单位收到的现金净额

反映企业处置子公司及其他营业单位所取得的现金，减去相关的处置费用以及子公司和其他营业单位持有的现金和现金等价物后的净额。

5.收到的其他与投资活动有关的现金

反映企业除了上述各项目以外，收到的其他与投资活动有关的现金流入。比如，企业收回股买股票和债券时支付的已宣告但尚未领取的现金股利或已到付息期但尚未领取的债券利息，若其他与投资活动有关的现金流入金额较大，应单列项目反映。

（二）投资活动流出现金项目

1.构建固定资产、无形资产和其他长期资产所支付的现金

反映企业为构建固定资产、购买无形资产而支付的款项，包括购买机器设备所支付的现金及增值税款、建造工程支付的现金、支付在建工程人员的工资等现金流出、企业购入或自创取得的各种无形资产的实际现金支出，不包括为构建固定资产而发生的借款利息资本化的部分，以及融资租赁固定资产支付的租赁费。

2.投资支付的现金

反映企业取得除现金等价物以外的对其他企业的权益工具、债务工具和合营中的权益投资所支付的现金以及支付的佣金、手续费等交易费用，但取得子公司及其他营业单位所支付的现金净额除外。

3.取得子公司及其他营业单位支付的现金净额

反映企业购买子公司及其他营业单位出价中以现金支付的部分，减去子公司及其他营业单位持有的现金和现金等价物后的净额。

4.支付的其他与投资活动有关的现金

反映企业除上述各项以外支付的其他与投资活动有关的现金流出，如企业购买股票时实际支付的价款中包含已宣告而尚未领取的现金股利，购买债券时支付的价款中包含已到付息期尚未领取的债券利息等。若某项其他与投资活动有关的现金流出金额较大，应单列项目反映。

三、筹资活动反映的现金流量

（一）筹资活动流入现金项目

1.吸收投资收到的现金

反映企业通过发行股票、债券等方式筹集资金实际收到的款项，减去支付的佣金、手续费、宣传费、咨询费、印刷费等发行费用后的净额。

2.取得借款收到的现金

反映企业举借各种短期、长期借款所收到的现金。

3.收到其他与筹资活动有关的现金

反映企业除上述各项目外所收到的其他与筹资活动相关的现金流入，如接受现金捐款等。

（二）筹资活动流出现金项目

1.偿还债务所支付的现金

反映企业偿还债务本金所支付的现金，包括归还金融企业借款、偿付债券本金等。

2.分配股利、利润或偿付利息所支付的现金

反映企业当期实际支付的现金股利、支付给投资单位的利润以及支付的借款利息、债券利息等。

3.支付的其他与筹资活动有关的现金

反映企业除上述各项目外所支付的其他与筹资活动有关的现金流出，如捐赠现金流出、融资租入固定资产支付的租赁费等。

四、汇率变动对现金的影响额

企业在生产经营过程中，会涉及各种各样的对外业务，所以，必然会使用到外汇的支付。

（一）记账货币的选择

我国《企业会计准则》规定，企业在会计核算时，必须选择一种基本货币单位作为记账本位币，一般的企业都应以人民币作为记账本位币，而业务收支以外币为主的企业，也可以选定某种外币作为记账本位币，但在编制会计报表时应当折算为人民币反映。所以，企业一旦发生以记账本位币以外的货币进行的款项支付，往来结算等业务（即外币业务）时，就应选择一定的汇率，将外币原币金额折合成记账本位币金额计入相关账户。

（二）汇兑损益的形成

目前我国采用外币业务核算的主要方法是月终余额调整法，该方法在发生外币业务时，应将有关外币金额折合成记账本位币金额，而折合汇率采用外币业务发生时的汇率（原则上为中间价）。当月份终了时，企业应将外币债权、债务等各种外币账户的余额，按照月末汇率折合成记账本位币金额。按照月末汇率折合成记账本位币余额与账面记账本位币金额之间的差额，作为企业汇兑外汇时的收益或损失单独处理。

因此，企业只要发生外币业务，一般都可能会由于汇率变化而形成外汇兑换收益或损失，简称汇兑损益。

【例5.1】飞天公司进口一批货物，买价10万美元，当日中间汇率为1∶7.9，假设公司货物已收到款项一直到月底都未支付，月末汇率为1∶7.7，则公司在业务发生时，应将进口业务的原币金额10万美元按当日汇率1∶7.9兑换成人民币79万元计入"应付账款——美元"账户当中，到了月底，"应付账款——美元"的外币明细债务账户中的外币原币余额仍然为10万美元，按月底汇率1∶7.7兑换成人民币金额为77万元，账面本位币金额则为77万元，两者的差额2万元经分析为债务的减少，因此作为企业的汇兑收益处理。所以，企业发生的这笔外币业务中，由于汇率变动（由发生日的1∶7.9至月底的1∶7.7）使10万美元的外币金额在汇兑过程中形成了2万元的汇兑收入。

（三）汇率变动对现金的影响

同样道理，企业在编制现金流量表时，也应当将企业外币现金流量以及境外子公司的

现金流量折合成记账本位币，而汇率变动对现金的影响，应作为调节项目，在现金流量表中单独列示，专门反映由于现金流量发生日使用汇率与编表日使用汇率不一致而形成的折算出的记账本位币的差额。

【例5.2】飞天公司当期出口商品一批，售价100万美元，收汇当日汇率为1∶7.95，当期进口货物一批，价值50万美元，付汇当日汇率为1∶7.92，资产负债表日（期末汇率）为1∶7.9，假设当期没有其他业务发生，则汇率变动对本公司现金的影响金额计算如下：

经营活动流入的现金（美元） 1 000 000

汇率变动 （7.90-7.95=-0.05）

汇率变动对现金流入的影响额（人民币）-50 000 （-0.05×1 000 000）

经营活动流出的现金（美元）500 000

汇率变动 （7.90-7.92=-0.02）

汇率变动对现金流出的影响额（人民币）-10 000 （-0.02×500 000）

汇率变动对现金流出的影响额 -40 000[-50 000-（-10 000）]

报表中：

经营活动流入的现金 7 950 000

经营活动流出的现金 3 960 000

经营活动产生的现金流量净额 3 990 000

汇率变动对现金的影响 -40 000

现金及现金等价物净增加额 3 950 000

随着我国加入WTO和世界经济一体化进程的加快，企业涉及的外币业务将越来越多。如果汇率变动对现金的影响额较大，则需要借助会计报表附注的相关内容分析其原因及合理性。

在实务当中，确认汇率变动对现金的影响，也可不必像前面那样对当期发生的外币业务进行逐笔计算，而是在编制现金流量表时，通过对报表附注中"现金及现金等价物净增加额"数额与报表中"经营活动产生的现金流量净额""投资活动产生的现金流量净额""筹集活动产生的现金流量净额"三项之和的比较来确定汇率变动对现金的影响（即二者的差额）。

五、关于补充资料的说明

补充资料是"现金流量表"非常重要的部分，反映的内容也比较多，报表阅读者若要全面了解现金流量表的有关信息，就必须仔细琢磨补充资料所披露的信息。

（一）补充资料的构成

总的来说，补充资料是由三方面内容构成的。

1.将净利润调节为经营活动的现金流量

实际上就是前面所提到的以本期净利润为起算点，用间接法调整不涉及现金的收入、费用、营业外收支以及有关项目的增减变动，据此计算出经营活动的现金流量。利润表反映的当期净利润是按权责发生制原则确认和计量的；而且当期净利润既包括经营净损益，又包括不属于经营活动的损益。因此，采用间接法将净利润调节为经营活动的现金流量净额时，主要需要调整四大类项目：

①实际没有支付现金的费用；

②实际没有收到现金的收益；

③不属于经营活动的损益；

④经营性应收应付项目的增减变动。

2.不涉及现金收支的投资和筹资活动

该项目反映企业一定会计期间影响资产、负债但不影响该期现金收支的所有投资和筹资活动的信息。这些投资和筹资活动是企业的重大理财活动，对以后各期的现金流量会产生重大影响，因此，应单列项目在补充资料中反映。目前，我国企业现金流量表补充资料中列示的不涉及现金收支的投资和筹资活动项目主要有以下几项：

（1）债务转为资本，反映企业本期转换为资本的债务金额。

（2）一年内到期的可转换公司债券，反映企业一年内到期的可转换公司债券的本息。

（3）融资租入固定资产，反映企业本期融资租入固定资产计入长期应付款科目的金额。

3.现金流量净增加额

即通过对现金、银行存款、其他货币资金账户以及现金等价物的期末余额与期初余额比较得出的数额。而且补充资料中的净增加额应与现金流量表的最后一项"现金及现金等价物增加额"金额相等，并以此作为核对标准。

（二）补充资料项目说明

具体来看，补充资料的每一个项目都有特定的含义。其中，"不涉及现金收支的投资和筹资活动"与"现金及现金等价物增加情况"这两大块内容的详细项目均可根据字面意义简单、准确地领会其中的含义，但"将净利润调节为经营活动的现金流量"中的有关项目在阅读时比较难以理解。因此，需要对这部分内容做进一步重点说明。需要调整的项目具体包括计提的资产减值准备、固定资产折旧、无形资产和长期待摊费用摊销，处置固定资产、无形资产和其他资产损益，固定资产报废损失、公允价值变动损失、财务费用、投资收益、递延所得税资产、递延所得税负债、存货、经营性应收应付项目，以下分别说明。

1.计提的资产减值准备

企业计提的资产减值准备（包括坏账准备、存货跌价准备、长期股权投资减值准备、持有至到期投资减值准备、投资性房地产减值准备、固定资产减值准备、在建工程减值准备、无形资产减值准备、商誉减值准备）都会直接或间接地减少当期利润，但并没有发生实际的现金流出。为了将净利润调节为经营活动现金净流量，应将当期计提的减值准备加回到净利润中。

2.固定资产折旧

企业计提固定资产折旧时，有些直接列入"管理费用""营业费用"等各种期间费用；有些则先计入"制造费用"，在企业产品完工和销售以后，依次被转入"生产成本"

"产成品"和"主营业务成本"等账户，最终通过销售成本的方式体现出来。不管是哪种方式，企业的折旧费都会被列入当期利润表，减少当期利润。但计提固定资产折旧本身并没有发生现金流出，所以应在调节利润时加回。

3.无形资产摊销和长期待摊费用摊销

无形资产摊销和长期待摊费用摊销时，计入了管理费用，但并没有发生现金流出，所以在调整时应将本年摊销额加回到净利润中。

4.处置固定资产、无形资产和其他长期资产的损益

处置固定资产、无形资产和其他长期资产，不属于企业的经营活动，而属于投资活动。所以，其所产生的损益，应在调整经营活动现金流量时从净利润中转出。

【例5.3】飞天公司有设备一台，原价200 000元，已计提折旧150 000元，收到出售价款60 000元，发生运输费用3 000元，则公司在处置固定资产时形成的收益为60 000-（200 000-150 000）-3 000=7 000元，已计入当期损益，增加了利润7 000元，为调节出经营活动现金流量，应当将这7 000元从净利润中减去。

5.固定资产报废损失

固定资产盘亏、报废损失，均计入了营业外支出，列入了利润表，但这部分损失并没有发生现金流出，所以应在调节净利润时加回。应引起重视的是，固定资产盘亏、报废损失一般均指净损失，如果发生固定资产盘盈和报废清理收益，则应在调节净利润中减去。

6.公允价值变动损失

公允价值变动损失反映企业持有的交易性金融资产、交易性金融负债、采用公允价值模式计量的投资性房地产等公允价值变动形成的净损失。

7.财务费用

企业发生的财务费用可以分别归属于经营活动、投资活动和筹资活动。比如应收票据贴现、销售产品和购买原材料所产生的汇总收益属于经营活动；购买固定资产所产生的汇总损益属于投资活动；支付的利息属于筹资活动等。调整利润时，应把属于投资活动与筹资活动的部分调整出去。

【例5.4】飞天公司本年共发生财务费用50 000元，其中属于经营活动的为20 000元，均以现金支付，属于筹资活动和投资活动的分别为20 000元和10 000元，则在调节净利润时，应加回20 000+10 000=30 000元。

8.投资损益

投资损益是因为投资活动所引起的，不属于经营活动，所以在调节净利润时，应将这部分损益从利润中转出。在调整时，应注意其方向，如为投资收益，由于原来增加了利润，所以调节净利润时应减去；若为投资净损失时，则应在调节净利润时加回。

9.递延所得税资产减少

递延所得税资产是用来处理资产账面价值与资产计税基础之间由于暂时性差异而影响所得税的金额的。企业实际交纳所得税是按应纳税所得额计算的，而会计处理所得税费用是按会计利润计提的，这两者的差额被称作"递延所得税资产"。

由于递延所得税资产这部分金额并没有发生现金流入或流出，但在利润表中已列入了

所得税费用，影响了会计净利润。所以，在调节经营活动现金流量时，需要调增或调减净利润。具体方法是，比较年末、年初递延所得税资产账户余额，若为递延所得税资产增加，调节净利润时应减去，若为递延所得税资产减少，调节净利润时应加回。

【例5.5】飞天公司税前会计利润为200万元，有某项设备原值40万元，按税法规定使用期为10年，到期无残值，公司自己选定使用年限为8年，所得税税率为25%，假定公司递延所得税资产期初无余额，则该公司本年度发生的递延所得税资产计算如下：

按照税法规定使用期为10年，每年摊销折旧费为4万元（40万元按照税法规定使用期为10年，每年摊销折旧费为4万元）；自己选定使用年限为8年，每年摊销折旧费为5万元（40万元÷8）。所以第一年资产的账面价值和计税基数的暂时性差异为1万元（5万元-4万元）。说明企业比税法规定多提1万元的折旧费用。因此应纳税所得额数据应在会计利润的基础上加回多计提的折旧费，即为201万元（200万元+1万元）。

按照会计利润计算，所得税费用为50万元（200万元×25%）；根据应纳税所得额计算，应交所得税为50.25万元（201万元×25%）。暂时性差异影响本期所得税差额为0.25万元（50.25万元-50万元），所以递延所得税资产的金额为借方的0.25万元。会计处理为：

借：所得税费用　　　500 000
　　递延所得税资产　2 500
贷：应交税费-应交所得税　502 500

通过会计分录可以看到，企业当期实际向税务部门交纳的税金为502 500元，但计入所得税费用导致利润减少的金额为500 000元，差额2 500元出现在递延所得税资产的借方。因此，计算企业当期经营活动现金流量时应从净利润中减去递延所得税资产金额2 500元。

10. 递延所得税负债增加

递延所得税负债反映企业资产负债表"递延所得税负债"项目的期初余额与期末余额的差额。

11. 存货的减少

存货指企业在生产经营过程中为生产经营耗用或为销售而储存的各种物资。存货的购入有多种结算方式，如果是赊购的话，则在当期不需要付出现金，也不会导致企业发生现金流量变动；如果是现购，则企业必须使用支票、本票等各种形式完成款项支出，故此时存货的增减变动会直接导致企业经营活动现金流量的变化。在现金流量表中，赊购对现金的影响是通过调整应付账款的增减变动来反映的。所以，如果某一期间期末存货比期初存货增加了，说明当期购入的存货除耗用外，还余留了一部分，即除了为当期销售成本包含的存货发生现金支出外，还为增加的存货发生了现金支出，故应在调节净利润时减去。反之，若某一期间期末存货比期初存货减少了，说明本期生产过程耗用的存货有一部分是期初的存货，耗用这部分存货并没有发生现金流出，所以应加回到净利润中。总而言之，存货增加，说明现金减少；存货减少，说明现金增加。

【例5.6】飞天公司年初存货为10万元，年末存货为25万元，则年末比年初存货增加15万元，所以应在调节净利润时减去15万元。

12.经营性应收项目

经营性应收项目主要指应收账款、应收票据和其他应收款中与经营活动有关的部分，而且这部分的款项不仅包括应收的货款，而且包括应收的增值税销项税额。如果某一时期的期末应收账款或应收票据余额小于期初应收账款或应收票据余额，说明本期从客户处收到的现金大于利润表中所确认的销售收入，有一部分期初应收账款或应收票据在本期收到了。所以应在调整经营活动现金时将应收账款和应收票据的减少数加回到净利润中。

【例5.7】飞天公司年初应收账款中货款为75万元，年末应收货款为50万元，则经营性应收项目减少了25万元，这25万元是实收现金大于销售收入的差额。因此，调节经营活动现金流量时应从净利润中加回25万元；反之，则从净利润中减去。

13.经营性应付项目

经营性应付项目主要指应付账款、应付票据、应付职工薪酬、应付税费、其他应付款等与经营活动有关的部分，而且还包括应付的增值税进项税额。如果某一时期企业期末应付账款或应付票据的余额小于期初应付账款或应付票据余额，说明有一部分前期的欠款本期支付，企业实际付出的现金大于利润表中所确认的销售成本，所以应在调整经营活动现金时将应付账款和应付票据的减少数从利润中减去；反之，如果企业期末应付账款和应付票据的余额大于期初应付账款或应付票据余额，则应从净利润中加回。

【例5.8】飞天公司年初应付账款余额中货款为40万元，年末应付账款余额中货款为35万元，则企业年末应付账款余额小于年初余额5万元，调节时应从净利润中减去。

第四节　现金流量质量与比率分析

一、现金流量质量分析

所谓现金流量的质量，是指企业的现金流量能够按照企业的预期目标进行运转的质量。具有较好质量的现金流量应该具有如下特征：第一，企业现金流量的状态体现了企业的发展战略的要求；第二，在稳定发展阶段，企业经营活动的现金流量应与企业经营活动所对应的利润有一定的对应关系，并能为企业的扩张提供现金流量的支持。

（一）经营活动产生的现金流量的质量分析

1.经营活动产生的现金流量小于零

这意味着企业通过正常的商品购、产、销所带来的现金流入量，不足以支付因上述经营活动而引起的货币流出。企业正常经营活动所需的现金支付，通过以下集中方式解决：

①消耗企业现存的货币积累；

②挤占本来可以用于投资活动的现金，推迟投资活动的进行；

③在不能占本来可以用于投资活动的现金的条件下，进行额外贷款融资，以支持经营

活动的现金需要；

④在没有贷款融资渠道的条件下，只能用拖延债务支付或加大经营活动引起的负债规模来解决。

从企业的成长过程来分析，在企业开始从事经营活动的初期，由于其生产阶段的各个环节都处于"磨合"状态，设备、人力资源的利用率相对较低，材料的消耗量相对较高，导致企业的成本消耗较高。同时，为了开拓市场，企业有可能投入较大资金，采用各种手段将自己的产品推向市场（包括采用渗透法定价、加大广告支出、放宽收款期等），从而有可能使企业在这一时期的经营活动现金流量表现为"入不敷出"的状态。我们认为，如果是由上述原因导致的经营活动现金流量小于零，应该认为这是企业在发展过程中不可避免的正常状态。但是，如果企业在正常生产经营期间仍然出现这种状态，我们应当认为企业经营活动现金流量的质量不高。

2.经营活动产生的现金流量等于零

这意味着企业通过正常的商品购、产、销所带来的现金流入量，恰恰能够支付因上述经营活动而引起的货币流出。在企业经营活动产生的现金流量等于零时，企业的经营活动现金流量处于"收支平衡"的状态。企业正常经营活动不需要额外补充流动资金，企业的经营活动也不能为企业的投资活动以及融资活动贡献现金。但是，必须注意的是，在企业的成本消耗中，有相当一部分属于按照权责发生制原则的要求而确认的摊销成本（如无形资产、长期待摊费用摊销、固定资产折旧等）和应计成本（如对预提费用的处理等）。下面我们把这两类成本统称为非现金消耗性成本。显然，在经营活动能够产生的现金流量等于零时，企业经营活动产生的现金流量不可能为这部分非现金消耗性成本的资源消耗提供货币补偿。因此，从长期来看，经营活动产生的现金流量等于零的状态，根本不可能维持企业经营活动的货币"简单再生产"。因此，我们认为，如果企业在正常生产经营期间持续出现这种状态，企业经营活动现金流量的质量仍然不高。

3.经营活动产生的现金流量大于零，但不足以补偿当期的非现金消耗性成本

这意味着企业通过正常的商品购、产、销所带来的现金流入量，不但能够支付因经营活动而引起的货币流出，而且还有余力补偿一部分当期的非现金消耗性成本。此时，企业虽然在现金流量的压力方面比以前两种状态要小，但是，如果这种状态持续，则企业经营活动产生的现金流量从长期来看，也不能持续企业经营活动的货币"简单再生产"。因此，我们认为，企业在正常生产经营期间持续出现这种状态，企业经营活动现金流量的质量仍然不能得到较高评价。

4.经营活动产生的现金流量大于零并恰能补偿当期的非现金消耗性成本

这意味着企业通过正常的商品购、产、销所带来的现金流入量，不但能够支付因经营活动而引起的货币流出，而且还有余力补偿全部当期的非现金消耗性成本。在这种状态下，企业在经营活动方面的现金为零的压力已经解脱。如果这种状态持续，则企业经营活动产生的现金流量从长期来看，刚好能够维持企业经营活动的货币"简单再生产"。但是，从总体来看，这种维持企业经营活动的货币"简单再生产"来的状态，仍然不能为企业扩大投资等发展提供货币支持。企业的经营活动为企业扩大投资等发展提供货币支持，

只能依赖于企业经营活动产生的现金流量的规模继续加大。

5.经营活动产生的现金流量大于零并在补偿当期的非现金消耗性成本后仍有剩余

这意味着企业通过正常的商品购、产、销所带来的现金流入量，不但能够支付因经营活动而引起的货币流出、补偿全部当期的非现金消耗性成本，而且还有余力为企业的投资等活动能够提供现金流量的支持。应该说，在这种状态下，企业经营活动产生的现金流量已经处于良好的运转状态了。如果这种状态持续，则企业经营活动产生的现金流量将对企业经营活动的稳定与发展、企业投资规模的扩大起到重要的促进作用。

从上面的分析可以看出，企业经营活动产生的现金流量仅仅大于零是不够的。企业经营活动产生的现金流量要想对企业做出较大贡献，必须在上述第五种状态下运行。

（二）投资活动产生的现金流量的质量分析

1.投资活动产生的现金流量小于零

这意味着企业在购建固定资产、无形资产和其他长期资产、权益性投资以及债权性投资等方面所支付的现金之和，大于企业因收回投资分得股利或利润、取得债权利息收入、处置固定资产、无形资产和其他长期资产而收到现金净额之和。企业上述投资活动的现金流量，处于"入不敷出"的状态。企业投资活动所需资金的"缺口"，可以通过以下几种方式解决：

①消耗企业现存的货币积累；

②挤占本来可以用于经营活动的现金，削减经营活动的现金消耗；

③利用经营活动积累的现金进行补充；

④在不能挤占本来可以用于经营活动的现金的条件下，进行额外贷款融资，以支持投资活动的现金需要。

⑤在没有贷款融资渠道的条件下，只能采用拖延债务支付或加大投资活动引起的负债规模来解决。

从投资活动的目的分析，企业的投资活动，主要有三个目的：

①为企业正常生产经营活动奠定基础，如购建固定资产、无形资产和其他长期资产等；

②为企业对外扩张和其他发展性目的进行权益性投资和债权性投资；

③利用企业暂时不用的闲置货币资金进行短期投资，以求获得较高的投资收益。

在上述三个目的中，前两者的投资一般都应与企业的长期规划和短期计划相一致。第三种，则在很多情况下，是企业的一种短期理财安排。因此，面对投资活动的现金流量小于零的企业，我们首先应当考虑的是：在企业的投资活动符合企业的长期规划和短期计划的条件下，这种现象表明了企业经营活动发展和企业扩张的内在需要，也反映了企业在扩张方面的努力和尝试。

2.投资活动产生的现金流量大于等于零

这意味着企业在投资活动方面的现金流入量大于流出量。这种情况的发生，或者是由于企业在本会计期间的投资回收活动的规模大于投资支出的规模，或者是由于企业的经营活动难以继续，而不得不处理手中的长期资产以求变现等。因此，必须对企业投资活动的现金流量原因进行具体分析。必须指出的是,企业投资活动的现金流出量,有的需要由经营活动产生的现金流入量来补偿。例如企业的固定资产、无形资产购建支出,将由未来使用有关固定资产和无形资产会计期间的经营活动的现金流量来补偿。因此,在一定时期企业投资活动能够产生的现金流量小于零,我们也不能够对企业投资活动产生的现金流量的质量简单做出否定的评价。

(三)筹资活动产生的现金流量的质量分析

1.筹资活动产生的现金流量大于零

这意味着企业在吸收权益性投资、发行债券以及借款等方面所收到的现金之和大于企业在偿还债务、支付筹资费用、分配股利或利润、偿付利息、融资租赁以及减少注册资本方面所支付的现金之和。在企业处于反涨的起步阶段、投资需要大量资金、企业经营活动的现金流量小于零的条件下,企业的现金流量的需求,主要通过筹资活动解决。因此,分析企业筹资活动产生的现金流量大于零是否正常,关键是看企业的筹资活动是否已经纳入企业的发展规划,是企业管理层以扩大投资和经营活动为目标的主动行为还是企业因投资活动和经营活动的现金流出失控不得已而为之的被动行为。

2.筹资活动产生的现金流量小于零

这意味着企业在吸收权益性投资、发行债券以及借款等方面所收到的现金之和小于企业在偿还债务、支付筹资费用、分配股利或利润、偿付利息、融资租赁以及减少注册资本等方面所支付的现金之和。这种情况的出现,或者是由于企业在本会计期间集中发生偿还债务、支付筹资费用、分配股利或利润、偿付利息、融资租赁等业务,或者是因为企业经营活动与投资活动在现金流量方面运转较好,有能力完成上述各项支付。但是,企业筹资活动产生的现金流量小于零,也可能是企业在投资和企业扩张方面没有更多的作为的一种表现。

综上所述,处于正常经营期间的企业,经营活动对企业现金流量的贡献应占较大比重,这是因为,处于正常生产经营期间的企业,其购、产、销等活动均应协调发展,良性循环。其购、产、销活动应为其引起现金流量的主要原因。

投资活动与筹资活动,属于企业的理财活动。在任何期间,企业均有可能因这些方面的活动而引起现金流量的变化。不过,处于企业初期的企业,其理财活动引起的现金流量变化较大,占企业现金流量变化的比重也较大。

另一方面,理财活动也意味着企业存在相应的理财风险。例如,企业对外发行债券,就必须承担定期支付利息、到期还本的责任。如果企业不能履行偿债责任,有关方面就会对企业采取相应措施。又如,企业购买股票,就可能存在股票跌价的风险,等等。因此,企业的理财活动越大,财务风险也可能越大。

二、现金流量比率分析

企业真正能用于偿还债务的是现金流量。在现金流量信息中,经营活动的现金净流量的信息最值得关注。将经营活动的现金流量与其他报表项目的有关信息进行比较,可以分析、评价企业偿还债务的能力、支付股利的能力、获取现金的能力等。现根据表5-1所示的现金流量表有关数据，计算并列示常用的现金流量比率指标如下。

（一）流动性分析

所谓流动性，是指将资产迅速转变为现金的能力。根据资产负债表确定的流动比率虽然也能反映流动性，但有很大的局限性。这主要是因为：作为流动资产主要成分的存货并不能很快转变为可偿债的现金；存货用成本计价不能反映其变现净值；许多企业有大量的流动资产，但现金支付能力却很差，甚至无力偿还导致破产清算。

现金流量和负债的比较可以更好地反映企业偿还债务的能力。

1.现金到期债务比

$$现金到期债务比 = \frac{经营现金净流入}{本期到期的债务}$$

本期到期的债务，是指本期到期的长期债务和本期应付票据。通常这两种债务是不能展期的，必须如期偿还。该比率越高，则偿还能力越强。由于长期债务和应付票据到期时，不一定有相应的长期债务和应付票据接续，必须靠经营活动现金净流入偿还，因此经营现金净流量与到期债务的偿还有内在联系。根据宇通客车的报表资料，已知该公司本期到期的长期债务是1,343,950,278.6元，则

现金到期债务比=1,936,967,616.95÷1,343,950,278.6=1.44

该比率越大，说明企业偿付到期债务的能力越强。如果该比率小于1，说明企业经营活动产生的现金不足以偿付到期债务本息，企业必须对外筹资或者出售资产才能偿还债务。

2.现金流动负债比

$$现金流动负债比 = \frac{经营现金净流入}{流动负债}$$

现金流动负债比从现金流入和流出的动态角度对企业的实际偿债能力进行考察。由于有利润的年份不一定有足够的现金（含现金等价物）来偿还债务，所以利用以收付实现制为基础计量的现金流动负债比指标，能充分体现企业经营活动所产生的现金净流量可以在多大程度上保障当期流动负债的偿还，直接地反映出企业偿还流动负债的实际能力。用该指标评价企业偿债能力更加谨慎。该指标越大，表明企业经营活动产生的现金净流量越多，越能保障企业按期偿还到期债务，但也并不是越大越好，该指标过大，则表明企业流动资金利用不够充分，获利能力不强。

根据宇通客车的报表资料，已知经营活动现金净流量是1,936,967,616.95元，期末流动负债是7,010,325,679.10元，则

现金流动负债比=1,936,967,616.95÷7,010,325,679.10=0.2763

经营活动现金净流量是全年的净流入，如果它具有代表性，明年也将陆续取得同样多的现金，可以用于偿还流动负债。流动负债是期末余额，这些债务将在一年内陆续到期。现金是陆续取得的，而负债是陆续到期的，不断产生的现金用于不断出现的到期债务。那么，是不是经营现金净流入必须大于流动负债？不是的，新的流动负债也在不断提供新的

资金，经营现金需要满足的只是周转所需的现金。通常认为，运作比较好的公司其现金流量比率应大于0.4。该指标数值越高，企业偿还短期债务的能力越强。

3.现金债务总额比

$$现金债务总额比 = \frac{经营活动的现金净流入}{债务总额}$$

根据宇通客车的报表资料，经营现金净流量是1,936,967,616.95元，期末债务总额是7,440,428,514.99元，则

现金债务总额比=1,936,967,616.95÷7,440,428,514.99=0.2603

经营活动的现金净流量与全部债务（包括流动负债和长期负债）的比率，可以反映企业用每年的经营活动现金流量偿付所有债务的能力。这个比率越大，说明企业承担债务的能力越强。宇通客车最大的付息能力为26.03%，即利息达到26.03%时企业仍能按时付息。只要能按时付息，就能借新债还旧债，维持债务规模。

（二）获取现金能力分析

获取现金的能力可通过经营现金净流入和投入资源的比值来反映。投入资源可以是营业收入、总资产、净营运资金、净资产或普通股股数等。

1.营业收入现金比率

$$营业收入现金比率 = \frac{经营现金净流入}{营业收入}$$

根据宇通客车的报表资料，已知该公司的营业收入是22,093,826,571.04元，则

营业收入现金比率=1,936,967,616.95÷22,093,826,571.04=0.0877

该公司每元销售可以提供0.0877元的现金净流入，用它与同业的水平相比，可以评价公司的获取现金能力的强弱；与历史的水平相比，可以评价获取现金能力的变化趋势。该比率越大越好。

2. 每股营业现金净流量

$$每股营业现金净流量 = \frac{经营现金净流入}{流通在外的普通股股数}$$

经营活动的现金净流量与流通在外的普通股股数的比率，可以反映每股流通在外普通股的现金流动多少。这个比率越大，说明企业进行资本支出和支付股利的能力越强，而且该指标反映企业最大的分配股利能力，超过此限度，就要借款分红。

3.全部资产现金回收率

全部资产现金回收率，是指经营现金净流入与全部资产的比值，反映企业运用全部资产获取现金的能力。

$$全部资产现金回收率 = \frac{经营现金净流入}{全部资产}$$

根据宇通客车的报表资料，已知该公司全部资产总额为6,197,573,484.10元，则全部资产现金回收率=1,936,967,616.95÷6,197,573,484.10=0.3125

该比率表明，宇通客车的每元投资可以产生0.3125元现金。在大约3年的时间里，可以依靠主营业务全部收回全部投资。该指标与同业水平相比，可以评价每元资产获取现金的能力；与本企业历史相比，可以看出获取现金能力的变化。

4.盈余现金保障倍数

盈余现金保障倍数是企业一定时期经营现金净流量与净利润的比值，反映了企业当期净利润中现金收益的保障程度，真实反映了企业盈余的质量，是评价企业盈利状况的辅助指标。

$$盈余现金保障倍数 = \frac{经营活动的现金净流入}{净利润}$$

盈余现金保障倍数是从现金流入和流出的动态角度，对企业收益的质量评价，在收付实现制的基础上，充分反映出企业当期净利润中有多少是有现金保障的。一般来说，当企业当期净利润大于0时，盈余现金保障倍数应大于1。该指标越大，表明企业经营活动产生的净利润对现金的贡献越大。

根据宇通客车的报表资料，已知该公司净利润额为1,821,907,900.59元，则盈余现金保障倍数=1,936,967,616.95÷1,821,907,900.59=1.0631

这一比率主要反映经营活动的现金净流量与当期净利润的差异程度，即当期实现的净利润中有多少现金做保证。企业如果操纵账面利润，一般是没有相应的现金流量。通过这一指标，可于防止企业操纵账面利润很高。如果账面利润很高，而经营活动的现金流量不充足，甚至出现负数，则企业有很大可能操纵账面利润。因此，应格外谨慎地判断企业的经营成果。

（三）财务弹性分析

所谓财务弹性是指企业适应经济环境变化和利用投资机会的能力。这种能力来源于现金流量和支付现金需要的比较。现金流量超过需要，有剩余的现金，适应性就强。因此，财务弹性的衡量是用经营现金流量与支付要求进行比较的。支付要求可以是投资需求或承诺支付等。

1.现金满足投资比率

现金满足投资比率，是指经营活动现金流量与资本支出、存货购置及发放现金股利的比值，它反映经营活动现金满足主要现金需求的程度。其计算公式为；

$$现金满足投资比率 = \frac{近五年经营活动现金净流入}{近五年资本支出、存货增加、现金股利之和}$$

如果现金满足投资比率大于1，表明企业经营活动所形成的现金流量能够满足企业日常基本需要，不需要外部筹资；若该比率计算结果小于1，说明企业现金来源不能满足股利和经营增长的水平，不足的现金靠减少现金余额或外部筹资提供。某一年的现金满足投资比率，不一定能说明问题，用5年或5年以上的总和计算，可以剔除周期性和随机性影响，得出更有意义的结论。如果一个企业的现金满足投资比率长期小于1，则其理财政策没有可持续性。

2.现金股利保障倍数

现金股利保障倍数，是指经营活动净现金流量与现金股利支付额之比，反映企业支付现金股利的能力。现金股利保障倍数越高，说明企业的现金股利占获取经营现金的比重越小，企业支付现金越有保障。其计算公式如下：

$$现金股利保障倍数 = \frac{经营活动的现金净流入}{现金股利额}$$

同样地，用5年或者更长时间的总数计算该比率，可以剔除股利政策变化的影响。

三、现金流量结构分析

现金流量的结构分析是指将现金流量表中某一项目的数字作为基数（即为100%），再计算出该项目各个组成部分占总体的百分比，以分析各项目的具体构成，使各个组成部分的相对重要性明显地表现出来，从而揭示现金流量表中各个项目的相对地位和总体结构的关系，用以分析现金流量的增减变动情况和发展趋势。

（一）现金收入结构分析（现金流入结构分析）

它分为总收入结构和三项活动（经营活动、投资活动、筹资活动）收入的内部结构分析。它反映企业的各项业务活动的现金流入，如经营活动的现金流入、投资活动的现金流入、筹资活动的现金流入等在全部现金流入中的比重及各项业务活动中具体项目的构成情况，明确企业的现金流入主要依靠什么，如表5-2所示。

表5-2 现金收入结构分析表

项 目	2013年金额/元	结构百分比
经营活动产生的现金流入：	21,132,095,507.31	64.23%
其中：销售商品、提供劳务收到的现金	20,813,935,648.99	63.27%
收到的税费返还	86,125,898.63	0.26%
收到其他与经营活动有关的现金	232,033,959.69	0.71%
投资活动产生的现金流入：	11,438,303,944.23	34.77%
其中：收回投资所收到的现金	10,632,249,137.24	32.32%
取得投资收益收到的现金	2,436,968.48	0.01%
处置固定资产、无形资产和其他长期资产收回的现金净	3,617,838.51	0.01%
收到其他与投资活动有关的现金	800,000,000.00	2.43%
筹资活动产生的现金流入：	328,129,817.62	1.00%
其中：吸收投资收到的现金	71,269,869.00	0.22%

续表5-2

项　目	2013年金额/元	结构百分比
子公司吸收少数股东投资收到的现金		
取得借款收到的现金	215,166,379.68	0.65%
收到其他与筹资活动有关的现金	41,693,568.94	0.13%
现金流入合计	32,898,529,269.16	100.00%

从表5-2中可以看出，在企业当年流入的现金中，经营活动能够流入的现金占64.23%，投资活动流入的现金占34.77%，筹资活动流入的现金占1.00%。即企业当年流入的现金主要来源于经营活动，也有一部分来自企业的投资活动，来自筹资活动的现金极少。在经营活动流入的现金中，主要来自销售的现金收入占63.27%。该企业要增加现金收入，主要还是要靠经营活动，特别是销售。

（二）现金流出结构分析

它是指企业各项现金流出占企业当期全部现金流出的百分比，它具体地反映企业的现金用在哪些方面，从而可以知道要节约开支应从哪些方面入手。

它也分为总流出结构和三项流出的内部结构分析，如表5-3所示。

表5-3　现金流出结表

项　目	2013年金额/元	结构百分比
经营活动现金流出	19,195,127,890.36	60.51%
其中：购买商品、接受劳务支付的现金	15,582,170,206.25	49.12%
支付给职工以及为职工支付的现金	1,204,304,588.00	3.80%
支付的各项税费	1,010,817,520.60	3.19%
支付其他与经营活动有关的现金	1,397,835,575.51	4.41%
投资活动现金流出	11,541,988,209.14	36.39%
其中：购建固定资产、无形资产和其他	921,431,061.01	2.90%
投资支付的现金	10,620,557,148.13	33.48%
筹资活动现金流出	983,725,286.57	3.10%
偿还债务支付的现金	469,771,091.66	1.48%
分配股利、利润或偿付利息支付的现金	496,968,714.29	1.57%
支付其他与筹资活动有关的现金	16,985,480.62	0.05%
现金流出合计	31,720,841,386.07	100.00%

从表5-3计算可知,在企业当年流出的现金中,经营流动流出的现金占60.51%,投资活动流出的现金占36.39%,筹资活动流出的现金占3.10%。在经营活动流出的现金中,购买商品、接受劳务支付的现金占49.12%,在投资活动流出的现金中,投资支付的现金占33.48%。这是引起大量现金流出的主要原因。

（三）现金净流量结构分析

现金净流量结构是指经营活动、投资活动、筹资活动以及汇率变动影响的现金收支净额占全部现金净流量的百分比,它反映企业的现金净流量是如何形成与分布的,可以反映出收大于支或支大于收的相关原因,为进一步分析现金净流量的增减变动因素指明方向。

课后阅读

江龙控股集团资金链断裂

一、背景介绍

江龙控股是一家集研发、生产、加工和销售于一体的大型印染企业,旗下有浙江南方科技有限公司、浙江江龙纺织印染有限公司、浙江方圆纺织超市有限公司等多家企业。2006年5月,公司引进世界500强企业的新加坡淡马锡投资控股有限公司旗下的"新宏远创基金",2006年9月7日在新加坡股票交易所上市交易,股票名称为"中国印染",首发1.13亿股,募集资金约5亿元人民币。

然而,在2008年7、8月份江龙控股却突然出现了资金链断裂的危机。8月23日,江龙控股召开了供应商会议,公司表示:一方面要开源节流,降低成本;另一方面正在积极寻求国际资金的支持,公司资金流紧张是暂时的,希望得到供应商的支持,帮助江龙控股渡过难关。在江龙控股出现资金危机后,除了借高利贷维持公司正常的周转外,还展开了一系列的自救行动,以维持公司的运行。另外,政府也积极介入协调,对江龙控股予以政策扶持,以帮助江龙控股走出资金困境。

然而种种努力并未能改变江龙控股资金链断裂的命运。由于江龙控股所涉债务状况复杂,原定的企业重组计划陷入了困境,供货商、民间借贷债权人的债务问题仍未达成协议。2008年11月25日,当地中级人民法院、人民政府在江龙控股的总部分别召集供货商和民间借贷债权人召开会议,商讨江龙控股的债务问题。这样,江龙控股成为继樱花纺织、飞跃集团、山东银河之后,倒在资金链上的又一个纺织制造业大户。

二、导致危机的原因

江龙控股的资金链断裂,从问题的表面来看是受累于出口形势不景气和美国资本市场断流,但究其根源则有更深层次的原因。忽略内部管理、缺乏明确合理的财务战略、盲目追求企业的规模扩张、短融长投、高额举债,是导致企业危机爆发的根本原因。

1.盲目的对外扩张与激进的筹资策略

江龙控股在公司迅速崛起之后,并没有致力于内部管理的完善和财务控制的加强,而是一味谋求扩大投资规模把公司做大,不断圈地圈钱,走上所谓"多元化"道路,忽略了其自身的资本能力。由于企业对外的规模扩张具有资金需求量大、周期长、变现能力差等特点,因此,对投资企业的资金周转能力提出了较高的要求,企业超过自身能力过量使用资金则容易引发债务危机。2007年江龙控股以承债的方式收购南方集团下属的南方科技股份有限公司，使公司背负了约4.7亿元的巨额债务。之后，又相继将方圆制造、百福服饰纳入旗下，同年10月又斥资2亿元从国外一次性引进了11条特宽幅生产线。由于资本投资规模巨大，公司的长期资本来源不足，不得不借助银行信贷资本和商业信用筹资来满足长期资本的需求。据统计，截至2008年10月，江龙控股共欠银行贷款约12亿元。因此，这种短融长投的筹资策略降低了公司的流动比率，加大了偿债风险。

2. 盲目民间借贷

当企业出现资金短缺而无法从银行贷款时，江龙控股选择了民间借贷。据悉，江龙控股有一个专门融资的资金部，从开始的月息3分，到后来的8分、1角，江龙控股的民间借贷"战线"越拉越长，利息也越来越高，导致企业的资金成本不断提高，仅2008年支付的民间借贷利息就高达2.8亿元之多。遍布绍兴各地的担保公司也是江龙控股的高利贷链条中的重要一环，该类公司直接从民间低息融资，然后高息借给江龙控股，这一部分资金每笔都在1000万元以上，致使江龙控股的借贷成本大幅提高。由于目前我国的民间融资市场机制还不完善，缺乏基本的法律保证，很多贷款机构都带有高利贷的性质，部分担保公司的运作也不够规范，因此，江龙控股在使用民间借贷时的不谨慎使其陷入更深的财务困境中。

3. 财务杠杆较高及大量担保

资料显示，截至2006年年底，江龙控股旗下的江龙印染资产总计10.83亿元，负债总计6.37亿元，所有者权益合计4.46亿元，资产负债率为58.80%，另外还有54笔对外担保，担保金额达到6.77亿元；截至2007年年底，南方科技资产总计8.97亿元，负债总计5.19亿元，所有者权益3.78亿元，资产负债率为57.90%，对外担保29笔，担保金额为5.56亿元。过高的负债比率使得江龙控股面临着巨大的财务压力。此外，高达几亿元的担保金额又使得江龙控股背负上了巨额的潜在债务负担，财务风险日益加剧。

阅读上述材料，分析以下问题：

1. 如何理解资金链断裂？

所谓资金链是指维系企业正常生产经营运转所需要的基本循环资金链条。现金—资产—现金（增值）的循环，是企业经营的过程，企业要维持运转，就必须保持这个循环良性地不断运转。

企业作为经济活动的载体，以获取利润最大化为目的，但发展到一定规模时，企业往往就会陷入一种怪圈：效率下降，资金周转减速，严重影响企业正常运行。如某个企业的资金紧张，无法维持公司的健康运转了。经营不善，连续亏损就会使公司资金紧张。经营不善，同时也让银行、股东们对公司失去信心，公司将难以得到资金支持，进一步加强了资金紧张程度。再或者把自己很多资产都拿去抵押贷款上新项目，而新项目却没有像预期的那样高收益，而银行还款时间又到了，而这个时候又借不到钱了，就叫资金链断了，银行就会拍卖抵押资产，公司也面临倒闭。所形成的即为资金链断裂。

2. 如何加强企业管理以规避资金链断裂的风险？

（1）制定合理的扩张战略

江龙控股在规模迅速扩大的时期，没有及时审视公司规模是否合理、资金流能否保证、内部管理机制是否能保持公司的高效运行，为其后来资金链的断裂埋下了隐患。虽然通过外部扩张能够使企业获得跳跃式的发展，但是还应该注意对外投资规模与结构优化的分析。因为，在企业总投资规模一定的情况下，增加对外投资规模则会削减自营资产的投资规模，从而导致对外投资与自营资产结构的改变，而对外投资与自营资产的结构是否合理直接影响到企业资产的使用效率，进而影响到企业的收益与风险程度，因此在制定扩张战略时应站在整个企业资产配置的角度，分析对外投资规模及其结构是否优化。

（2）拓宽融资渠道，慎重选择筹资方式

民营企业融资难问题一直以来受到各方面的关注，多数民营企业都在不同程度上面临着融资无门的困境，尤其是在全球经济危机、信贷吃紧的宏观环境下，这一问题显得尤为突出。通常情况下，银行贷款是各个企业融资时首先想到的渠道，但是由于民营企业自身的规模一般较小，竞争能力较低，信用等级不高，抵押资产不足，各方面都无法和国有大中型企业竞争，在谋求贷款上处于劣势。此外，大多数民营企业同样基于上述原因而达不到发行股票和债券融资的要求。因此，民营企业除了提升自身竞争力外，可以考虑寻求天使投资、风险投资、民间融资、私募股权等多种融资渠道，并结合企业自身不同发展阶段的需求特点，优化融资结构，从而实现企业的良性发展。

另外，政府应该加强民营企业的诚信评价体系的建设，加强信用担保机构的监督管理，完善中介机构等社会化服务体系，逐步建立起民营企业的服务管理机构，为民营企业的良性健康发展提供相应完善的法律和社会环境。银行等金融机构应更加注重金融产品的创新，适当推出针对民营企业的金融产品以扶持其发展。

（3）制定合理的财务比率和筹资策略

在整体环境不佳的情况下，企业更应该选择相对稳健的筹资策略，严格控制企业的资产负债率，加快应收款项的收回，尽量使资产与债务的偿还期相匹配。在进行扩张战略时要充分考虑企业资金流的现状，使扩张步伐与企业资金现状相适应，认清企业面临的财务状况。在制定公司财务政策时，要综合分析各方面的条件，合理定位，最终确定适合自身状况的财务方针，规范财务制度，提高财务管理水平。在对外提供担保时，要全面考察被担保公司的经营、财务和增长状况，做出客观、合理的评价。

（4）加强对投资风险的识别与评估

企业的投资风险是指企业在投资活动中所获收益的不确定性。这种投资风险来源于企业的外部和内部，外部风险主要来自客观经济环境的不确定性，如国家法律法规政策的变化、金融市场利率变化、通货膨胀程度、市场销售和生产技术及各种要素价格的变化等，都会造成对外投资收益的不确定。内部风险主要体现在企业内部管理体制和经营水平，风险大小在很大程度上取决于管理者的素质和企业对投资对象、投资时机、投资方式、投资规模的选择、控制与决策能力方面。因此，企业的决策层要认真研究国家宏观经济状况及其走向、行业竞争程度及自身的投资能力。对影响投资资产安全性以及投资利益不能实现的风险加以识别，并对这些风险的影响程度进行评估。

（5）加强内部管理

对相当一部分民营企业来说，由于缺乏长期战略目标、健全的监督和激励机制以及完善的人力资源管理机制，从而使企业缺乏长足发展的动力。因此，在激烈的市场竞争中，民营企业应该引进先进的管理机制，加强各部门的协调运作，引入会计电算化、办公自动化等，实现现代化的高效管理方式。在用人方式的选择上，应本着任人唯贤的原则，让不同水平的人才各司其职，对于有能力的管理人员应给予其充分的管理权限，对于技术人员要充分激发他们的创新能力。在经营目标上，要把更多的目光投放在企业的核心产业上，提高其核心竞争力，走专而精的战略路线。

练习题

一、单项选择题

1. 我国确定现金流量表为对外会计报表的主表之一的时间是 （　）

A. 1992 年　　　　　B. 1993 年　　　　　C. 1998 年　　　　　D. 1999 年

2. 编制现金流量表的主要目的是 （　）

A. 反映企业某一时日的财务状况

B. 反映企业的经营成果

C. 全面评价企业的经营业绩

D. 提供企业在一定时间内的现金和现金等价物流入和流出的信息

3. 用现金偿还债券，对现金的影响是 （　）

A. 增加　　　　　B. 减少　　　　　C. 不增不减　　　　　D. 非属于现金事项

4. 反映净收益质量的主要指标是 （　）

A. 经营活动现金流量　　　　　B. 投资活动现金流量

C. 筹资活动现金流量　　　　　D. 现金及现金等价物增加

5. 每股现金流量主要衡量 （　）

A. 偿债能力　　　　B. 支付能力　　　　C. 获利能力　　　　D. 财务能力

6. 现金流量表编制方法中"直接法"和"间接法"是用来反映 （　）

A. 投资活动的现金流量　　　　　B. 经营活动的现金流量

C. 筹资活动的现金流量　　　　　D. 上述三种活动的现金流量

7. 下列业务中不影响现金流量的是 （　）

A. 收回以前年度核销的坏账　　　　　B. 商业汇票贴现

C. 预提银行借款利息　　　　　D. 收到银行存款利息

8. 下列不影响现金流量的业务是 （　）

A. 以固定资产对外投资　　　　　B. 分得现金股利或者利润

C. 吸收权益性投资收到现金　　　　　D. 支付融资租入设备款

二、多项选择题

1. 下列属于筹资活动产生的现金流量的是 （　）

A. 融资租赁固定资产支付的租金　　　　B. 分配股利或利润支付的租金

C. 购建固定资产而发生的借款利息　　　D. 减少注册资本所支付的现金

2. 下列属于投资活动产生的现金流量的有　　　　　　　　　　　　（　　）

A. 固定资产的购建与处置　　　　　B. 无形资产的购建与处置

C. 债券性投资的利息收入　　　　　D. 以现金形式收回的资本金

E. 收到联营企业分回的利息

3. 下列事项中不影响现金流量变动的是　　　　　　　　　　　　　（　　）

A. 接受投资转入的固定资产　　　　B. 收回对外投出的固定资产

C. 用现金收购本企业股票实现减值　D. 在建工程完工转入固定资产

E. 用银行存款偿还到期短期借款

4. 现金等价物应具备的特点是　　　　　　　　　　　　　　　　　（　　）

A. 期限短　　　　B. 流动性强　　　　C. 易于转化为已知金额的现金

D. 价值变动风险小　　　　　　　　　E. 可上市交易

5. 我国的现金流量表将现金流量分为　　　　　　　　　　　　　　（　　）

A. 经营活动产生的现金流量　　　　B. 税项

C. 投资活动产生的现金流量　　　　D. 非常性项目产生的现金流量

E. 筹资活动产生的现金流量

6. 与现金流量相关的财务比率中，评价偿债能力的有　　　　　　　（　　）

A. 每股收益　　　　B. 速动比率　　　　C. 现金比率

D. 现金支付股利比率　　E. 偿还到期债务比率

7. 以下项目中，会使现金增加的有　　　　　　　　　　　　　　　（　　）

A. 以固定资产进行投资　　　　　　B. 销售商品收入货款和增值税款

C. 处置固定资产收入小于净值　　　D. 以存款偿还债务

E. 分得股利

8. 关心净收益质量比率的单位或者个人主要有　　　　　　　　　　（　　）

A. 投资人　　　　　　B. 债权人　　　　　C. 税务部门

D. 证券监管部门　　　　E. 企业本身

三、思考题

1. 什么是现金流量？它和资金流量有什么区别？

2. 什么是现金流量要素？现金流量如何分类？

3. 在现金流量表中，哪些项目具有钩稽关系？

4. 现金流量信息有哪些作用？

5. 如何评价收益质量？

6. 如何对现金流量进行结构分析？

第六章　合并财务报表
及上市公司财务分析

【目的要求】

1. 了解合并财务报表的概念与编制；
2. 掌握合并财务报表特殊项目分析；
3. 掌握合并财务报表与个别财务报表的比较分析；
4. 掌握合并财务报表的比率分析。

阅读材料

　　月球公司李总裁近期正忙于与地球公司（某多元化集团公司）的业务合作事宜。但令他感到头痛的是，他获得了该集团公司的两套报表：一套是该集团公司自身的报表；另一套是该集团公司的合并报表。李总裁从中发现了一些令他困惑的问题：在金额方面，对大多数项目而言，两套报表中相同项目金额有的相同、有的不同。在不同的数字中，有的项目合并报表中的数字大于集团公司自身报表的数字，有的项目合并报表中的数字又小于集团公司自身的数字。他不知道哪个数字是可用数字。在分析方法上，如果运用比率分析方法，他也不知道该用哪个报表来计算。

　　李总裁的困惑也是相当多企业家在面对合并报表时普遍存在的困惑。通过本章的学习，可以明确个别财务报表和合并财务报表之间的区别，正确分析和使用财务报表，帮助财务报表使用者做出正确的决策。

第一节　合并财务报表概述

一、合并财务报表的含义

1. 合并财务报表的概念

《企业会计准则》第 33 号——合并财务报表指出：合并财务报表，是指反映母公司和其全部子公司形成的企业集团整体的财务状况、经营成果和现金流量的财务报表。与个别财务报表相比，合并财务报表反映的是由母公司和其全部子公司组成的会计主体。合并财务报表是以纳入合并范围的个别财务报表为基础，按照权益法调整对子公司的长期股权投资，抵消母公司与子公司、子公司相互之间内部交易的影响后，由母公司合并编制的。

2. 企业合并与合并财务报表

《企业会计准则》第 20 号——企业合并指出：企业合并，是指将两个或者两个以上单独的企业合并形成一个报告主体的交易或事项。企业合并可以通过吸收合并、新设合并或者控股合并的方式进行。

吸收合并是指两家或者两家以上的企业合并形成一家企业，其中一家企业继续保留法人资格，其他企业的法人资格随着合并而消失，合并后留存的企业对所有被合并企业原来的资产实行直接控制和管理。在吸收合并的情况下，由于被合并企业已清算解散，合并后的企业仍然是一个单一的法律主体和会计主体，因此，合并后会计报表的编制与合并前的会计报表的编制相同，有所变动的只是会计报表反映的对象，不涉及合并财务报表的问题。

新设合并是指几家企业协议合并组成一家新企业。在新设合并的情况下，原来的企业均不复存在，组成一家新的法人企业，原企业的资产全部转由新企业控制。由于创立后的企业与普通企业一样，仍然是一个法律主体和会计主体，因此，也没有涉及合并财务报表的问题。

但一个企业通过对另一个企业的权益性投资而获得对被投资企业的控制权时，企业之间形成的这种控制与被控制关系的行为称为控股合并。通常把拥有控制权的投资企业称为控股企业（公司），或简称母公司；把受控制的被投资企业称为被控股企业（公司），或简称子公司。从法律角度来看，控股合并后的可控股企业与被控股企业仍然是相互独立的法律实体；但是，从经济角度来看，它们实际上形成了一个统一的经济实体。为了综合、全面地反映这一统一经济实体的财务状况、经营成果和现金流量情况，需要由控股企业为其编制一套财务报表。这种由控股企业编制的用以综合反映由控股企业与被控股企业组成的企业集团的整体财务状况、经营成果和现金流量情况的财务报表就是合并财务报表。相应地，在会计上将由母公司和子公司组成的企业集团称为合并主体。

由此可见，企业合并可能导致合并财务报表问题的出现，但并非任何企业合并都需要编制合并财务报表，只有在控股合并的情况下，才存在合并财务报表的问题，才需要编制合并财务报表。

二、合并财务报表的组成部分

《企业会计准则》第33号——合并财务报表指出：合并财务报表至少应当包括下列组成部分：①合并资产负债表；②合并利润表；③合并现金流量表；④合并所有者权益变动表（股东权益变动表）；⑤附注。

（一）合并资产负债表

合并资产负债表是反映企业集团在某一特定日期财务状况的财务报表，由合并资产、负债和所有者权益各项目组成。合并资产负债表是以母公司和各子公司的个别资产负债表为基础编制的，作为反映企业集团整体财务状况的合并资产负债表，必须将集团内部交易进行抵销处理。

合并资产负债表格式综合考虑了企业集团中一般工商企业和金融企业（包括商业银行、保险公司和证券公司等）的财务状况列报的要求，与个别资产负债表的格式基本相同，主要增加如下项目。

（1）商誉

在"无形资产"项目下增加了"商誉"项目，用于反映非同一控制下企业合并中取得的商誉，即在控股合并下母公司对子公司的长期股权投资（合并成本）大于其在购买日子公司可辨认净资产公允价值份额的差额。

（2）归属于母公司所有者权益合并

在所有者权益项目下增加了"归属于母公司所有者权益合并"项目，用于反映企业集团的所有者权益中归属于母公司所有者权益的部分，包括实收资本（或股本）、资本公积、库存股、盈余公积、未分配利润和外币报表差额等项目的金额。

（3）少数股东权益

在所有者权益项目下，增加了"少数股东权益"项目，用于反映非全资公司的所有者权益中不属于母公司的份额。

（4）外币报表折算差额

在"未分配利润"项目之后，"少数股东权益"项目之前，增加了"外币报表折算差额"项目，用于反映境外经营的资产负债折算为人民币表示的资产负债表时所发生的折算差额中归属于母公司所有者权益的部分。

合并资产负债表的一般格式如表3-2所示。

（二）合并利润表

合并利润表以母公司和各子公司的利润表为基础，在抵消母公司与子公司、子公司相互之间发生的内部交易对合并利润表的影响后，由母公司合并编制。利润表作为以单个企业为会计主体进行会计核算的结果，分别从母公司本身和子公司本身反映其在一定会计期间的经营成果。在以其个别利润表为基础计算的收入和费用等项目的加总金额中，也必然包含重复计算的因素。因此，在编制合并利润表时，也需要将这些重复的因素予以剔除。

合并利润表的格式在个别财务报表的基础上，主要增加了如下项目。

（1）归属于母公司所有者的净利润和少数股东损益

在"净利润"项目下增加"归属于母公司所有者的净利润"和"少数股东损益"两个项目，分别反映净利润中由母公司所有者享有的份额和非全资子公司当期实现的净利润中属于少数股东权益的份额。在属于同一控制下企业合并增加子公司当期的合并利润表中，还应在"净利润"项目之下增加"其中：被合并方在合并日以前实现的净利润"项目，用于反映同一控制下企业合并中取得的被合并方在合并当期期初至合并日实现的净利润。"被合并方在合并前实现的净利润"应当在母公司所有者和少数股东之间进行分配，如果不全部属于母公司所有者，则应同时列示在"少数股东损益"项目中，仍然保持"合并净利润=归属于母公司所有者的净利润+少数股东损益"的平衡关系。

（2）归属于母公司所有者的综合收益总额和归属于少数股东的综合收益总额

在"综合收益总额"项目下增加了"归属于母公司所有者的综合收益总额"和"归属于少数股东的综合收益总额"两个项目，分别反映综合收益总额中由母公司所有者权益所享有的份额和非全资子公司当期综合收益总额中归属于少数股东权益的份额，即不属于母公司享有的份额，仍然保持"综合收益总额=归属于母公司所有者的综合收益总额+归属于少数股东的综合收益总额"的平衡关系。

合并利润表的一般格式如表4-2所示。

（三）合并现金流量表

合并现金流量表是综合反映母公司及其所有子公司组成企业集团在一定期间现金和现金等价物流入和流出的报表。现金流量表作为一张主要报表已经为世界上一些主要国家的会计实务所采用，合并现金流量表的编制也成为各国会计实务的重要内容。

合并现金流量表要求按照收付实现制反映企业经济业务所引起的现金流入和流出，其有关经营活动产生的现金流量的编制方法有直接法和间接法两种。《企业会计准则》第31号——现金流量表明确规定企业应当采用直接法列示经营活动产生的现金流量。在采用直接法的情况下，以合并利润表有关的数据为基础，调整得出本期的现金流入和现金流出分为：经营活动产生的现金流量、投资活动产生的现金流量、筹资活动产生的现金流量三大类，反映企业集团在一定会计期间的现金流量情况。合并现金流量表既可以以母公司和所有子公司的个别现金流量表为基础，在抵销母公司与子公司、各子公司相互之间发生的内部交易对现金流量表的影响后进行编制，也可以直接根据合并资产负债和合并利润表进行编制。

合并现金流量表格式与个别现金流量表的格式基本相同，主要增加了反映金融企业行业特点和经营活动的现金流量项目。

合并现金流量表的一般格式如表5-1所示。

（四）合并所有者权益（或股东权益）变动表

合并所有者权益变动表是反映构成企业集团所有者权益的各组成部分当期的增减变动情况的财务报表。合并财务报表准则规定，合并所有者权益变动表应当以母公司和子公司的所有者变动表为基础，在抵销母公司与子公司、子公司相互之间的内部交易对合并所有者权益变动表的影响后，由母公司合并编制。合并所有者权益变动表也可以根据合并资产负债表和合并利润表进行编制。

　　合并所有者权益变动表的格式与个别所有者权益变动表的格式基本相同。所不同的只是在子公司存在少数股东的情况下，合并所有者权益变动表增加"少数股东权益"栏目，用于反映少数股东权益变动情况。

　　合并所有者权益变动表的一般格式如表6-1所示。

表6-1　合并所有者权益变动表

项目	归属于母公司股东权益								少数股东权益	所有者权益合计
	股本	资本公积	减:库存股	专项储备	盈余公积	一般风险准备	未分配利润	其他		
一、上年年末余额										
加:会计政策变更										
前期差错更正										
其他										
二、本年年初余额										
三、本年增减变动金额										
(一)净利润										
(二)其他综合收益										
上述(一)和(二)小计										
(三)股东投入和减少资本										
1.股东投入资本										
2.股份支付计入股东权益的金额										
3.其他										
(四)利润分配										
1. 提取盈余公积										
2.提取一般风险准备										
3. 对股东的分配										
4. 其他										
(五)股东权益内部结转										

项目	归属于母公司股东权益								少数股东权益	所有者权益合计
	股本	资本公积	减:库存股	专项储备	盈余公积	一般风险准备	未分配利润	其他		
1. 资本公积转增股本										
2. 盈余公积转增资本股本										
3. 盈余公积弥补亏损										
4. 其他										
(六)专项储备										
1.本期提取										
2.本期使用										
(七)其他										
四、本年期末余额										

（五）附注

合并财务报表附注是合并资产负债表、合并利润表、合并现金流量表和合并所有者权益变动表等合并财务报表中列示项目的文字描述或明细资料，以及对未能在这些报表中列示项目的说明等。企业应当按照规定披露合并财务报表附注信息，附注的主要内容如下：

（1）企业集团的基本情况；

（2）财务报表的编制基础；

（3）遵循企业会计准则的声明；

（4）重要的会计政策和会计估计；

（5）会计政策和会计估计变更及差错更正的说明；

（6）报表重要项目的说明；

（7）或有事项；

（8）资产负债表日后事项；

（9）关联方关系及其交易；

（10）风险管理。

以上十项，应当比照《企业会计准则》第30号——财务报表列报应用指南的相关规定进行披露。合并现金流量表还应该遵循《企业会计准则》第31号——现金流量表应用指南的相关规定进行披露。

①子公司的清单，包括企业名称、注册地、业务性质、母公司的持股比例和表决权比例。

②母公司直接或通过其他子公司间接拥有被投资单位表决权不足半数但能对其形成控制的原因。

③母公司直接或通过其他子公司间接拥有被投资单位半数以上的表决权但未能对其形成控制的原因。

④子公司所采用的与母公司不一致的会计政策，编制合并财务报表的处理方法及其影响。

⑤子公司与母公司不一致的会计期间，编制合并财务报表的处理方法及其影响。

⑥本期增加子公司，按照《企业会计准则》第20号——企业合并的规定进行披露。

⑦本期不再纳入合并范围的原子公司，说明原子公司的名称、注册地、业务性质、母公司的持股比例和表决权比例，本期不再成为其子公司的原因，其在处置日和上一会计期间资产负债表日资产、负债和所有者权益的金额及本期期初至处置日的收入、费用和利润的金额。

⑧子公司向母公司转移资金的能力受到严格限制的情况。

⑨需要在附注中说明的其他事项。

三、合并财务报表理论

合并财务报表理论是指认识合并财务报表的观点或看问题的角度，比如，如何看待由母公司与子公司所组成的企业集团（合并主体或报告主体）及其内部联系，以及合并财务报表主要为谁服务，从而合理地确认合并的范围和合并的方法。目前，国际会计界主要形成了三种合并财务报表理论，即所有权理论、母公司理论和实体理论。

1. 所有权理论

所有权理论强调终极财产权，着眼于母公司在子公司所持有的所有权，编制合并报表的目的是向母公司的股东报告其拥有的资源份额。合并财务报表只是为了满足母公司股东的信息需求，而不考虑子公司少数股东的信息需求，后者的信息需求应当通过子公司的个别报表予以满足。在具体合并方法上，所有权理论采用比例合并法，即按母公司实际拥有的股权比例，合并子公司的资产、负债、所有者权益和损益；子公司的资产和负债以公允价值列入合并报表，但只列入母公司应占的份额，不包括少数股东权益；合并商誉也按母公司的股权比例计算确定；合并净收益只反映母公司股东应享有的部分，不反映少数股东权益；对未实现的内部交易损益按母公司的股权比例予以剔除。

在所有权理论下，按比例合并法编制的合并财务报表强调的是合并母公司所实际拥有的资源，而不是母公司所实际控制的资源。一方面，所有权理论认为会计主体只是其终极所有者财富的存在形式和载体，这与会计主体假设是格格不入的，把会计主体的交易、事项或情况与其终极所有者截然分开，是没有实质性的经济意义的。另一方面，比例合并法固然稳健，但显然违背了控制的实质。控制一个主体实际上是控制该主体的资产，即按照控制者的意愿控制或指导被控制主体全部资产的运用。控制具有排他性，当母公司控制了子公司时，它不仅有权直接控制其所实际拥有的资产的运用，而且可以控制子公司全部资产的运用。正是由于上述局限性，所有权理论及比例合并法并没有为会计准则制定者广泛采纳应用。

2. 母公司理论

较之所有权理论，母公司理论不强调严格的所有权关系。母公司理论认为：母公司虽然并不拥有对子公司的全部资产、负债的所有权，但从控制的角度来看，母公司对子公司的控制不仅限于属其所有的部分，也包括少数股权的应享份额。因此母公司采用完全合并法，将子公司的全部资产、负债、收入与费用均加以合并。但在少数股东权益与少数股东收益的处理上，母公司理论忽视了除母公司股东之外的少数股东的利益，将少数股权权益视为负债，将少数股东损益视为费用，将合并主体中少数股东视为债权人对待。因此，在具体合并方法上，母公司理论综合使用了完全合并法和比例合并法：将子公司的资产、负债、净资产、收入和费用全部予以合并；在购买方式合并下，评估增值及商誉按母公司的持股比例确认和合并；集团内公司间交易及顺流交易所形成的未实现损益应全部予以抵消，但逆流交易所形成的未实现损益则按母公司的持股比例予以抵消；在合并资产负债表上，少数股东权益既不作为负债，也不作为所有者权益，而是作为一个单独项目列示于负债与所有者权益之间，不在合并利润表上，少数股东应将享有损益作为合并收益的一个扣减项目。

母公司理论依据重要性原则，并假定任何报表都不能满足所有使用者的一切要求，只能满足其主要利益主体的主要需要，在合并财务报表编制实务方面具有极强的可操作性，被广泛采用。然而，母公司理论站在母公司股东的角度，将合并财务报表视为母公司本身财务报表的扩延，认为编制合并财务报表的目的是向母公司的股东反映其控制的资源。这种观点过分强调了母公司股东与少数股东的差别，与股份经济的"同股同权"法则相悖。

3. 实体理论

实体理论认为，母公司、子公司之间的关系是控制与被控制的关系。这种控制关系使得母公司、子公司在资产的运用、经营和财务决策上，成为独立于其终极所有者的一个统一体，这个统一体就应当是编制合并财务报表的主体。实体理论强调的是整个集团中所有成员企业所构成的经济实体，合并财务报表是为整个经济实体服务的，反映合并主体所控制的资源。在具体合并方法上，实体理论采用"完全合并法"：购买法下形成的评估增值及商誉，应全部予以合并和摊销；母公司、子公司之间的交易及其未实现损益，应全部予以抵消；在合并资产负债表上，母公司未实际拥有的所有者权益反映为少数股东权益，并作为合并所有者权益的一个项目单独列示；少数股东在子公司应分享的损益，视为合并净收益在不同股东之间的利润分配，应通过合并利润表予以反映，而不是作为合并净收益的一个减项。

实体理论注重经济实质上的控制关系，这与现代企业制度中重视法人财产的产权理论是一脉相承的。在实体理论下，按完全合并法编制的合并财务报表，合并的是母公司所控制的资源，而不是母公司所拥有的资源，这种合并方法与控制的经济实质相吻合。对于构成控制集团的拥有多数股权的股东和拥有少数股权的股东同等对待，这与股份经济的"同股同权"法则相一致。同时也反映了企业并购过程中母公司通过产权控制而产生财务杠杆效应。在现代股份公司的股权越来越分散的形势下，实体理论能够比较全面地为所有股东提供合并整体的财务信息，在实践中越来越多的会计准则制定者采纳使用。

四、合并财务报表的合并范围

合并财务报表的合并范围以控制为基础加以确定。控制，是指投资方拥有对被投资方的权力，通过参与被投资方的相关活动而享有可变回报，并且有能力运用对被投资方的权力影响其回报金额。相关活动，是指对被投资方的回报产生重大影响的活动。被投资方的相关活动应当根据具体情况进行判断，通常包括商品或劳务的销售和购买、金融资产的管理、资产的购买和处置、研究与开发活动以及融资活动等。

投资方应当在综合考虑所有相关事实和情况的基础上对是否控制被投资方进行判断。一旦相关事实和情况的变化导致对控制定义所涉及的相关要素发生变化，投资方应当进行重新评估。相关事实和情况主要包括：

①被投资方的设立目的；

②被投资方的相关活动以及如何对相关活动做出决策；

③投资方享有的权利是否使其目前有能力主导被投资方的相关活动；

④投资方是否通过参与被投资方的相关活动而享有可变回报；

⑤投资方是否有能力运用对被投资方的权力影响其回报金额；

⑥投资方与其他方的关系。

投资方享有现时权力使其目前有能力主导被投资方的相关活动，而不论其是否实际行使该权力，视为投资方拥有对被投资方的权力。投资方在判断是否拥有对被投资方的权力时，应当仅考虑与被投资方相关的实质性权力，包括自身所享有的实质性权力以及其他方所享有的实质性权力。

（一）应当纳入合并财务报表的合并范围

根据我国会计准则，合并财务报表的合并范围具体如下：

（1）所有子公司都应纳入母公司的合并财务报表的合并范围。母公司应当将其全部子公司纳入合并财务报表的合并范围。即只要是由母公司控制的子公司，不论子公司的规模大小、子公司向母公司转移资金能力是否受到严格限制，也不论子公司的业务性质与母公司或企业集团内其他子公司是否有显著差别，都应该纳入合并财务报表的合并范围。

如果母公司是投资性主体，则母公司应当仅将为其投资活动提供相关服务的子公司（如有）纳入合并范围并编制合并财务报表；其他子公司不应当予以合并，母公司对其他子公司的投资应当按照公允价值计量且其变动计入当期损益。

当母公司同时满足下列条件时，该母公司属于投资性主体：

①该公司是以向投资者提供投资管理服务为目的，从一个或多个投资者处获取资金；

②该公司的唯一经营目的，是通过资本增值、投资收益或两者兼有而让投资者获得回报；

③该公司按照公允价值对几乎所有投资的业绩进行考量和评价。

投资性主体的母公司本身不是投资性主体，则应当将其控制的全部主体，包括那些通过投资性主体所间接控制的主体，纳入合并财务报表的合并范围。

　　当母公司由非投资性主体转变为投资性主体时，除仅将为其投资活动提供相关服务的子公司纳入合并财务报表的合并范围编制合并财务报表外，企业自转变日起对其他子公司不再予以合并，并参照本准则第四十九条的规定，按照视同在转变日处置子公司但保留剩余股权的原则进行会计处理。

　　当母公司由投资性主体转变为非投资性主体时，应将原未纳入合并财务报表范围的子公司于转变日纳入合并财务报表的合并范围，原未纳入合并财务报表范围的子公司在转变日的公允价值视同购买的交易对价。

　　（2）母公司直接或通过子公司间接拥有被投资单位半数以上的表决权，表明母公司能够控制被投资单位，应当将该被投资单位认定为子公司，纳入合并财务报表的合并范围。但是，有证据表明母公司不能控制被投资单位的除外。

　　（3）投资方持有被投资方半数或以下的表决权，但综合考虑下列事实和情况后，判断投资方持有的表决权足以使其目前有能力主导被投资方相关活动的，视为投资方对被投资方拥有权力：

　　①投资方持有的表决权相对于其他投资方持有的表决权份额的大小，以及其他投资方持有表决权的分散程度。

　　②投资方和其他投资方持有的被投资方的潜在表决权，如可转换公司债券、可执行认股权证等。

　　③其他合同安排产生的权力。

　　④被投资方以往的表决权行使情况等其他相关事实和情况。

　　当表决权不能对被投资方的回报产生重大影响时，如仅与被投资方的日常行政管理活动有关，并且被投资方的相关活动由合同安排所决定，投资方需要评估这些合同安排，以评价其享有的权利是否足够使其拥有对被投资方的权力。

　　（4）某些情况下，投资方可能难以判断其享有的权利是否足以使其拥有对被投资方的权力。在这种情况下，投资方应当考虑其具有实际能力以单方面主导被投资方相关活动的证据，从而判断其是否拥有对被投资方的权力。投资方应考虑的因素包括但不限于下列事项：

　　①投资方能否任命或批准被投资方的关键管理人员。

　　②投资方能否出于其自身利益决定或否决被投资方的重大交易。

　　③投资方能否掌控被投资方董事会等类似权力机构成员的任命程序，或者从其他表决权持有人手中获得代理权。

　　④投资方与被投资方的关键管理人员或董事会等类似权力机构中的多数成员是否存在关联方关系。

　　投资方与被投资方之间存在某种特殊关系的，在评价投资方是否拥有对被投资方的权力时，应当适当考虑这种特殊关系的影响。特殊关系通常包括：被投资方的关键管理人员是投资方的现任或前任职工、被投资方的经营依赖于投资方、被投资方活动的重大部分有投资方参与其中或者是以投资方的名义进行、投资方所承担可变回报的风险或享有可变回报的收益远超过其持有的表决权或其他类似权利的比例等。

（5）投资方在判断是否控制被投资方时，应当确定其自身是以主要责任人还是代理人的身份行使决策权，在其他方拥有决策权的情况下，还需要确定其他方是否以其代理人的身份代为行使决策权。代理人仅代表主要责任人行使决策权，不控制被投资方。投资方将被投资方相关活动的决策权委托给代理人的，应当将该决策权视为自身直接持有。在确定决策者是否为代理人时，应当综合考虑该决策者与被投资方以及其他投资方之间的关系。

①存在单独一方拥有实质性权利可以无条件罢免决策者的，该决策者为代理人。

②除①以外的情况下，应当综合考虑决策者对被投资方的决策权范围、其他方享有的实质性权利、决策者的薪酬水平、决策者因持有被投资方中的其他权益所承担可变回报的风险等相关因素进行判断。

（6）投资方通常应当对是否控制被投资方整体进行判断。但极个别情况下，有确凿证据表明同时满足下列条件并且符合相关法律法规规定的，投资方应当将被投资方的一部分（以下简称"该部分"）视为被投资方可分割的部分（单独主体），进而判断是否控制该部分（单独主体）。

①该部分的资产是偿付该部分负债或该部分其他权益的唯一来源，不能用于偿还该部分以外的被投资方的其他负债；

②除与该部分相关的各方外，其他方不享有与该部分资产相关的权利，也不享有与该部分资产剩余现金流量相关的权利。

实际工作中，在判断母公司对子公司是否形成控制且将其纳入合并财务报表的合并范围时，不能仅仅根据投资比例而定，而应当贯彻实质重于形式的要求，即使母公司拥有被投资单位半数以上或以下的表决权，但如果满足以上四个条件之一，也应视为母公司能够控制被投资单位，应当将该被投资单位认定为子公司，纳入合并财务报表的合并范围。但是，如果有证据表明母公司不能控制被投资单位的除外。

（二）不应当纳入合并财务报表的合并范围

下列被投资单位不是母公司的子公司，不应当纳入母公司合并财务报表的合并范围。

（1）已宣告被清理整顿的原子公司。已宣告被清理整顿的原子公司是指在当期宣告被清理整顿的被投资单位，该被投资单位在上期是母公司的子公司。在这种情况下，根据2005年修订的《公司法》第一百八十四条的规定，被投资单位实际上在当期已经由股东、董事或股东大会指定的人员组成的清算组或人民法院指定的有关人员组成的清算组对该被投资单位进行日常管理，在清算期间，被投资单位不得开展与清算无关的经营活动，因此，母公司不得再控制该被投资单位，不能将该被投资单位继续认定为母公司的子公司。

（2）已宣告破产的原子公司。已宣告破产的原子公司，是指在当期宣告破产的被投资单位，该被投资单位在上期是本公司的子公司。在这种情况下，根据《企业破产法》的规定，被投资单位的日常管理已转交到由人民法院指定的管理人，本公司不能控制该被投资单位，不能将该被投资单位认定为本母公司的子公司。

（3）母公司不能控制的其他被投资单位。母公司不能控制的其他被投资单位，是指母公司不能控制的除上述情形以外的其他被投资单位，如联营企业、合营企业等。需要注意的是，按照合并财务报表准则的规定，投资企业对于与其他投资方一起实施共同控制的被投资单位，应当采用权益法核算，不应采用比例合并法。但是，如果根据有关公司章程、协议等，表明投资企业能够对被投资单位实施控制的，应当将被投资单位纳入合并财务报表的合并范围。

五、合并财务报表的特点

合并财务报表是以整个企业集团为一个会计主体，以组成企业集团的母公司和子公司的个别财务报表为基础，抵消内部交易或事项对个别财务报表的影响后编制而成的。合并财务报表也不同于联合财务报表和汇总财务报表。因此，在分析合并财务报表时，需要了解合并财务报表与个别财务报表、联合财务报表、汇总财务报表的区别。

（一）合并财务报表与个别财务报表的区别

1. 会计主体不同

合并财务报表反映的是母公司和子公司所组成的企业集团整体财务状况和经营成果，其反映的对象是由若干个法人组成的会计主体，是经济意义上的会计主体，而不是法律意义上的主体。而个别财务报表反映的则是个别企业法人的财务状况和经营成果，其反映的对象是企业法人。对由母公司和若干个子公司组成的企业集团来说，母公司和子公司编制的个别财务报表分别反映母公司本身或子公司本身各自的财务状况和经营成果，而合并财务报表则反映母公司和子公司组成的集团这一会计主体的财务状况和经营成果。

2. 编制主体不同

合并财务报表是由企业集团中对其他企业有控制权的控股公司或母公司编制的。也就是说，并不是企业集团中所有企业都必须编制合并财务报表，更不是社会所有企业都需要编制合并财务报表。与此不同的是，个别财务报表是由独立的法人企业编制的，所有企业都需要编制个别财务报表。

3. 编制基础不同

合并财务报表是以个别财务报表为基础编制的。企业编制个别财务报表时，从设置账簿、审核凭证、编制记账凭证、登记会计账簿到编制财务报表，都有一套完整的会计核算方法体系。而合并财务报表却不同，它是以纳入合并范围的企业的单独财务报表为基础，根据其他有关资料，抵消有关会计事项对个别财务报表的影响而编制的，它并不需要在现行会计核算体系之外，单独设置一套账簿体系。

4. 编制方法不同

合并财务报表编制有其独特的方法。个别财务报表的编制有其自身固有的一套编制方法和程序；合并财务报表则是在对纳入合并范围的个别财务报表的数据进行加总的基础上，通过编制抵消会计分录将企业集团内部的经济业务对个别财务报表的影响予以抵消，然后根据合并财务报表各项目的数额编制。

（二）合并财务报表与联合财务报表的区别

联合财务报表是将分支机构视为一个企业整体而编制的会计报表。所谓的分支机构是整体企业的一个组成部分，它在经营业务、经营方针等各方面都要受到公司总部不同程度的控制。分支机构不是独立的法律主体，但通常是一个独立的会计主体，有独立的会计记录和报告系统。它们通常需要设置一套较为完整的账簿，用来记录其本身发生的经济业务，单独核算财务状况和经营成果；但分支机构会计科目的名称与编号、会计报表的内容和格式，以及内部控制制度和会计方针等，一般由总部事先规定。企业总部及分支机构通常分别拥有完整的会计系统，记录各自相对独立的经济业务。会计期终了，总部和分支机构各自编制会计报表，反映其各自的财务状况和经营成果。

但总部及分支机构单独的会计报表仅供企业内部使用。总部应以总部和各分支机构的会计报表及其他有关资料为基础，编制能反映企业整体财务状况和经营成果的联合财务报表，作为对外提供的会计报表，以满足投资者、债权人及其他有关方面的需要。联合会计报表将总部与分支机构视为一个企业整体，总部与分支机构的交易在编制过程中抵消。

合并财务报表与联合财务报表的区别主要有以下几个方面。

1. 会计主体的法律地位不同

联合财务报表的会计主体是包括总部和分支机构的公司整体，是独立法人；各分支机构不具备独立的法人资格。合并财务报表的会计主体是包括母子公司的整个企业集团，母公司与各子公司均拥有独立法人资格，而整个企业集团并不是法律实体。会计主体的法律地位不同，这是合并财务报表与联合财务报表最本质的区别。

2. 财务报表的性质不同

联合财务报表基于公司内部会计核算编制，是个别财务报表。而合并财务报表是在母公司控股基础上，根据母公司、子公司的个别财务报表，采用特定的方法编制而成的。

（三）合并财务报表与汇总财务报表的区别

汇总财务报表主要指由行政管理部分，根据所属企业报送的财务报表，对其各项目进行加总编制的财务报表。合并财务报表与汇总财务报表的区别主要体现在以下几个方面。

1. 编制目的不同

汇总财务报表的目的主要是满足有关行政部门或国家掌握了解整个行业或整个部门所属企业的财务经营情况的需要；而合并财务报表主要是为满足公司的所有者、债权人及其他有关方面了解企业集团整体财务状况和经营成果的需要。

2. 编制主体不同

汇总财务报表是由有关行业的主管部门编制的，而合并财务报表是由母公司负责编制的。

3. 编报范围不同

汇总财务报表的编制范围主要是以企业的财务隶属关系作为确认的依据，即以企业是否归其管理、是否是其下属企业作为确定编报范围的依据，凡属于其下属企业，在财务上归其管理，则都包括在汇总财务报表的编报范围之内；而合并财务报表则是以母公司对另一企业的控制关系作为确定编报范围（即合并范围）的依据，凡是通过投资关系或协议能够对其实施有效控制的企业就属于合并财务报表的编制范围。

4. 编制方法不同

汇总财务报表主要采用简单加总的方法编制。合并财务报表则必须采用抵消内部投资、内部交易、内部债权债务等内部会计事项对个别财务报表的影响后编制。

六、我国企业会计准则中合并财务报表规定的变迁

财政部于1995年2月颁布了《合并会计报表暂行规定》，1996年又发布了《关于合并会计报表合并范围的复函》，1999年公布了《关于资不抵债公司合并报表问题请示的复函》，上述规定与《企业会计制度》一并为我国企业合并财务报表实务处理提供了理论依据。2006年，财政部正式发布了新的企业会计准则体系，并从2007年1月1日起在上市公司范围内开始实施，鼓励其他企业执行。新会计准则体系包括1项基本准则、38项具体会计准则与32项应用指南，新会计准则体系充分借鉴了国际会计惯例，实现了与国际财务报告准则的实质性趋同。其中《企业会计准则》第33号——合并财务报表规范了企业合并财务报表的编制与列报。2014年2月17日，财政部发布了关于印发修订《企业会计准则》第33号——合并财务报表的通知，并自2014年7月1日起施行，该准则主要对《企业会计准则》第33号——合并财务报表中控制的定义、合并范围进行了修改，进一步规范了企业合并财务报表的编制与列报。

旧规定对合并财务报表的理论定位并不十分清晰，大体上依据母公司理论，具有十分浓厚的实用主义色彩。在合并财务报表编制目的的表述方面，旧规定认为合并财务报表是为母公司的股东编制的；从合并方法上看，采取比例合并法；在计价基础方面，采用双重计价基础，对母公司所拥有的净资产份额按公允价值计价，少数股东权益按历史成本计价，合并商誉与子公司少数股权股东无关；在少数股东权益性质的认定方面，将少数股东权益在负债项目和所有者权益项目中间单独列示；在收益确认方面，少数股东当期损益在合并利润表中净利润项目前作为费用列示。

新准则由原来主要以母公司理论为依据改为以实体理论为依据，具体体现在以下几个方面。

1.子公司概念的界定

在合并财务报表的编制中对子公司概念的界定非常重要，因为它直接关系到合并范围的确定。新准则中，子公司是指被母公司控制的企业。控制，是指投资方拥有对被投资方的权力，通过参与被投资方的相关活动而享有可变回报，并且有能力运用对被投资方的权力影响其回报金额。在确定能否控制被投资单位时，应予考虑企业和其他企业持有的被投资单位的当期可转换的可转换公司债券、当期可执行的认股权证等潜在表决权因素。这种控制是指经济实质上的控制，而不仅仅是法律形式上的控制。这与认为企业集团是因为控股关系而存在的实体理论是一脉相承的。

2.合并范围

基于实体理论，新准则中对合并财务报表的合并范围是以控制为基础予以确认的。新准则规定母公司所控制的所有子公司都必须纳入合并范围。小规模的子公司、经营业务性质特殊的子公司及所有者权益为负数的子公司，只要母公司能对其加以控制均应纳入合并范围。

在财政部1996年《关于合并会计报表合并范围请示的复函》中，依据重要性原则，对于子公司的资产总额、销售收入及当期净利润小于母公司与其所有子公司相应指标合计

数的10%时，该子公司可以不纳入合并范围。同时规定，对于银行和保险业等特殊行业的子公司，可以不纳入合并范围。新准则在确定合并范围时强调的是控制原则。按照控制的标准，无论是小规模的子公司还是经营业务性质特殊的子公司均纳入合并范围，只有这样，合并财务报表才能反映由母公司和所有子公司构成的企业集团的财务状况和经营成果。新准则重要性原则的运用主要体现在内部交易的抵消和相关信息的披露上。

同时，从控制的实质来看，对于按照合同约定同时受两方或多方控制的合营企业，并符合合并财务报表控制的定义，不应将这种联合控制主体按比例纳入合并财务报表的合并范围，也就是说，按比例合并的这部分被投资企业的资产、负债、所有者权益及损益和现金流量等，实际上母公司单方面是控制不了的，合并进来没有实际意义。因此，新准则中取消了原来对合营企业采用的比例合并法。合营企业应按照《企业会计准则》第2号——长期股权投资的规定，采用权益法进行核算。

3. 列报格式

新准则在合并资产负债表中将少数股东权益在所有者权益项目下以"少数股东权益"项目单独列示，子公司当期净损益中属于少数股权股东权益的份额，在合并利润表净利润项目下以"少数股东损益"项目列示，合并价差由全部股东共享。这种列报格式体现了实体理论，也使得合并资产负债表上的项目更加符合资产、负债要素的定义，是资产负债观在我国会计准则中的体现。

4. 编制方法

旧规定下，母公司对子公司的长期股权投资按权益法核算，合并财务报表一般以母公司和子公司个别会计报表为基础，在抵销母公司与子公司、子公司相互之间发生的内部交易后，由母公司合并编制。新准则体系长期股权投资具体准则规定，母公司对子公司的长期股权投资调整为权益法核算。编制母公司财务报表，依据调整后的母公司会计报表和子公司的会计报表在抵销母公司和子公司、子公司相互之间发生的内部交易后进行编制。由此可见，新准则体系下，在编制合并财务报表时，首先要进行长期股权投资按权益法核算的调整，其后才能编制合并财务报表。

5. 子公司资不抵债合并报表问题

财政部1999年《关于资不抵债公司合并报表问题请示的复函》规定：在长期股权投资采用权益法时，假如被投资单位发生亏损，投资企业应按持股比例计算应承担的份额，并冲减长期股权投资的账面价值。投资企业确认的亏损额，一般以长期股权投资减记至零为限。其未确认的被投资单位亏损分担额，在编制合并会计报表时，在合并会计报表的"未分配利润"项目上增设"未确认的投资损失"项目，同时，在利润表的"少数股东损益"项目下增设"加：未确认的投资损失"项目，这两个项目反映母公司未确认子公司的投资亏损额。

新准则规定，子公司当期发生的亏损应当在母公司和少数股东之间进行分配。分配给少数股东的当期亏损超过了少数股东在该子公司所有者权益中所享有的份额，其余额应根据具体情况进行处理。假如章程或协议规定少数股东有义务承担，并且少数股东有能力予以弥补的，该项余额应冲减少数股东权益在该子公司所有者权益中所享有的份额；假如章程或协议未规定少数股东有义务承担的，该项余额应冲减母公司的所有者权益。该子公司在以后期间实现的利润，在弥补了由母公司的所有者权益所承担的属于少数股东的损失以前，应当全部归属于母公司的所有者权益。新准则更加强调"实质重于形式"原则，从合并财务报表角度，确认子公司超额亏损，如实反映了企业集团控制的经济资源和经营业绩。

6. 合并财务报表组成部分变化

旧规定中合并财务报表包括合并资产负债表、合并损益表、合并财务状况变动表和合并利润分配表。随着我国财务报表体系的不断完善，新准则规定合并财务报表至少应当包括下列组成部分：合并资产负债表、合并利润表、合并现金流量表、合并所有者权益变动表、附注。新准则明确了合并现金流量表和补充资料的编制方法，列明了具体的合并程序和披露要求。

第二节　合并财务报表特殊项目分析

一、商誉

1. 商誉的定义

非同一控制下的企业合并时，购买方对合并成本大于合并中取得的被购买方可辨认净资产公允价值份额的差额，应当确认为商誉。企业合并又具体区分非同一控制下的吸收合并和控股合并。对于非同一控制下的吸收合并，购买方在购买日应当按照合并中取得的被购买方各项可辨认资产、负债的公允价值确认其入账价值，确定的企业合并成本与取得被购买方可辨认净资产公允价值的差额，应确认为商誉或计入当期损益。对于非同一控制下的控股合并，合并成本大于合并中取得的被购买方可辨认净资产公允价值份额的差额，确认为合并资产负债表中的商誉。企业合并成本小于合并中取得的被购买方可辨认净资产、公允价值份额的差额，在购买日合并资产负债表中调整盈余公积和未分配利润。

商誉的存在无法与企业自身分离，不具有可辨认性，不属于无形资产准则所规范的内容。因此，在新准则中商誉不属于无形资产，而是一种特殊的资产要素，且其只有在非同一控制下的企业合并中形成；如果为吸收合并，可确认为购买方个别财务表中的商誉；如果为控股合并，则确认为母公司所编制的合并财务报表中的商誉。本章中所指的商誉即为控股合并形成的母公司所编制的合并财务报表中的商誉。商誉在合并资产负债表"资产"栏中单独设立"商誉"项目予以列报。

2. 商誉项目变化动因分析

（1）商誉减值

在编制合并财务报表时，因企业合并形成的商誉和使用寿命不确定的无形资产，无论是否存在减值迹象，每年都应当进行减值测试。就是将商誉结合于其相关的资产组或者资产组组合进行减值测试，比较这些相关资产组或者资产组组合的账面价值（包括所分摊的商誉的账面价值部分）与其可收回金额，从而判断商誉是否发生减值，如发生减值，则应当确认商誉的减值损失。商誉减值损失一经确认，在以后会计期间不得转回。

对于确认的资产减值损失，企业应当在附注中披露与资产减值有关的下列信息：当期确认的各项资产减值的损失金额；计提的各项资产减值的损失金额；在企业发生重大资产减值损失的情况下，企业应当在附注中披露导致每项重大资产减值损失的原因和当期确认的重大资产减值损失的金额。

（2）合并范围变化

当会计期间内，母公司发生了非同一控制下的企业合并，并且合并成本大于合并中取得的被购买方可辨认净资产公允价值份额的差额，新商誉的确认会增加期末合并资产负债表中商誉金额。而当母公司处置子公司或子公司破产清算时，结转相应商誉与商誉资产减值准备，会引起商誉金额的减少。

（3）会计政策变更、会计差错更正等因素

会计政策的变更，如财政部2008年颁布的《关于做好执行会计准则企业2008年年报工作的通知》对高危行业企业计提维检费和安全生产费，从原来列入负债变更为计入盈余公积，这会导致子公司净资产发生变化，需要重新确认商誉的入账价值。会计差错更正，如公司对新会计准则理解有误、将购买子公司的暂时性价值调整为公允价值，须对合并报表做出差错更正。还有，若合并范围内的子公司为海外公司，每个会计期间的汇率变动对商誉账面价值会产生影响，也有可能导致商誉净额的减少。

3. 商誉减值与盈余管理

企业计提资产减值，可能是由于资产未来盈利能力下降，也可能是来自管理层调节利润的需要。资产未来盈利能力下降，计提资产减值可以反映资产的真实价值，给报表使用者提供真实可靠的信息以利于其决策。资产减值也赋予了管理者一定的政策选择空间，从而使管理者会根据自身需要计提资产减值准备。与长期资产相比，商誉自身存在很强的特殊性，其价值的形成具有高度的不确定性，不能独立于其他资产或者资产组产生现金流量，并随着企业经营环境的变化而变化，这给企业计量和外部的审计监管带来一定的困难，同时也给企业的盈余管理带来一定的机会。但从实务来看，上市公司仍可通过对资产减值的计提进行一定的盈余管理。

现行资产减值准备规定，企业应当在会计期末判断资产是否发生了减值，并按相应程序和方法对其计提相应的资产减值准备；资产减值损失一经确认，在以后会计期间不得转回。已有的研究发现，这一规定减少了上市公司的盈余管理行为，提高了上市公司的会计信息质量。

二、外币报表折算差额

1. 外币报表折算差额的含义

合并资产负债表"外币报表折算差额"项目列示在"未分配利润"项目之后、"少数股东权益"项目之前，用于反映境外经营的资产负债表折算为人民币表示的资产负债表时所发生的折算差额中归属于母公司所有者权益的部分。

外币报表折算差额，是指对外币报表进行折算时，汇率的不断变动，报表的不同项目采用不同的汇率折算而产生的资产与权益的差额。现行准则规定：企业期末编制合并财务报表时对境外经营外币财务报表的折算，采用现行汇率法，母公司对于发生的外币交易（指以外币计价或者结算的交易）的期末余额应当分为外币货币性项目和非货币性项目进行处理。因折算产生的外币报表差额应当在并入后的资产负债表中作为所有者权益项目单独列示，在企业境外经营为其子公司的情况下，企业在编制合并财务报表时，应按少数股东在境外经营所有者权益中所享有的份额计算少数股东应分担的外币报表折算差额，并入少数股东权益列示于合并资产负债表。企业应当披露包括当期损益中的汇兑差额及外币报表折算差额在本期的增减变动情况。

2.外币报表折算差额的分析

企业只要有外币交易，进行外币折算就应当有一定的汇率变动的风险，但这种风险也分为可分散的和不可分散的。比如市场因素造成的汇率变动，可以通过远期汇率合同套期保值予以抵消，但像战争或者自然灾害或者政府的货币政策变动引起的汇率变动，企业不可能提前预测予以控制，这种汇率变动引起的折算损失，并不是企业正常经营活动的损益，不能反映企业的真实经营状况，不能真正体现企业的价值。差额的大小，取决于所选用的折算方法、汇率变动的方向和程度、外币资产与外币负债的比例等因素。不同折算方法的选择会影响折算差额的大小，甚至会由折算利得变为折算损失，但实际上企业的现金流量并未发生任何变化。外币会计折算差额是在外币会计报表折算中产生的，属于未实现损益。

三、归属于母公司所有者权益与少数股东权益

1.归属于母公司所有者权益与少数股东权益的含义

合并资产负债表中所有者权益项目下"归属于母公司所有者权益合计"用于反映企业集团的所有者权益中归属于母公司所有者权益的部分，包括实收资本（或股本）、资本公积、库存股、盈余公积、未分配利润和外币报表折算差额等项目的金额。"少数股东权益"项目，用于反映非全资子公司的所有者权益中不属于母公司的份额。

母公司理论下，当母公司长期股权投资在采用复杂权益法核算时，合并财务报表的股东权益与合并利润表分别等于母公司财务报表中的股东权益数和净利润数。在这种情况下，合并财务报表只是对母公司个别财务报表的补充——将母公司个别财务报表"长期股权投资""投资收益"等项目细化。因此，在母公司理论下，合并财务报表所提供的信息非常有限。

现行准则依据实体理论，将母公司长期股权投资对控股子公司采用成本法核算；对非同一控制下企业合并中取得的子公司，以在购买日公允价值基础上确定的可辨认资产、负债及或有负债在本期资产负债表日的金额纳入合并报表。现行准则下，合并后净资产各项目的价值等于母公司净资产账面价值加子公司净资产公允价值减本期摊销数；商誉以本期期末的未摊销数列示；合并资产负债表所有者权益项目分别等于母公司所有者权益项目；

合并资产负债表上的留存利润数额根据合并留存利润表中的期末留存利润数额列示。合并资产负债表所有者权益项目提供了更多关于整个集团整体的信息。

2.归属于母公司所有者权益的分析

如果合并财务报表中归属母公司所有者权益小于母公司个别报表中所有者权益，一般可能的情况是：母公司对外投资的控股子公司出现亏损，由母公司承担的投资损失压榨了母公司自己的盈利，所以会造成合并财务报表中归属于母公司的所有者权益小于母公司的所有者权益。此时，应关注子公司的亏损是暂时性的还是永久性的，母公司长期股权投资项目都应计提减值损失。当子公司出现差额亏损时，子公司少数股东分担的当期亏损超过了少数股东在该子公司期初所有者权益中所享有的份额，其余额应当分下列情况进行处理：若公司章程或协议规定少数股东有义务承担，并且少数股东有能力予以弥补的，该项余额应当冲减少数股东权益；公司章程或协议未规定少数股东有义务承担的，该项余额应当冲减母公司的所有者权益。该子公司以后期间实现的利润，在弥补由母公司所有者权益所承担的属于少数股东的损失之前，应当全部归属于母公司的所有者权益。如果出现上述情况，会导致归属于母公司所有者权益金额减少；如果子公司资不抵债金额巨大，甚至超过了母公司累计未分配利润，则归属于母公司的所有者权益出现负数。

3.少数股东权益的分析

合并财务报表少数股东权益金额等于子公司所有者权益与少数股东所持有比例乘积。少数股东权益的显著增加，说明企业可能存在以下情况：母公司大量整合并购，子公司数量急剧增加，进而纳入合并财务报表的子公司所有者权益增加；在合并范围不变的条件下，母公司适当减持控股子公司的股份，也会增加少数股东权益；母公司对子公司的持股比率低于50%，但因拥有实质控制权而纳入合并财务报表范围，这会使得合并财务报表中少数股东权益大于归属于母公司股东权益；当企业集团拥有子公司、孙公司多层级的控股结构时，归属于母公司的股东权益会因为金字塔状的控制链条而急剧缩减，同时，少数股东权益会增加。当母公司以子公司的股权与其他投资者合资，尤其是把子公司放在证券市场实施股权再融资时，合并财务报表少数股东权益会增加，而归属于母公司的股东权益可能并没有增加，而母公司对控股子公司的增持，则会减少合并财务报表少数股东权益。

在对少数股权权益进行分析时，要注意结合合并所有者权益变动表进行。通过合并所有者权益变动表，不仅会看到本期少数股东损益的增加是如何通过净利润项目对少数股权权益由期初余额到期末余额的变化产生影响的，还会看到子公司可供出售金融资产公允价值变动利得导致的少数股东权益增加额及外币报表折算差额、子公司超额亏损甚至股利分配情况等对少数股东权益的影响。因此，可以通过分析合并报表少数股东权益，掌握子公司经营与财务状况。

"少数股东权益"是一个功能较强的集团内在资本杠杆，它可使得"归属于母公司股东权益"在"撬动"股权融资上的能力得以成倍提升。母公司利用子公司（含层级更低的公司）这个平台进行大量的资本运营，使企业集团总体的净资产总额急剧膨胀，在此基础上还可以大举利用负债杠杆进行融资。这些杠杆的综合、交叉使用使得整个企业集团规模陡增。这种情况下，"少数股东权益"的绝对金额和相对增长率都会明显增加。另外，这种"撬动"有时候会对本属于少数股东的权益进行主体强行分拆，比如控股子公司首次公开发行股票的溢价，由少数股东溢价投入的"资本公积"，其中一部分就会被直接划转为归属于母公司股东权益。

四、归属于母公司所有者净利润与少数股东损益

1.归属于母公司所有者净利润与少数股东损益的含义

合并利润表中"归属于母公司所有者的净利润"和"少数股东损益"两个项目，分别反映净利润中由母公司所有者所享有的份额和非全资子公司当期实现的净利润中属于少数股东权益的份额，即不属于母公司享有的份额。归属于母公司所有者的净利润与少数股东权益之和等于合并净利润。

2.归属于母公司所有者净利润的分析

现行准则要求投资企业对子公司的长期股权投资的日常核算采用成本法，但在编制合并报表时需要按权益法进行调整。在成本法下，对于子公司当期实现的净利润，母公司在核算长期股权投资时将不再按持股比例全部确认投资收益，只有在子公司宣布分红后才能予以确认，从而导致母公司财务报表仅反映当期母公司自身实现的收益，而不再包括归属于母公司股东的、子公司当期已实现而未分配的利润。而按权益法调整后编制的合并财务报表则反映整个集团实现的利润。于是，母公司财务报表主要反映母公司自身实现的当期收益，而合并财务报表反映集团经济实体的整体收益。

这些变化一方面使得母公司个别财务报表和合并财务报表的分工更加明确，另一方面也导致了合并利润表"归属于母公司股东净利润"项目与母公司个别利润表中净利润项目之间的差异（以下简称"合并——母公司净利润差异"）扩大。旧准则下，"合并——母公司净利润差异"主要反映集团内部抵消事项对合并净利润的影响净额，并没有为投资者的股票定价决策带来额外的信息含量；而在现行准则下，由于合并财务报表与母公司财务报表的合理分工，使得子公司利润信息得到释放，该差异能为母公司投资者的股票定价决策提供合并财务报表净利润之外的增量信息。实证研究方面，陆正飞和张会丽研究了我国新、旧会计准则下"合并——母公司净利润差异"相对于合并财务报表净利润的增量信息含量的变化，发现该差异在旧准则下并没有为母公司投资者的股票定价决策带来额外的信息；而在现行准则下，该差异的决策相关性显著提高，并能提供合并财务报表净利润之外的增量信息含量。这就意味着，合并财务报表净利润中已包括母公司财务报表净利润中未包括的子公司已实现而未分配的盈余，能够在合并财务报表净利润基础上提供增量信息含量。

母公司财务报表净利润大于合并财务报表净利润，原因往往是子公司存在亏损，或者母公司、子公司之间关联交易产生的集团内部利润在编制合并财务报表过程中被取消了。若是前者，说明母公司可能会受子公司亏损的牵累；若是后者，则说明母公司财务报表净利润存在大量关联交易利润。如果合并财务报表净利润大于母公司财务报表净利润，则说明子公司实现利润未分配或未完全分配。

一些作为集团母公司的控股公司，本身并不直接从事生产经营业务，或者只是从事一

部分生产经营业务，而大量的生产经营业务是由下属子公司承担的。在这种情况下，母公司财务报表净利润的一部分甚至全部来源于子公司分配的股利。子公司出于自身发展需要等考虑，所实现的利润往往不完全分配，甚至全部不分配。此时，可能出现母公司财务报表净利润很少，合并财务报表净利润很大的状况。合并财务报表净利润远大于母公司财务报表的净利润，意味着该企业的整体盈利能力高度集中在其所控制的子公司中，这就可能需要相关决策者进一步关注子公司的经营特征及上市公司对其子公司的控制与整体协调能力。如果上市公司的子公司地域偏远且分散、资产专用性强、公司治理状况差，上市公司对子公司的整体协调控制能力相对较差，即便合并财务报表所显示的账面盈利较好，但由于母公司对盈利的控制力较差，其未来利润分配能力也将大打折扣。

3. 少数股东损益的分析

企业合并财务报表中的净利润大致可以分为两部分：一部分是母公司本身的净利润；另一部分是被合并企业产生的全部净利润。如果母公司本身亏损比较严重，被合并的各子公司盈利非常好，就会出现合并财务报表净利润很高，但因净利润都出在子公司身上，在扣除了子公司少数股东的净利润后，归属于母公司所有者的净利润就更少了。

若少数股东损益占净利润比例逐年上涨，甚至高于少数股东股权益占所有者权益之比，这表明少数股东对应的资产盈利能力已超过上市公司整体盈利能力。这可能是因为：少数股东权益占比较大的子公司盈利水平明显，而母公司占比较大的子公司盈利水平较差；也可能是因为业务需要各子公司充分协同合作，集团内部交易更多的是逆销，或内部交易定价可能更偏向于子公司，尤其是少数股东权益占比较大的子公司，造成利润下沉。

当归属于母公司所有者的净利润低于少数股东净利润时，有两种可能：可能是作为母公司本身负担较重，母公司的亏损把控股子公司的盈利冲销了；也可能是母公司对盈利子公司持股比例较低，对亏损子公司持股比例较高。有些子公司亏损巨大，母公司持股比例极高，甚至是全资持股，少数股东在其中分担的亏损极少，这时会出现归属于母公司所有者净利润下降而少数股东损益却上升的状况。这种情况在国有企业集团比较常见，由于历史原因，母公司全资持股的子公司承担更多社会责任，其成本、费用更高，盈利能力相对较弱，甚至常年亏损，从而导致归属于集团公司所有者的净利润下降。

五、合并现金流量表特殊项目

合并现金流量表编制与个别现金流量表相比，一个特殊的问题就是在子公司为非全资子公司的情况下，涉及子公司与其少数股东之间的现金流入和现金流出的处理问题。对于子公司与少数股东之间发生的现金流入和现金流出，从整个企业集团来看，也影响到其整体的现金流入和流出数量的增减变动，必须在合并现金流量表中予以反映。子公司与少数股东之间发生的影响现金流入和现金流出的经济业务包括：少数股东对子公司增加权益性投资、少数股东依法从子公司中抽回权益性投资、子公司向其少数股东支付现金股利或利润等。为了便于企业集团合并财务报表使用者了解、掌握企业集团现金流量的情况，有必要将与子公司与少数股东之间的现金流入和现金流出的情况单独予以反映。对于子公司的少数股东增加在子公司中的权益性投资，在合并现金流量表中应当在"筹资活动产生的现金流量"之下的"吸收投资收到的现金"项目下"其中：子公司吸收少数股东投资收到的现金"项目反映。对于子公司向少数股东支付现金股利或利润，在合并现金流量表中应当在"筹资活动产生的现金流量"之下的"分配股利、利润或偿付利息支付的现金"项目下"其中：子公司支付给少数股东的股利、利润"项目反映。对于子公司的少数股东依法抽回在子公司中的权益性投资，在合并现金流量表中应当在"筹资活动产生的现金流量"之下的"支付其他与筹资活动有关的现金"项目反映。

六、合并财务报表附注

1.企业集团战略分析

通过合并财务报表附注，掌握企业集团的基本情况：母公司以及集团最终母公司的状况；子公司与子公司信息；企业集团的业务性质和主要经营活动，如所处的行业、所提供的主要产品或服务、客户的性质、销售策略、监管环境的性质等。

战略分析是财务报表分析的重要起点，通过战略分析确认企业的利润动因和主要风险，进而在财务报表分析时重点关注。企业集团形成的最初动机是节省单个企业之间在市场上的交易费用，其战略制定必定与其形成动机有关。通过企业一体化形成协同性优势，以达到节省费用的目的，这便是企业集团的战略与单个企业的战略最根本的不同。即"集团公司在制定战略时，必须让这些经营单位通过协同效应为整个集团增加价值，使得一个公司整体的价值高于所有部分的价值之和"。合并财务报表分析应重点关注企业集团的协同性带来的利润动因和经营风险。

纵向整合通过对所处产业链上下游进行整合，收购投入要素或原材料的生产企业，兼并生产、销售及整合分销渠道企业。纵向整合的企业集团将关键性的投入-产出关系纳入控制范围，以行政手段而不是市场手段处理一些业务，提高企业对原材料市场与产品销售市场的控制能力，进而获得一个较稳定的经营环境，保证企业在供应紧张阶段得到有效的供应，或者在总需求量不大的阶段保证产品有销路。一个控制了大量关键原料或销售渠道的企业集团，可通过对原料和销售渠道的控制，有力地控制竞争对手的活动。非一体化的竞争对手面临更大的困难、不利的规模经济效应和被提高的资本费用，形成一定的进入壁垒。纵向整合的企业集团可以降低原材料成本，减少销售费用，提高资金的使用效率，进而提高整个企业集团的经营效率与盈利能力。与此同时，纵向整合形成的企业集团内部会存在大量关联交易，这些关联交易有利于充分利用企业集团内部的资源，降低交易费用，提高集团公司的资本营运能力或关联公司的营运效率。但也有可能被用来转移资产、粉饰利润或逃避监管。在对纵向整合形成的企业集团进行财务报表分析时需要关注关联方、关联交易的信息。合并财务报表抵消了合并范围内子公司间及母公司、子公司间交易，合并财务报表附注并不披露已包括在合并财务报表中的各成员企业之间的交易，只反映合并范围之外与关联公司的交易即可。因此，应结合母公司个别财务报表对关联交易进行分析。

横向兼并形成的企业集团通过并购生产或经营同种或相似产品的企业，迅速扩大生产规模，实现规模效益和扩大市场占有率，企业市场权力得到扩大。企业集团内部实现技术或市场营销等方面的资源共享，获取"协同效应"，以较少资本扩大企业经营范围；将相同的部门合并，撤除一部分冗余部门，从而降低经营成本，提高资本利用率。企业集团利用规模经济降低成本增加企业的经济效益和抗风险能力，市场占有率的增加有利于提高公司利润。但横向兼并形成的企业集团也存在不容忽视的潜在风险因素。大量并购带来集团协同复杂性和成本的不断增加可能导致某些环节的不经济，如劳动密集的纺织、食品行业等。还有，如果兼并是为了实现规模经济，必须考虑市场所能容纳的需求水平，忽视市场需求量单纯追求规模经济一定会带来事与愿违的结果。因此，对横向兼并形成的企业集团进行分析时，要重点关注购并带来的销售增长是否超过费用增加以及购并子公司的经营情况。

现代企业集团也会采取多元化战略，增大产品大类和品种，跨行业生产经营多种多样的产品或业务，扩大企业的生产经营范围和市场范围。在商业循环起伏、市场行情多变的经济环境中，多元化经营企业集团将资源分散到不同产品或行业经营中，避免了过于依赖某一市场易产生波动的弱点，从而分散了风险、增强了企业使用外部环境的应变能力，提高了经营安全性。通过多元化经营，扩展经营范围，可以充分发挥企业特长，充分利用企业的各种资源，提高经营效益，保证企业的长期生存与发展。企业集团通过多元化经营创造出集团内部资本市场，企业可以通过企业内部的资金调度实现更灵活的资金周转，可比专业化经营企业获得更多的投资和获利的机会。同时，多元化并购也有很多弊端。企业集团母公司在定位上只承担投资运作的角色，不负责经营，在没有不同行业经营经验的情况下容易盲目扩张，这种扩张会使得企业集团财务风险加大，资金链紧张。企业集团各子公司经营产品与行业不同，母公司或集团总部管理工作难度更大，由于缺少专业知识而无法做出正确的决策，运营风险增加。

多元化企业集团的合并财务报表将不同行业的企业财务报表加以合并，使得不同行业的企业之间盈利能力、风险水平的差异性被掩盖，特别是各个行业的财务指标衡量标准不同，使得合并财务报表财务分析、财务预测的意义大大减弱。主要表现如下：

（1）相同财务报表项目具有不同核算内容的合并

由于各行业对相同财务报表项目核算内容的规模不完全一致，从而导致合并财务报表中的合并数字令人难以理解。例如，在房地产开发企业中，采购保管费列为存货的成本；在商品流通行业库存商品的采购成本仅仅包括进货原价，运杂费等进货费用列为经营费用。

（2）不同财务报表项目具有相同核算内容的合并

由于行业的差异，同一经济业务可能采用不同的核算和列示方法。如工业企业销售时发生的折扣与折让直接作为销售收入的抵减项目处理，在损益表中不反映，但在商品流通企业则将其单设销售折扣与折让科目进行核算和反映。对此，如将合并企业各财务报表有关项目简单相加，就会使同一业务的数据分别在两个项目中反映，不易被财务报表使用者理解。

以上两个方面的情况，导致合并财务报表为分析者提供决策有用的会计信息这一根本作用，遭到了削弱。当集团内部母公司、子公司处于不同行业，并且这种行业的差异较为明显时，单独利用合并财务报表的数据进行分析可能会出现误导和歪曲。此时，分析者不仅有必要借助财务报表附注及所附注的单个公司的财务报表来对合并财务报表进行补充分析，还要通过对集团分部报告的分析来进行决策。分部报告能够帮助使用者更好地了解企业过去的经营业绩，评价企业的风险和报酬，并对企业整体的判断提供更多的信息。因此，对集团分部报告的分析对于具有明显行业差异的企业来说是十分重要的，有助于了解公司的盈利主要来自哪些方面，公司盈利水平的提高或降低主要是由哪些分部引起的。对那些盈利水平较高或亏损较大的分部，应给予特别的关注，这些分部往往是促成企业将来成功或失败的关键。

2.合并范围分析

合并范围，是指纳入合并财务报表编制的子公司的范围。对合并财务报表进行分析时，应根据合并财务报表附注相关信息，分析哪些公司应该纳入合并范围，哪些公司不应该纳入合并范围。应具体分析合并范围变化的原因，弄清合并范围变动背后的动机。增加子公司，可能是母公司原先对其没有投资，本年度内通过投资、收购兼并或资产置换等形式取得对子公司的控制权；也可能是被投资单位减少注册资本归还其他股东的投资，致使母公司的持股比例上升，从而取得对子公司的控制权，扩大了合并财务报表的合并范围。减少子公司，可能是由于资产置换、出售转让而不再对其持股；也有可能是因被投资单位增资扩股，而母公司为按原持股比例增持股份，因此失去对其原有的控制权，从而不再将其纳入合并财务报表的合并范围。母公司因与被投资单位其他投资者之间协议的变动或章程的修改等因素，不能再控制子公司的财务和经营决策，或是拥有以前没能控制公司的财务和经营决策权，从而引起合并财务报表合并范围的变动。

重点关注被剔除出合并范围与新纳入合并范围的子公司的盈利变化情况，特备注意合并范围的增减变动对合并财务报表数据的影响。有些企业集团将应该纳入合并范围的子公司不纳入合并财务报表，避免了抵消集团内部交易，按权益法对长期股权投资进行核算，虚增利润。例如，安然公司利用美国会计准则的空隙，将大量的高负债特殊目的实体（SPE）排除在合并财务报表之外，使得巨额的表外融资风险未能在集团公司的合并财务报表中得到揭示。也有些企业集团将不应该纳入合并范围的纳入合并财务报表，通过合并范围来操纵盈余，因此在进行合并财务报表分析时对于初次纳入合并范围的子公司应仔细分析。对于本期不再纳入合并财务报表合并范围的原来子公司，要找出本期不再成为子公司的原因，并通过合并财务报表附注中披露的其在处置日和以前期间资产负债表日资产、负债和所有者权益的金额及本期期初至处置日止的收入总额和净利润等信息，判断其是否真正不属于合并范围。合并财务报表的合并范围变动时，还应关注合并资产负债表年初数是否按规定做出相应调整。

3.会计政策与会计期间

在进行合并财务报表分析时，还需要注意统一合并政策与合并期间的影响。母公司应当统一子公司所采用的会计政策，使子公司采用的会计政策与母公司保持一致。子公司所采用的会计政策与母公司不一致的，应当按照母公司的会计政策对子公司财务报表进行必要的调整；或者要求子公司按照母公司的会计政策另行编制财务报表。企业集团内的各子公司分别属于不同的行业或不同规模或不同地区时，这一调整要求有可能降低合并财务报表的会计信息质量。各子公司的会计政策尽管存在差异，但却符合其各自生产经营活动的实际状况，是各会计主体的最佳选择。例如，高科技子公司选择加速法计提折旧，存货单品价值较大的子公司采用个别认定法记录期末存货等。而按照《合并准则》的调整要求人为地调整其会计政策，将有可能造成调整后的个别财务报表不能真实反映其财务状况与经营成果，降低了其财务信息质量，进而降低了企业集团整体的合并财务报表质量。

母公司为了编制合并财务报表，应该统一母公司与子公司的财务报表决算日和会计期间，使子公司财务报表决算日和会计期间与母公司财务报表决算日和会计期间保持一致。不一致时，母公司应当按照母公司本身财务报表决算日和会计期间，对子公司财务报表进行调整，以调整后的子公司财务报表编制合并财务报表，或者要求子公司按照母公司的要求编报相同会计期间的财务报表，在进行合并报表分析时，应特别注意有些子公司，特别是境外子公司可能由于会计期间与母公司不一致而做出相应调整，并综合考虑营业周期或季节性周期因素。

第三节　合并财务报表综合分析

一、合并财务报表与个别财务报表的比较分析

由于合并财务报表是以个别财务报表为基础编制而成的，分析时结合母公司和子公司的个别财务报表来进行分析，掌握其对合并财务报表数据的影响对正确判断企业集团的经营成果、财务状况和现金流量有很大的帮助。

1.合并财务报表与个别财务报表比较分析的内容

（1）分析集团经营战略和相应的资源分布状况

通过比较合并资产负债表和母公司资产负债表中经营资产（包括存货、商业债券、固定资产、无形资产、商业债务等）和投资资产（长期股权投资等）的规模和分布，可以了解集团的经营战略：以母公司自主经营为主、子公司为辅的战略；母公司、子公司共同发展战略；以子公司为经营主体的战略。特别是在母公司以对外股权投资为主的情况下，合并资产负债表的分析将尤其重要。

（2）评价母公司、子公司基本的获利能力和相关费用的投入效率

通过比较母公司利润表和子公司利润表（母公司与合并利润表的差额）主要项目之间的差异（包括营业收入、营业成本、毛利、三大费用、核心营业利润等项目），可以比较和评价母公司、子公司基本的获利能力和费用的资产利用效率。

（3）分析企业集团内部管理的薄弱环节

通过比较母公司与子公司财务报表（母公司与合并财务报表的差额）中的固定资产、存货、营业收入、营业成本等项目，可以了解母公司和子公司的资产利用效率。

（4）判断母公司、子公司的现金流转状况

通过比较母公司现金流量表与子公司现金流量表（合并现金流量表与母公司现金流量表之差），可以分析判断母公司、子公司的经营活动现金流量的获取能力、投资活动现金流的使用状况及筹资活动所表现出的融资能力。

（5）揭示集团内部关联方交易程度

集团内部关联方是指以上市公司为母公司所形成的纳入合并财务报表编制范围的有关各方。由于内部关联方在进行合并财务报表编制时需要被抵消，因此，集团内部各方对关联方交易的依赖程度越高，相关项目的合并金额就要应该越小。可能体现关联方交易的主要项目有：应收应付款项、存货、长期股权投资、其他应收应付账款、营业收入、营业成本、投资收益等。

（6）分析集团的资金管理模式

集团的资金管理模式主要分为集中管理模式和分散管理模式。通过比较合并财务报表与母公司财务报表中的货币资金、短期借款、长期借款及财务费用等项目，可以对集团的资金管理模式做出初步判断。资金集中管理模式的表现是：货币资金、长短期借款等项目的金额主要集中在母公司，相应的合并数据并没有明显增加，此外，由于集团内部的资金余缺的调配使合并财务报表中的财务费用明显降低。而资金分散管理模式表现为：合并财务报表中的货币资金、长短期借款及财务费用远高于母公司的相应数据，合并财务报表存在高货币资金、高借款和高财务费用的"三高"现象。

（7）了解集团的扩张战略及其实现方式

母公司通过增加控股性股权投资来实现集团的迅速扩张是当今很多企业采取的重要扩张手段。将有限的资源投资设立子公司，再借助子公司吸收少数股东入资并进行债务融资，这样会帮助集团迅速扩大资源规模。因此，可以通过比较母公司财务报表中投资项目的变化、合并财务报表中少数股权的变化、合并现金流量表中子公司的筹资状况（吸收少数股东入资、借款状况等）来了解集团的扩张战略及其实现方式。

2.合并报表与母公司报表各项目的比较分析

在我国现行的准则要求上市公司同时披露合并财务报表与母公司财务报表的"双重披露制"下，可以通过合并财务报表与母公司个别财务报表的比较分析，获得更多关于企业集团的信息。

（1）资产增减的分析

当合并资产负债表中的资产总额与母公司个别资产负债表中资产总额相比，增加额很小时，可能存在以下状况：集团内部存在大量累计损失的企业；集团内部存在大额未实现损益的内部交易；母公司、子公司间存在大量债权债务；如果合并资产负债表中货币资金、存货、固定资产、无形资产等资产高出母公司资产很多，甚至几倍于母公司，这说明集团经营重心落在各控股子公司。尤其是当企业集团从事资本密集型或者高新技术行业时，通过分析比较合并资产负债表中各项资产与母公司个别财务报表中各项资产的差额，可以判断企业经营战略是母公司集中掌握资源，还是资源分布于各控股子公司。

（2）存货增减的分析

当合并资产负债表中的存货资产总额比母公司个别资产负债表中存货资产总额高出很多时，可能存在以下状况：子公司的销售有困难；母公司将存货转移给了子公司；企业集团内部销售存货未抵消。

（3）应收、应付账款的增减

对于横向合并形成的企业集团，母公司、子公司之间很少产生频繁的内部交易，所以合并资产负债表应收、应付财款金额一般来说会大于母公司资产负债表应收、应付财款金额。对于纵向合并形成的企业集团，企业集团内部购销频繁，合并资产负债表应收、应付账款经过内部交易抵消后，一般来讲会小于母公司资产负债表应收、应付财款金额。

（4）其他应收账款的增减

合并资产负债表中，已经将企业集团内部的债权债务抵消处理，因此，一般来讲，合并资产负债表中的债权债务金额要小于母公司个别资产负债表中债权债务金额。若合并资产负债表的其他应收账款金额大大低于母公司其他应收账款金额，这种情况主要是因为母公司向子公司提供资金援助。

企业集团的合并资产负债表中的其他应收账款项目抵消了集团内部的关联交易，因此，将其与母公司资产负债表中的其他应收账款项目金额进行对比，根据其差额可以大致估计出由关联交易产生的其他应收账款金额。通过分析其他应收账款占流动资产和总资产的比重，可以判断其他应收账款对企业偿债能力的影响程度。同时，还可以根据财务报表项目之间的钩稽关系，追查母公司财务报表与合并财务报表的其他资产项目的重大金额差异，追踪其他应收账款的去向，对其他应收账款的质量进行评估。其他应收账款核算内容是除应收账款、应收票据、预付账款以外的其他各种应收、暂付款项，所包含的项目复杂，财务报表使用者不容易预测其中所蕴含的风险。不少上市公司利用其他应收账款核算烦琐而隐藏异常的交易行为。特别要注意母公司与其子公司之间内部资金占用或资金拆借问题，当母公司资产负债表的"其他应收账款"金额与合并资产负债表的"其他应收账款"金额呈现了"越合并越小"的态势时，可能存在母公司向子公司提供大量资金支持。当母公司资产负债表的"其他应付款"金额和合并资产负债表的"其他应付款"金额也呈现了"越合并越小"的态势时，可能存在母公司占用其子公司资金的情况。有的企业集团利用其他应收账款项目转移资金，对上市公司的正常经营产生了较为严重的影响。比如ST轻骑一年亏损34亿元，其中通过其他应收账款反映的大股东欠款坏账为22.26亿元。

（5）利润表项目增减变动的分析

通过比较合并利润表和母公司个别利润表主要项目之间的差异，可以比较和评价母公司、子公司基本的获利能力和费用的投入效率。若合并利润表中的营业收入和营业成本金额比母公司个别利润表中营业收入和营业成本增加很少，说明内部销售交易很大；若抵消金额较小，说明集团营业收入大部分来自对外销售。当合并利润表中期间费用项目比母公司个别利润表中期间项目增加很少时，应关注母公司、子公司之间是否存在固定资产的租赁业务、广告代理、业务委托等交易。投资收益项目，由于母公司与子公司、子公司相互之间持有对方长期股权投资的投资收益会发生抵消，因此合并利润表投资收益金额一般会小于母公司利润表投资收益金额。若母公司个别利润表的利润总额远远大于合并利润表利润总额，这说明集团内部可能存在比较频繁的关联交易，母公司个别利润表中的利润有相当一部分来源于内部交易。

（6）现金流量表项目增减的分析

销售商品、提供劳务收到的现金项目与购买商品、接受劳务支付的现金项目，若合并报表金额远远超过母公司报表金额，说明企业内部母公司、子公司之间的交易较少，大部分为外部购销与交易。取得投资收益收到的现金项目，与母公司报表相比，合并报表项目金额变小，说明公司的投资多为对子公司的投资，在纳入合并现金流量表时抵销。处置子公司及其他营业单位收到的现金净额项目，若合并报表金额远远小于母公司个别报表金额，这可能是因为集团内有的子公司在处置自己的子公司及其他营业单位产生损失，造成整个企业集团的该项目变小。构建固定资产、无形资产和其他长期资产支付的现金项目，若不存在集团内部长期资产交易，合并报表金额一般大于母公司报表金额。吸收投资收到的现金项目，反映整个企业集团吸收投资所收到现金的能力，合并报表金额超过母公司报表金额越多，说明该企业集团吸收到的投资大部分来源于企业外部。

二、合并财务报表比率分析

1. 盈利能力比率分析

盈利能力是指企业获取利润的能力，是投资者取得投资收益、债权人收取本息的资金来源，也是经营者经营业绩的体现。盈利能力的大小是一个相对的概念，即利润相对于一定的资源投入、一定的收入而言。衡量商品盈利能力主要有销售毛利率、销售净利率等指标；评价投资有关的盈利能力主要有总资产报酬率、净资产收益率等指标。企业集团作为一个整体，合并财务报表的独到价值就在于其解决了集团内部交易重复计算的问题，能够比母公司个别财务报表更真实地反映出企业集团整体的盈利状况。

除了对合并财务报表进行传统的盈利能力比率分析之外，还可以分析母公司对子公司的依赖程度。通过母公司长期股权投资占净资产比率，可以初步判断子公司对母公司财务状况的影响程度。该指标越大，说明子公司对母公司财务状况的影响度越大；若母公司对子公司投资收益占税前利润总额比率较高，则说明母公司的利润大部分来源于子公司，母公司的盈利能力对子公司的依赖性很强。通过比较母公司利润表和合并利润表主要利润率之间的差异，可以比较和评价母公司的基本获利能力和费用发生的相对效率。母公司销售毛利率低于合并数，说明子公司整体获利能力高于母公司；母公司净资产收益率低于合并数，说明子公司整体投资回报率高于母公司。

2. 营运能力分析

营运能力是以企业各项资产的周转速度来衡量企业资产利用的效率。周转速度越快，表明企业的各项资产进入生产、销售等经营环节的速度越快，那么其形成收入和利润的周期就越短，经营效率自然就越高。反映营运能力的财务比率有两大类：一是以单一资产为基础的效率比率，比如应收账款周转、存货周转；二是以各类资产为基础的效率比率，比如流动资产周转率、总资产周转率。在合并财务报表中，由于抵消后的销售收入及销售成本代表的是整个企业集团对集团外部实现的周转额，而平均资产占用额也不包括内部交易形成的资产；因此，根据合并财务报表所得到的营运效率的比率更客观地反映了企业集团整体资产周转速度的实际情况。

依据合并财务报表计算的营运能力比率是一个集团的综合指标，其局限性在于无法反映行业的情况。这个问题在属于横向系列的企业集团中表现得尤为明显，因为在横向系列的企业集团中，多元化经营是其一大特点，集团内部的母公司及各个子公司所处的行业具有较大的差异，以存货周转率为例，合并财务报表上的存货余额是集团各个成员的存货数额之和扣除存货中包含的未实现利润所得的金额，如果母公司是工业企业，子公司经营房地产，这样依据合并财务报表计算出来的存货周转率就会由于母公司、子公司存货的性质及流动性的不同而失去意义。另外，在非全资子公司的情况下，抵消未实现内部销售利润时将属于少数股东的那部分利润也抵消了，存货与销售成本基于少数股东权益没有完全配比，这会对比率的计算产生一定影响，但是如果少数股东比例较低且未实现内部销售利润率较低，这种影响也可以忽略不计。因此，在分析企业集团的营运效率时，应该辅助阅读分部报表，才能具体了解某个行业的资产运营效率。

3. 偿债能力分析

短期偿债能力是指企业偿还短期债务的能力。一般来说，企业应该以流动资产偿还流动负债，所以用流动资产与流动负债的数量关系来衡量短期偿债能力，主要指标有流动比率、速动比率及现金比率等。流动比率高一般表明企业短期偿债能力较强，但如果过高，则会影响企业资金的使用效率和获利能力。长期偿债能力是指企业偿还长期利息与本金的能力，通常以负债比率和利息收入倍数等指标衡量企业的长期偿债能力。

依据合并财务报表数据计算的负债比率，反映了整个集团对外偿债能力的整体状况。但根据公司承担有限责任的原则，母公司、子公司皆为独立法人，子公司债权人的债权要求仅局限于子公司的资产，不能追溯到合并财务报表中列示的总资产；母公司债权人的债权索偿权只能从母公司的资产中得到满足，不能直接向子公司索取。因此，母公司、子公司的债权人应该主要依据个别财务报表来分析母公司与子公司的偿债能力。但在实务中，母公司可能对子公司存在"过度控制"，例如，动用子公司的资金为其本身偿还债务，损害子公司债权人的利益。如果母公司的流动比率显著低于合并报表流动比率，说明母公司有依赖其他子公司偿还债务的倾向，这时其他子公司的债权人就应该提高警惕，以防止母公司对子公司的"过度控制"而损害到债权人自身的利益；如果集团合并流动比率低于母公司流动比率，说明母公司或某子公司有为其他子公司偿还债务的倾向，则母公司或某子公司的债权人就应该提高警惕了，情况严重的还说明母公司有可能存在投资风险。

三、合并财务报表分析的局限性

合并财务报表从经济实体出发，为会计信息使用者提供了关于母公司直接或间接控制的资源的综合财务信息。合并财务报表抵消了集团的内部交易和未实现损益，反映了母公司、子公司共同组成的整个企业集团真实的财务状况、经营成果和现金流量。分析合并财务报表是获取综合信息，从而掌握企业集团整体情况的主要途径，它不仅省去了财务报表使用者再去逐一考察母公司、子公司个别财务报表的烦恼，而且得到了逐一考察母公司、子公司个别财务报表无法得到的综合信息，这是合并财务报表的独到价值所在。但与此同时，利用合并财务报表进行财务分析还存在一定的局限性。

1. 不能正确反映企业集团所面临的财务风险

企业集团的内部融资结构在合并时通过内部交易相互抵消，合并财务报表不能反映出其内部融资情况，不利于外部信息使用者了解企业集团的融资状况以及由此而带来的财务风险。企业集团的内部融资有几种方式：一是通过母公司提供担保的形式，使子公司获得贷款；二是母公司从银行获得贷款后再转贷给子公司；三是通过成立财务公司，或通过企业集团的资金内部结算中心，在各成员企业之间调剂企业集团内部资金的余缺。特别是当母公司向非全资子公司提供担保时，母公司是以其全部净资产为非全资子公司的贷款承担连带责任，而不是以其在子公司中所拥有的资产份额做担保。这与子公司直接从金融机构取得贷款相比，大大增加了整个企业集团的财务风险，而这种财务风险没能够体现在合并财务报表中。在进行财务报表分析时，必须结合上市公司的其他信息披露综合分析。

2. 不能真实反映企业集团的偿债能力

从法律角度看，企业集团只是一个经济实体，而不是法人，因此它不能成为独立的法律主体。投资者在了解企业集团偿债能力时，应考虑到合并财务报表的局限性，除了阅读合并财务报表外，还应阅读企业集团的母公司及其重要子公司的个别财务报表，以获知企业集团真实的偿债能力及财务风险。

3. 集团的跨行业经营使得合并财务报表的有用性减弱

随着市场竞争的加剧，跨行业、跨地区、跨国界的企业集团越来越多，母公司、子公司的分布有很大的行业和地域差别。一方面，由于不同行业、不同地域的会计政策和会计处理方法存在着一定程度的差别，而合并财务报表的编制又要求统一母公司、子公司的会计政策，这就给合并财务报表的编制带来困难；另一方面，合并财务报表将不同地域、不同行业的企业财务报表加以合并，使得不同地域、不同行业的企业之间盈利能力、风险水平的差异性被掩盖，特别是各个行业的财务指标衡量标准不同，个别财务报表合并后，使得合并财务报表财务分析、财务预测的意义在一定程度上被减弱。

第四节　上市公司财务分析

一、上市公司特殊财务分析指标

（一）每股收益

每股收益（Earnings per share，简称EPS）是综合反映企业盈利能力的重要指标，可以用来判断和评价管理层的经营业绩。每股收益的概念包括基本每股收益和稀释每股收益。

1. 基本每股收益

基本每股收益的计算公式为：

$$基本每股收益=\frac{归属于普通股股东的净利润}{发行在外普通股的加权平均数}$$

其中：发行在外普通股的加权平均数＝（期初发行在外普通股股数＋当期新发普通股股数）×已发行时间÷报告期时间－当期回购普通股股数×已回购时间÷报告期时间

2. 稀释每股收益

企业存在稀释性潜在普通股的，应当计算稀释每股收益。稀释性潜在普通股指假设当期转换为普通股会减少每股收益的潜在普通股。潜在普通股主要包括：可转换公司债券、认股权证和股份期权等。

（1）可转换公司债券

对于可转换公司债券，计算稀释每股收益时，分子的调整项目为可转换公司债券当期已确认为费用的利息等税后影响额；分母的调整项目为假定可转换公司债券当期期初或发行日转换为普通股的股数加权平均数。

（2）认股权证和股份期权

认股权证和股份期权等的行权价格低于当期普通股平均市场价格时，应当考虑其稀释性。

计算稀释每股收益时，作为分子的净利润金额一般不变；分母的调整项目为增加的普通股股数，同时还应考虑时间权数。

行权价格和拟行权时转换的普通股股数，按照有关认股权证合同和股份期权合约确定。公式中的当期普通股平均市场价格，通常按照每周或每月具有代表性的股票交易价格进行简单算术平均计算。在股票价格比较平稳的情况下，可以采用每周或每月股票的收盘价作为代表性价格；在股票价格波动较大的情况下，可以采用每周或每月股票最高价与最低价的平均值作为代表性价格。无论采用何种方法计算平均市场价格，一经确定，不得随意变更，除非有确凿证据表明原计算方法不再适用。当期发行认股权证或股份期权的，普通股平均市场价格应当自认股权权证或股份期权的发行日起计算。

在分析每股收益指标时，应注意企业利用回购库存股的方式减少发行在外的普通股股数，使每股收益简单增加。另外，如果企业将盈利用于派发股票股利或配售股票，就会使企业流通在外的股票数量增加，这样将会大量稀释每股收益。在分析上市公司公布的信息时，投资者应注意区分公布的每股收益是按原始股股数还是按完全稀释后的股份计算规则计算的，以免受到误导。

对投资者来说，每股收益是一个综合性的盈利概念，在不同行业、不同规模的上市公司之间具有相当大的可比性，因而在各上市公司之间的业绩比较中被广泛应用。人们一般将每股收益视为企业能否成功地达到其利润目标的标志，也可以将其看成一家企业管理效率、盈利能力和股利来源的标志。理论上，每股收益反映了投资者期望获得的最高的股利收益，因而是衡量股票投资价值的重要标志。每股收益高，表明投资价值越大；否则反之。但是每股收益多并不意味着每股股利多，此外，每股收益不能反映股票的风险水平。

（二）每股股利

每股股利是企业股利总额与普通股股数的比值。其计算公式为：

每股股利=现金股利总额÷期末发行在外的普通股股数

每股股利反映的是普通股股东每持有上市公司一股普通股获得的股利大小，是投资者股票投资收益的重要来源之一。由于净利润是股利分配的来源，因此每股股利的多少很大程度取决于每股收益的多少。但上市公司每股收益发放多少，除了受上市公司盈利能力大小影响以外，还取决于企业的股利分配政策和投资机会。投资者使用每股股利分析上市公司的投资回报时，应比较连续几个期间的每股股利，以评估股利回报的稳定性并做出收益预期。

反映每股股利和每股收益之间关系的一个重要指标是股利发放率，即每股股利分配额与当期的每股收益之比。

股利发放率=每股股利÷每股收益

股利发放率反映每1元净利润有多少用于普通股股东的现金股利发放，反映普通股股东的当期收益水平。借助于该指标，投资者可以了解一家上市公司的股利发放政策。

（三）市盈率

市盈率（P/E ratio）是股票每股市价与每股收益的比率，反映普通股股东为获取1元净利润所愿意支付的股票价格。其计算公式如下：

$$市盈率=\frac{每股市价}{每股收益}$$

市盈率是股票市场上反映股票投资价值的重要标志，该比率的高低反映了市场上投资者对股票投资收益和投资风险的预期。一方面，市盈率越高，意味着投资者对股票的收益预期越看好，投资价值越大；反之，投资者对该股票评价越低。另一方面，市盈率越高，也说明获得一定的预期利润投资者需要支付更高的价格，因此，投资于该股票的风险也越大；市盈率越低，说明投资于该股票的风险越小。

上市公司的市盈率是广大股票投资者进行中长期投资的重要决策指标。

影响企业股票盈利率的因素有：

第一，上市公司盈利能力的成长性。如果上市公司预期盈利能力不断提高，说明企业具有较好的成长性，虽然目前市盈率较高，也值得投资者进行投资。

第二，投资者所获取报酬率的稳定性。如果上市公司经营效益良好且相对稳定，则投资者获取的收益也较高且稳定，投资者就愿意持有该企业的股票，则该企业的股票市盈率会由于众多投资者的普遍看好而相应提高。

第三，市盈率也受到利率水平变动的影响。当市场利率水平变化时，市盈率也应做相应的调整。

使用市盈率进行分析的前提是每股收益维持在一定水平之上，如果每股收益很小或接近亏损，但股票市价不会降至为零，会导致市盈率极高，此时很高的市盈率不能说明任何问题；此外，以市盈率衡量股票投资价值尽管具有市场公允性，但还存在一些缺陷：

第一，股票价格的高低受很多因素影响，非理性因素的存在会使股票价格偏离其内在价值；

第二，市盈率反映了投资者的投资预期，但由于市场不完全和信息不对称，投资者可能会对股票做出错误的估计。

因此，通常难以根据某一股票在某一时期的市盈率对其投资价值做出判断，应该进行不同期间以及同行业不同公司之间的比较或与行业平均市盈率进行比较，以判断股票的投资价值。

（四）每股净资产

每股净资产，又称每股账面价值，是指企业期末净资产与期末发行在外的普通股股数之间的比率。用公式表示为：

$$每股净资产 = \frac{期末净资产}{期末发行在外的普通股股数}$$

每股净资产显示了发行在外的每一普通股股份所能分配的企业账面净资产的价值。这里所说的账面净资产是指企业账面上的总资产减去负债后的余额，即股东权益总额。每股净资产指标反映了在会计期末每一股份在企业账面上到底值多少钱，它与股票价值、发行价值、市场价值乃至清算价值等往往有较大差距，是理论上股票的最低价值。

利用该值进行横向和纵向对比，可以衡量上市公司股票的投资价值。如在企业性质相同、股票市价相近的条件下，某一企业股票的每股净资产越高，则企业发展潜力与其股票的投资价值越大，投资者所承担的投资风险越小。但是也不能一概而论，在市场投机气氛较浓的情况下，每股净资产指标往往不太受重视。投资者特别是短线投资者注重股票市价的变动，有的企业股票市价低于其账面价值，投资者会认为这个企业没有前景，从而失去对该企业股票的兴趣；如果市价高于账面价值，而且差距较大，投资者会认为企业前景良好，有潜力，因而甘愿承担较大的风险购进该企业股票。

（五）市净率

市净率是每股市价与每股净资产的比率，是投资者用以衡量、分析各股是否具有投资价值的工具之一。市净率的计算公式如下：

$$市净率 = \frac{每股市价}{每股净资产}$$

净资产代表的是全体股东共同享有的权益，是股东拥有公司财产和公司投资价值最基本的体现。一般来说，市净率较低的股票，投资价值较高；反之，则投资价值较低。但有时较低市净率反映的可能是投资者对公司前景的不良预测，而较高市净率则相反。因此，在判断某只股票的投资价值时，还要综合考虑当时的市场环境以及公司经营情况、资产质量和盈利能力等因素。

二、管理层讨论与分析

管理层讨论与分析是上市公司定期报告中管理层对本企业过去经营状况的评价分析以及对企业未来发展趋势的前瞻性判断，是对企业财务报表中所描述的财务状况和经营成果的解释，是对经营中固有风险和不确定性的揭示，同时也是对企业未来发展前景的预期。

　　管理层讨论与分析是上市公司定期报告中的重要组成部分。要求上市公司编制并披露管理层讨论与分析的目的在于，使公众投资者能够有机会了解管理层自身对企业财务状况与经营成果的分析评价，以及企业未来一定时期内的计划。这些信息在财务报表及附注中并没有得到充分的揭示，对投资者的投资决策却非常重要。

　　管理层讨论与分析信息大多涉及"内部性"较强的定性型软信息，无法对其进行详细的强制规定和有效监控，因此，西方国家的披露原则是强制与自愿相结合，企业可以自主决定如何披露这类信息。我国也基本实行这种原则，如中期报告中的"管理层讨论与分析"部分以及年度报告中的"董事会报告"部分，都是规定某些管理层讨论与分析信息必须披露，而另一些管理层讨论与分析信息鼓励企业自愿披露。

　　上市公司"管理层讨论与分析"主要包括两部分：报告期间经营业绩变动的解释与前瞻性信息。

　　（一）报告期间经营业绩变动的解释

　　1.分析企业主营业务及其经营状况。

　　2.概述企业报告期内总体经营情况，列示企业主营业务收入、主营业务利润、净利润的同比变动情况，说明引起变动的主要影响因素。企业应当对当前已披露的企业发展战略和经营计划的实现或实施情况、调整情况进行总结，若企业实际经营业绩较曾公开披露过的本年度盈利预测或经营计划低10%以上或高20%以上，应详细说明造成差异的原因。企业可以结合企业业务发展规模、经营区域、产品等情况，介绍与企业业务相关的宏观经济层面或外部经营环境的发展现状和变化趋势，企业的行业地位或区域市场地位，分析企业存在的主要优势和困难，分析企业经营和盈利能力的连续性和稳定性。

　　3.说明报告期企业资产构成、企业销售费用、管理费用、财务费用、所得税等财务数据同比发生重大变动的情况及发生变化的主要影响因素。

　　4.结合企业现金流量表相关数据，说明企业经营活动、投资活动和筹资活动产生的现金流量的构成情况，若相关数据发生重大变动，应分析其主要影响因素。

　　5.企业可以根据实际情况对企业设备利用情况、订单的获取情况、产品的销售或积压情况、主要技术人员变动情况等与企业经营相关的重要信息进行讨论和分析。

　　6.企业主要控股企业及参股企业的经营情况及业绩分析。

　　（二）企业未来发展的前瞻性信息

　　1.企业应当结合经营回顾的情况，分析所处行业的发展趋势及企业面临的市场竞争格局。产生重要影响的，应给予管理层基本判断的说明。

　　2.企业应当向投资者提示管理层所关注的未来企业发展机遇和挑战，披露企业发展战略，以及拟开展的新业务、拟开发的新产品、拟投资的新项目等。若企业存在多种业务，还应当说明各项业务的发展规划。同时，企业应当披露新年度的经营计划，包括（但不限于）收入、成本费用计划以及新年度的经营目标，如销售额的提升、市场份额的扩大、成本升降、研发计划等，为达到上述经营目标拟采取的策略和行动。企业可以编制并披露新年度的盈利预测，该盈利预测必须经过具体证券期货相关业务资格的会计师事务所审核并发表意见。

3.企业应当披露为实现未来发展战略所需的资金需求及使用计划，以及资金来源情况，说明企业维持当前业务、完成在建投资项目的资金需求，未来重大的资本支出计划等，包括未来已知的资本支出承诺、合同安排、时间安排等。同时，对企业资金来源安排、资金成本及使用情况进行说明。企业应当区分债务融资、表外融资、股权融资、衍生产品融资等项目，对企业未来资金来源进行披露。

企业应当结合自身特点对所有风险因素（包括宏观政策风险、市场或业务经营风险、财务风险、技术风险等）进行风险揭示，披露的内容应当充分、准确、具体。同时企业可以根据实际情况，介绍已（或拟）采取的对策和措施，对策和措施应当内容具体、具备可操作性。

课后阅读

青岛海尔合并财务报表分析

一、公司基本情况

我国目前的上市公司基本是由母公司和众多的子公司、合营企业和联营企业组成的企业集团，其对外公布的财务报表包括母公司个别财务报表和合并财务报表。母公司个别财务报表反映了其自身的财务状况、经营成果和现金流量，而合并财务报表则由母公司根据其个别财务报表和所能控制的子公司的个别财务报表，在抵消集团内部各种交易后合并而成，反映了整个企业集团的财务状况、经营成果和现金流量。合并后的财务报表与母公司个别财务报表在资产结构、资本结构、盈利能力、偿债能力、营运能力方面存在差异。

（一）青岛海尔股份有限公司概况

青岛海尔股份有限公司是由母公司和若干个子公司、合营企业和联营企业组成的。青岛海尔股份有限公司，2008年控股子公司及合营企业有34家，这些子公司和合营企业均为独立的法人主体，有独立的董事会，其重大的财务、经营决策均通过董事会决定。另外，股东并非是公司唯一的利益相关者，除了考虑股东利益外，公司还要兼顾债权人、员工和顾客的利益。即使是全资子公司，母公司虽然拥有其绝对控制权，但无权直接处置子公司资产、随意支配其现金，也不能代替子公司决定其利润分配方案。

（二）青岛海尔股份有限公司合并财务报表与母公司个别财务报表主要指标差异

根据青岛海尔股份有限公司2008年年度报告的"财务会计报告"，青岛海尔股份有限公司合并财务报表和母公司个别财务报表的盈利能力、偿债能力、营运能力等主要指标计算结果如表6-2所示。可以看出，合并财务报表反映的集团盈利能力、偿债能力总体上比母公司低，但营运能力比母公司强。

二、青岛海尔财务报表分析

合并财务报表虽然反映了整个企业集团的财务状况、经营成果和现金流量情况，但对特定财务信息使用者来说并非有用。特定财务信息使用者应根据经济决策的具体要求，分别选择以合并财务报表或母公司个别财务报表为切入点来进行具体分析并从中获取信息。

表6-2　2008年合并财务报表和母公司个别财务报表主要指标比较表

主要指标	合并财务报表	母公司财务报表
盈利能力		
营业毛利率	23.12%	24.41%
营业利润率	3.84%	12.72%
营业净利率	3.83%	11.35%
总资产利润率	9.71%	5.46%
净资产收益率	13.26%	5.02%
偿债能力		
流动比率	1.77	9.00
速动比率	1.35	8.83
现金流动负债比率	0.297	1.233
资产负债率	37.03%	3.44%
营运能力		
存货周转率	9.78	82.87
应收账款周转率	44.27	10.31
流动资产周转率	3.88	1.17
固定资产周转率	12.63	11.31
总资产周转率	2.597	0.427

母公司投资者分析的切入点

从母公司投资者角度看，其关心母公司的盈利能力和未来前景，而母公司的盈利能力和未来前景除了取决于母公司自身的经营活动之外，还与母公司对外投资的盈利水平、盈利质量及未来前景相关。因此，母公司投资者应以母公司个别报表为切入点，关注母公司资产负债表上的"长期股权投资"和母公司损益表上的"投资收益"，再综合分析合并财务报表。以下以青岛海尔股份有限公司2008年年报予以说明。

1.盈利能力分析

从单一企业看，盈利能力主要是通过营业毛利率、营业利润率、营业净利率、总资产收益率和净资产收益率等指标来反映的；从企业集团看，除了母公司本身的营业毛利率、营业利润率等指标外，还要考虑投资回报率和投资收益质量。根据青岛海尔股份有限公司2008年度利润表，母公司2008年电冰箱主营业务收入为2390408258.03元，主营业务成本为1799412693.16元，主营业务利润为590995564.87元，主营业务毛利率为24.72%。可见其初始获利能力并不高。母公司营业毛利扣除管理费用（127020130.71元）、销售费用（235662782.64元）、财务费用（18871987.19元），其营业利润为307925758.3元，营业利润率只有12.72%。由此可见，公司自身主营业务活动并不能给公司带来巨额利润。实际上，青岛海尔股份有限公司也是通过设立子公司来获取投资收益的。在母公司资产总额中，长期股权投资占总资产的比重为64.24%。因此，母公司的盈利能力取决于子公司和合营企业的盈利能力及其股利支付能力。根据2008年年报的有关资料，青岛海尔股份有限公司控股子公司及合营企业共有34家，其中投资额最大的是青岛海尔空调电子有限公司，投资额为409166421.75元，净资产为395254772.17元，净利额为131540320.48元，总资产收益率为6.66%；盈利能力最强的是青岛海尔特种电冰箱有限公司，其投资额为124165490.49元，净资产为441377896.75元，净利额为251372826.12元，总资产收益率为37.596%；其他公司总体盈利能力均较低，净资产规模在12831万元～85378万元之间，净利润在－7695859.56元～251372826.12元之间；盈利最少的是重庆海尔家电销售有限公司，其净资产是－83558231.62元，净亏损为41000599.60元。总体上看，青岛海尔股份有限公司控股子公司及合营企业的经营业绩不太理想。尽管如此，2008年母公司获取投资收益为78044753.65元，占利润总额309169513.00元的25.24%。与巨额长期股权投资数额相比，其投资回报率为2.36%，由于其自身经营活动获利能力和子公司投资回报率均不高，导致其总资产利润率为5.46%，净资产收益率为5.02%，而整个企业集团总资产利润率为9.71%，净资产收益率为13.26%。

2. 盈利质量分析

从单一企业看，盈利质量可以从会计政策、利润构成、收入质量、现金对利润的支撑情况方面进行判断；从企业集团看，除了上述因素外还要判断投资收益的质量。从青岛海尔股份有限公司2008年度利润表及利润分配表看，2008年母公司营业利润有307925758.30元，占利润总额309169513.00元的99.598%。由此可见，母公司自身经营活动是公司利润的主要来源。从收入质量上看，母公司主营业务收入为2421002797.69元，销售商品、提供劳务收到的现金为1164543583.68元，占主营业务收入的48.10%，收入质量不理想。对比2006年的利润表营业利润只有68122355.33元，但经营活动产生的现金净流量却高达827909594.38元，根据现金流量表揭示的信息，巨大的差额主要是"购买商品、接受劳务支付的现金"以及"支付给职工以及为职工支付的现金"合计数（250512669.01元＋33330616.76元）远远小于"主营业务成本"（1450457407.38元）所致。但在2008年，受到金融危机的影响，经济活动产生的各项现金流量收入都有所下降，全年母公司经营活动产生的现金净流量为239849412.09元，只占营业利润的77.89%，从现金对利润的支撑情况看，营业利润质量比金融危机出现之前明显下降。从财务报表附注及现金流量表等有限资料看，该公司会计政策较为稳健。因此，总体上看，虽然大环境受金融危机的影响，在各项指标的对比上，母公司利润质量良好。从投资收益看，母公司确认投资收益为78044753.65元，主要构成是：成本法核算的长期股权投资收益为75372234.21元，权益法核算的长期股权投资收益为2672519.44元。由此可见，母公司投资收益主要由于被投资单位盈利，会计核算方法的不同调整所致。而根据现金流量表，母公司投资收益为78044753.65元，而其"取得投资收益所收到的现金"却高达81726493.21元。据此可以判断，母公司投资收益质量很好。从合并财务报表看，整个集团2008年实现主营业务收入为29874597554.42元,通过销售商品、提供劳务收到的现金为17071392457.45元,约占主营业务收入的57.14%,收入质量一般。从利润构成看,利润总额为1137126749.75元,而营业利润为1166730605.88元,说明企业的利润主要来自经营活动。从现金对利润的支撑情况看,整个集团从经营活动中获取的现金净流量为1317589569.61元,与营业利润相差不大。总体看来,整个集团利润质量一般。

3. 未来前景分析

从单一企业看,企业未来前景取决于盈利渠道和盈利能力及其质量的稳定性和成长性,从企业集团看,除了上述因素外还取决于被投资企业盈利渠道和盈利能力及其质量的稳定性和成长性。从母公司自身经营活动看,2006—2007年,其自身经营所占用的总资产呈上升趋势,2007年自身经营活动销售收入、投资收益、营业利润等均比2006年有所上升,但2008年比2007年均有所下降。2007年绝大部分指标均比2006年上升的主要原因是在原材料价格上涨、家电行业竞争激烈的大环境下,遇到了2008年即将举办奥运会的良好契机,截至2007年海尔商用空调累计中标22个奥运项目,打造了22个经典样板工程。海尔商用空调在奥运项目上的成功中标拉动了海尔商用空调的市场业绩,借助奥运东风,海尔商用空调相继中标其他大型运动项目场馆项目,并连续在轨道交通行业积极拓展。中标深圳、武汉地铁等千万级大型项目,也为海尔商用空调的持续发展奠定了有利基础。而在2008年受金融危机全球化的影响,白色家电产品需求量变化比较大,消费者的可支配收入减少与消费意愿降低等可能导致白色家电产品销量降低,消费者购买相对低价产品的意愿增强,这使得2008年的各项指标相对于2007年有所下降。从对外投资情况看,2006—2008年,长期股权投资呈上升趋势,但从投资收益中收到的现金却呈现下降趋势。因此,从母公司角度看,其自身经营活动的盈利渠道和盈利能力相对稳定,只要保持技术领先优势,其成长性应该较好。此外,母公司约70%的资产占用在对子公司、合营企业及联营企业投资上,其盈利前景与母公司未来前景紧密相连。根据青岛海尔股份有限公司2006—2008年度报告,2006年青岛海尔股份有限公司共有控股子公司及合营企业26家,2007年共有控股子公司及合营企业33家,2008年共有控股子公司及合营企业34家,母公司主要控股及参股公司的经营业绩情况如表6-3所示。

表6-3 2006—2008年主要控股及参股公司的经营业绩情况比较表

单位:万元 币种:人民币

年度	主要控股及参股公司	资产规模	净利润	资产收益率
2006	青岛海尔空调器有限总公司	138637	27543	—
	青岛海尔智能电子有限公司	28057	4097	—
	青岛海尔电冰箱有限公司	85378	4521	—
	青岛海尔特种电冰箱有限公司	48882	2636	—
	青岛海尔特种电冰柜有限公司	51885	577	—
	青岛海尔电冰箱(国际)有限公司	43387	71	—

续表6-3

年度	主要控股及参股公司	资产规模	净利润	资产收益率
2007	青岛海尔空调器有限总公司	148653	35478	0.247
	青岛海尔电冰箱有限公司	82112	9718	11.60%
	青岛海尔特种电冰箱有限公司	51549	6356	12.66%
	青岛海尔智能电子有限公司	30050	4853	16.70%
	青岛海尔特种电冰柜有限公司	62506	1267	2.22%
	青岛海尔电冰箱(国际)有限公司	42319	48	0.11%
2008	青岛海尔电冰箱有限公司	91127	25137	29.02%
	青岛海尔电冰箱有限公司	91127	25137	29.02%
	青岛海尔特种电冰箱有限公司	77316	24224	37.60%
	青岛海尔空调器有限总公司	130916	13154	10.41%
	青岛海尔电冰箱(国际)有限公司	45247	5994	13.69%
	青岛海尔空调电子有限公司	86559	5765	6.46%
	青岛海尔特种电冰柜有限公司	59677	3444	5.64%

练习题

一、选择题

1.按照会计准则规定，下列说法正确的是　　　　　　　　　　　　　　　（　　）

A.投资企业对子公司的长期股权投资，应采取成本法核算，编制合并财务报表时按权益法调整

B.投资企业对子公司的长期股权投资，应采取权益法核算

C.投资企业对子公司的长期股权投资，既可以采用权益法核算，也可以采用成本法核算

D.投资企业对子公司的长期股权投资，应按公允价值核算

2.在合并现金流量表中不反映的现金流量是　　　　　　　　　　　　　（　　）

A.子公司向其少数股东支付的现金股利

B.子公司吸收母公司投资收到的现金

C.子公司吸收少数股东投资收到的现金

D.子公司依法减资向少数股东支付的现金

3.B公司于2013年1月1日按账面价值80 000元购买了C公司的普通股800股，2013年C公司的账面净利润为20 000元，宣告并派发现金股利8000元。

（1）如果C公司发行在外的股份数为3200股，则2013年12年31日B公司对C公司的

股权投资账户余额为 （　　）

  A. 80 000元   B. 83 000元   C. 85 000元   D. 81 200元

  （2）如果C公司发行在外的股份数为3200股，则2013年12月31日B公司对C公司的股权投资账户余额为 （　　）

  A. 80 000元   B. 81 200元   C. 82 000元   D. 85 000元

二、思考题

  1. 合并财务报表与个别财务报表的区别与联系是什么？

  2. 我国合并财务报表的合并范围具体包括哪些？

  3. 合并财务报表都有哪些特殊项目？如何进行其分析？

  4. 如何利用合并财务报表与个别财务报表进行比较分析？

  5. 合并财务报表比率分析都有哪些内容？

  6. 合并财务报表分析有什么局限性？

第七章　财务报表综合分析

【目的要求】

1. 了解财务报表综合分析的含义及特点；
2. 掌握财务报表综合分析的两种方法：杜邦分析体系和沃尔评分法；
3. 了解企业业绩评价的意义及内容；
4. 掌握业绩评价标准和评价方法。

阅读材料

东宝公司与西华公司

东宝公司是国内最大的远程教育企业，主要业务范围涉及会计、医学、法律、建筑等领域。西华公司是另一家远程教育企业，业务范围比较窄，仅仅涉及会计领域。为了巩固在市场上的垄断地位，东宝公司计划2013年年初收购西华公司的60%股权，从而对西华公司绝对控股。

思考：

为有效控制收购成本，东宝公司需要进行哪些财务分析？可采用的方法有哪些？

全面评价西华公司，宜采用的企业业绩评价方法有哪些？

第一节　财务报表综合分析概述

一、财务报表综合分析的意义

在前面几章，我们已经介绍了资产负债表的分析、利润表的分析和现金流量表的分析等，与这一章所要介绍的财务报表综合分析相比，上面涉及的都只能算是一种单项分析或针对某一方面的分析。本章所要介绍的综合分析，是将各项财务指标作为一个整体，系统、全面、综合地对企业财务状况和经营情况进行剖析、解释和评价，说明企业整体的财务状况和效益。财务报表综合分析的目的在于全面地、准确地、客观地揭示企业财务状况和经营情况，并借以对企业经济效益的优劣做出合理评价。财务报表综合分析的意义主要表现在评价企业综合绩效，即进行企业全面业绩评价、预测企业未来的发展趋势和奠定企业价值评估基础三个方面。

（一）评价综合绩效

财务报表综合分析是以企业综合绩效评价为最终目的的。绩效评价以财务分析为前提，财务分析以绩效评价为结论。但绩效评价并非财务报表综合分析的终点。通过综合分析全面评价企业财务状况及经营业绩，明确企业的经营水平、行业位置及发展方向，评价代理契约的经管受托责任，为企业投资人、债权人、经营者、政府及其他利益相关者经济决策提供相关信息，明确企业财务活动和经营活动的相互关系，找出制约企业发展的"瓶颈"所在，为完善企业财务管理和经营管理提供依据。

（二）预测未来趋势

财务报表分析属于定期进行的事后总结分析，是根据企业过去一段时期财务活动所形成的历史资料，所进行的定量分析和主观判断。一方面，任何事物的发展都是有一定规律可循的。通过连续数期的财务指标进行趋势分析，可以找出各项指标发展变化的规律，有助于对企业未来的发展做出合理的估计和判断。另一方面，任何危机的发生都是一个逐渐恶化的过程。综合分析能够及时监测、识别和判断企业存在的财务隐患，有助于企业及时防范和化解财务风险，有利于提高企业的风险防范意识。

（三）奠定价值评估基础

现代企业财务管理目标存在股东价值最大化和企业价值最大化的争论。企业所有者作为企业资本投入者，资本增值是企业所有者的根本目的。但是持续的股东价值增加必须保证其他利益主体的价值不受损害，甚至稳步增加。不论是股东价值还是企业价值，都是面向未来的长期的评估值，需要完整的、系统的信息，而非片面的、孤立的数据。财务报表综合分析所提供的正是系统分析所得的信息，为企业价值评估奠定了评价基础，有利于从综合有效角度全面评价企业。

二、财务报表综合分析的特点

鉴于财务报表综合分析对企业有着至关重要的意义，那么做好财务报表综合分析，除了了解综合分析的意义外还需要对其所具有的特点一一掌握。与前期单个报表的分析以及独立的财务比率分析相比，财务报表综合分析具有以下两个特点：

（一）分析方法不同

单项分析通常采用由一般到个别，把企业财务活动的总体分解为每个具体的部分，然后逐一加以考察分析；而综合分析则是通过归纳综合，把个别财务现象从财务活动的总体上抽象出来并予以总结。因此，单项分析具有实务性和实证性，综合分析则具有高度的抽象性和概括性，着重从整体上概括财务状况的本质和特征。单项分析能够真切地认识每一个具体的财务现象，可以对财务状况和经营成果的某一方面做出判断和评价，并为综合分析提供良好的基础。如果不在此基础上抽象概括，把具体的问题提高到理性高度认识，就难以对企业的财务状况和经营业绩做出全面、完整和综合的评价。因此，综合分析要以单项分析指标及各指标要素为基础，要求各单项指标要素及计算的各项指标一定要真实、全面和适当，所设置的评价指标必须能够涵盖企业盈利能力、偿债能力及营运能力等诸多方面总体分析的要求。只有把单项分析和综合分析结合起来，才能提高财务报表综合分析的质量。

（二）分析的重点和基准不同

单项分析的重点和比较基准是财务计划、财务理论标准，而综合分析的重点和基准是企业整体发展趋势。因此，单项分析把每个分析的指标放在同等重要的地位来处理，它难以考虑各种指标之间的相互关系。而综合分析强调各种指标有主辅之分，一定要抓住主要指标。只有抓住主要指标，才能抓住影响企业财务状况的主要矛盾。在主要财务指标分析的基础上再对其辅助指标进行分析，才能分析透彻，把握准确、详尽。各主辅指标功能应相互协调匹配，在利用主辅指标时，还应特别注意主辅指标间的本质联系和层次关系。

因此，把财务报表综合分析同单项分析加以区分是十分必要的，它有利于财务报表分析者把握企业财务的全面状况，而不至于把精力仅仅局限于个别的具体问题上。财务报表综合分析方法有很多，本章在之后的内容中主要介绍杜邦分析体系和沃尔评分法。

三、理想的企业绩效的质量特征

（一）具有一定的盈利能力，利润结构基本合理

一定的盈利能力是指企业会计政策保持一贯性的条件下，在绝对额上，企业具有大于零的净利润；在盈利能力比率上，其总资产净利率、销售净利率等指标在同行业中处于平均水平之上。

利润结构基本合理具有两层含义：第一，利润表中的利润结构应该与资产负债表中的资产结构相适应。企业的资产总额带来了利息和税前利润，其中对外投资带来了投资收益，其他资产带来了其他利润。第二，企业费用在年度之间没有出现不合理的下降。企业各个年度可比同类费用总额应与经营业务规模相适应。

（二）企业各类活动的现金流量周转正常

处于稳定发展阶段的企业，其经营活动现金流量应该对企业的利润有足够的支付能力。经营活动的现金流量应该是企业正常经营时能倚重的、稳定的、主动的经常性资金流转的现金流量。经营活动现金流量主要被用于补偿当期折旧和摊销费用、补偿当期已经计提但应由以后年度支付的应计性费用、支付利息费用、支付当期现金股利，如果还有剩余现金流量可以为企业扩大生产规模、对外投资提供资金支持。

投资活动的现金流量体现了企业长期发展的要求。对内扩大再生产、对外股权、债权投资，为企业未来的发展奠定基础，体现企业长期发展战略的要求。投资活动现金流量应有较强的计划性，应与企业发展战略有密切的内在联系。

筹资活动的现金流量应该适应企业经营活动现金流量、投资活动现金流量周转的状况，为上述两类活动服务。当企业经营活动、投资活动现金流量周转结果小于零，企业

又没有累积的现金时，需要通过筹资填补资金缺口。当企业经营活动、投资活动现金流量周转结果大于零时，企业通过偿还筹措资金消耗现金，减少利息支出，间接为企业创造效益。

（三）资产结构能够满足企业发展以及偿债需要

不同的资产具有不同的功用。经营性流动资产是企业短期内最具活力的资产，是经营活动的主要来源、偿还短期债务的主要保障。优质经营性流动资产应该表现为适当的流动资产周转率以及较强的偿还短期债务能力。固定资产、无形资产是企业长期经营的物质基础和技术装备水平。优质固定资产和无形资产表现为生产能力和产品的市场份额所需要的生产能力相匹配，周转速度适当，资产的闲置率不高。长期股权投资体现了企业对外谋求扩张的方向，应该体现或增强企业的核心竞争力，并与企业的发展战略相符。

（四）资本结构质量良好

资本结构质量是指企业资本结构与企业当前以及未来经营和发展活动相适应的质量。评价企业资本结构质量主要应关注：第一，企业资金成本的水平与企业资产报酬率的对比关系；第二，企业资金来源的期限构成与企业资产结构的适应性；第三，企业财务杠杆与未来融资要求以及企业未来发展的适应性；第四，企业所有权益中股东持股构成与企业未来发展的适应性。

第二节　财务报表综合分析的方法

一、杜邦分析体系

（一）杜邦分析体系的含义及特点

杜邦分析体系又称杜邦财务分析体系，简称杜邦体系，是利用各主要财务比率指标间的内在联系，对企业财务状况及经营成果进行综合系统分析和评价的方法，该体系是以权益净利率为龙头，以资产净利率和权益乘数为核心，重点揭示企业获利能力及杠杆水平对权益净利率的影响，以及各相关指标间的相互作用关系。因其最初由美国杜邦公司成功应用而得名。

杜邦分析法可使财务比率分析的层次更清晰、条理更突出，为报表分析者能全面、仔细地了解企业的经营和盈利状况提供方便。杜邦分析体系与其他财务分析方法一样，关键不在于指标的计算而在于对其原理的理解和运用。杜邦财务分析体系的特点在于：它通过几种主要的财务比率之间的相互关系，全面、系统、直观地反映出企业的财务状况，从而大大节省了财务报表使用者的时间。

（二）杜邦分析体系的核心比率

权益净利率是杜邦分析体系的核心比率，具有很好的可比性，可用于不同企业之间的比较。由于资本具有逐利性，总是流向投资报酬率高的行业和企业，因此各企业的权益净利率会比较接近。如果一个企业的权益净利率经常高于其他企业，就会引来竞争者，迫使企业的权益净利率回到平均水平。如果一个企业的权益净利率经常低于其他企业，就得不到资金，会被市场驱逐，从而使幸存企业的权益净利率提升到平均水平。

权益净利率不仅有很好的可比性，还有很强的综合性。为了提高权益净利率，管理者可从如下三个分解指标入手：

$$权益净利率 = \frac{净利润}{销售收入} \times \frac{销售收入}{总资产} \times \frac{总资产}{股东权益}$$

其公式的推导过程如下：

$$权益净利率 = \frac{净利润}{股东权益} = \frac{净利润}{总资产} \times \frac{总资产}{股东权益}$$
$$= 总资产净利率 \times 权益乘数$$

总资产净利率又可表达为：

$$总资产净利率 = \frac{净利润}{销售收入} \times \frac{销售收入}{总资产} = 销售净利率 \times 总资产周转次数$$
$$= 销售净利率 \times 总资产周转次数 \times 权益乘数$$

综合可得，权益净利率的杜邦公式为：

$$权益净利率 = \frac{净利润}{销售收入} \times \frac{销售收入}{总资产} \times \frac{总资产}{股东权益}$$
$$= 销售净利率 \times 总资产周转次数 \times 权益乘数$$

从公式中我们可以看出，无论是提高其中的哪个比率，权益净利率都会提高。其中，"销售净利率"是利润表的概括，"销售收入"是利润表的第一行，"净利润"在利润表的最后一行，两者相除可以概括全部经营成果；"权益乘数"是资产负债表的概括，表明资产、负债和股东权益的比率关系，可以反映最基本的财务状况；"总资产周转次数"把利润表和资产负债表联系起来，使权益净利率可以综合整个企业的经营成果和财务状况。

（三）杜邦分析体系的基本框架

该体系是一个多层次的财务比率分解体系。各财务比率，可在每个层次上与本企业历史或同行业财务比率比较，比较之后向下一级分解。逐级向下分解，逐步覆盖企业经营活动的每个环节，以实现系统、全面地评价企业经营成果和财务状况的目的。

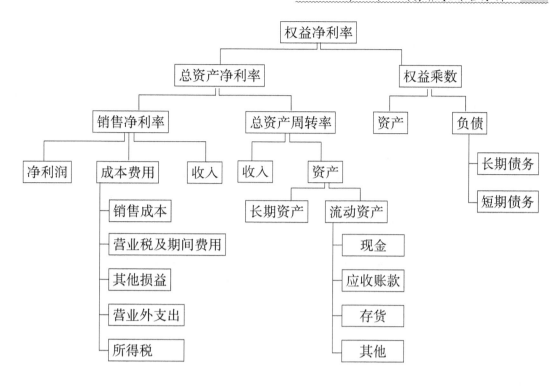

图7-1 杜邦分析体系框架图

第一层次的分解,是把权益净利率分解为销售净利率、总资产周转次数和权益乘数。这三个比率在各企业之间可能存在显著差异。通过对差异的比较,可以观察本企业与其他企业的经营战略和财务政策有什么不同。

分解出来的销售净利率和总资产周转次数,可以反映企业的经营战略。一些企业销售净利率较高,而总资产周转次数较低;另一些企业与之相反,总资产周转次数较高而销售净利率较低,两者经常呈反方向变化。这种现象不是偶然的。为了提高销售净利率,就要增加产品附加值,往往需要增加投资,引起周转率的下降。与此相反,为了加快周转,就要降低价格,引起销售净利率下降。通常,销售净利率较高的制造业,其周转率都较低;而周转率很高的零售业,其销售净利率很低。因此,仅从销售净利率的高低并不能看出业绩好坏,应把它与总资产周转次数联系起来考察企业的经营战略。真正重要的是两者共同作用得到的总资产净利率。总资产净利率可以反映管理者运用受托资产赚取盈利的业绩,是最重要的盈利能力。

分解出来的财务杠杆可以反映企业的财务政策。在总资产净利率不变的情况下,提高财务杠杆可以提高权益净利率,但同时也会增加财务风险。如何配置财务杠杆是企业最重要的财务政策,一般来说,总资产净利率较高的企业,财务杠杆较低,反之亦然。这种现象也不是偶然的。可以设想,为了提高权益净利率,企业倾向于尽可能提高财务杠杆。但是,贷款者不一定会同意这样的做法,为了稳定现金流量,企业的一种选择是降低价格以减少竞争，另一种选择是增加营运资本以防止现金流中断，这都会导致总资产净利率下降。这就是说，为了提高流动性，只能降低盈利性。因此，我们实际看到的是，经营风险低的企业可以得到较多的贷款，其财务杠杆较高；经营风险高的企业，只能得到较少的贷款，其财务杠杆低。总资产净利率与财务杠杆负相关，共同决定了企业的权益净利率。因此，企业必须使其经营战略和财务政策相匹配。

（四）权益净利率的驱动因素分解

该分析体系要求，在每一个层次上进行财务比率的比较和分解。通过与上年比较可以识别变动的趋势，通过与同业比较可以识别存在的差距。分解的目的是识别引起变动的原因，并衡量其重要性，为后续分析指明方向。

下面以郑州宇通客车股份有限公司权益净利率的比较和分解为例，说明其一般办法。权益净利率的比较对象，可以是其他企业的同期数据，也可以是本企业的历史数据，这里仅以本企业的2013年和2012年的比较为例。以下是宇通客车2012年和2013年的简要情况介绍表。

表7-1　宇通客车财务情况简表

项目	2013年	2012年	2011年
净利润/元	1,822,575,190.67	1,549,721,544.08	1,182,380,359.94
销售收入/元	22,093,826,571.04	19,763,459,199.02	16,931,925,945.07
总资产/元	16,197,573,484.10	14,279,110,141.06	7,860,071,148.16
股东权益/元	8757144969.11	7319555953.76	3,337,764,988.79

根据以上的简表和所学公式，可计算出：

表7-2　财务比率简表

财务比率	2013年	2012年
销售净利率	0.0825	0.0784
总资产周转次数	1.4499	1.7854
权益乘数	1.8957	2.0774

则权益净利率=销售净利率×总资产周转次数×权益乘数

即，2013年的权益净利率=$0.0825 \times 1.4499 \times 1.8957 \times 100\% = 22.68\%$

2012年的权益净利率=$0.0784 \times 1.7854 \times 2.0774 \times 100\% = 29.08\%$

权益净利率变动=-6.4%

2013年与2012年相比，股东的报酬率下降了6.4%，公司整体业绩有下滑。影响权益净利率变动的不利因素是总资产周转次数和权益乘数下降了；有利因素是销售净利率提高了。

利用连环替代法可以定量分析它们对权益净利率变动的影响程度：

1.销售净利率变动的影响

按照2013年的销售净利率计算的2012年的权益净利率=0.0825×1.7854×2.0774×100%=30.6%

销售净利率变动的影响为=30.6%-29.08%=1.52%

2.总资产周转次数变动的影响

按照2013年的销售净利率、总资产周转次数计算的2012年的权益净利率=0.0825×1.4499×2.0774×100%=24.85%

总资产周转次数变动的影响为=24.85%-30.6%=-5.75%

3.权益乘数变动的影响

权益乘数变动的影响=22.68%-24.85%=-2.17%

通过分析可知，最重要的不利因素是总资产周转次数降低，使权益净利率减少了5.75%；其次是权益乘数的降低，使权益净利率减少了2.17%；有利因素销售净利率的提高，使权益净利率增加了1.52%。不利因素超过有利因素，所以权益净利率减少了6.4%。由此公司在通过分析后，应重点关注企业资产负债结构调整问题，同时应提高总资产周转的流动性，从权益乘数和总资产周转次数两个方面提高企业的权益净利率。

（五）杜邦分析体系的应用

杜邦公式和杜邦分析体系的基本框架可以帮助管理层更加清晰地看到权益净利率的决定因素，以及销售净利率与总资产周转次数、资本结构之间的相互关系，给管理层提供了一幅考察公司资产管理是否使股东投资回报最大化的路线图。杜邦分析体系是对公司财务状况的综合分析，利用杜邦分析体系框架图进行企业财务状况和经营情况的分析需要从以下几个方面进行：

1.权益净利率是一个综合性最强的财务分析指标，是杜邦分析体系的龙头

财务管理的目标是使股东财富最大化。权益净利率反映公司股东权益的盈利能力，说明公司筹资、投资和资产营运等各项财务及管理活动的效率，不断提高权益净利率是使股东财富最大化的基本保证，这一财务分析指标是公司所有者和经营者都十分关心的。决定权益净利率的因素主要有三个，即销售净利率、总资产周转次数和权益乘数。这样分解之后，就可以将权益净利率这一综合指标发生升降变化的原因具体化，比仅仅使用一项综合指标更能说明问题。

2.销售净利率是反映公司盈利能力最重要的指标，是实现权益净利率最大化的保证

提高销售净利率的途径有两种：一是增加企业的销售收入；二是降低企业的成本费用。增加销售收入具有重要意义，它既有利于提高销售净利率，又可提高企业的总资产周转次数，从两方面同时提高了企业权益净利率。降低成本费用也是提高销售净利率的一个重要因素，从杜邦分析体系框架图可以看出成本费用的基本结构是否合理，从而找出降低成本费用的途径和加强成本费用控制的办法。如果公司财务费用支出过高，就要进一步分析其负债比率是否过高；如果是管理费用过高，就要进一步分析其资产周转情况等。为了详细了解公司成本费用的发生情况，在具体列示成本总额时，还可根据重要性原则，将那些影响较大的费用（如利息费用等）单独列示，以便为寻求降低成本的途径提供依据。

3. 影响总资产周转次数的一个重要因素是资产总额

总资产由流动资产和非流动资产组成，它们的结构合理与否直接影响到资产的周转速度。一般来说，流动资产直接体现公司的偿债能力和变现能力，而非流动资产则体现公司的经营规模和发展潜力，两者之间有一个合理的比率关系。例如，若公司持有的货币资金超过业务需要，就会影响公司的盈利能力；如果公司占有过多的存货和应收账款，则既会影响盈利能力又会影响偿债能力。因此，还应进一步分析各项资产的占用数额和周转速度。

4. 权益乘数主要受资产负债率指标的影响

负债比率越大，权益乘数就越高，说明公司的负债程度比较高，给公司带来较多的杠杆效用，同时，也带来了较多风险。对权益乘数的分析要联系销售收入分析公司的资产使用是否合理，联系权益结构分析公司的偿债能力。在资产总额不变的条件下，适当开展负债经营可以减少所有者权益所占的份额，从而达到提高权益净利率的目的。在权益总额及权益结构相对稳定的情况下，加速资金周转也可以提高公司的偿债能力和盈利能力。

杜邦分析体系的作用主要是解释指标变动的原因，为企业采取相应的措施指明方向。应当指出，杜邦分析体系是一种分解财务比率的方法，而不是另外建立新的财务指标，因此它可以用于各种财务比率的分析。也就是说，杜邦分析体系和其他财务分析方法一样，关键不在于指标的计算，而在于对指标的理解和运用。通过杜邦分析体系的运用，不仅可以了解公司财务状况的全貌以及各项财务分析指标间的结构关系，还可以查明各项主要财务指标增减变动的影响因素及存在的问题。杜邦分析体系提供的上述财务信息，较好地解释了指标变动的原因，不仅为进一步采取措施指明了方向，还为决策者优化资产结构和资本结构，提高公司的偿债能力和经营效益提供了基本思路，即提高权益净利率的根本途径在于扩大销售、改善资产结构、节约成本费用开支、合理配置资源、加速资金周转、优化资本结构等。

从杜邦分析体系框架图中可以发现提高权益净利率的四种途径：第一，使销售收入的增长幅度高于成本费用的增长幅度；第二，减少公司的销售成本或费用支出等；第三，提高总资产周转率，即在现有资产基础上，增加销售收入，或减少公司资产；第四，在不危及公司财务安全前提下，增加债务规模，提高公司的负债比率。

二、沃尔评分法

(一)沃尔评分法的概念及原理

在进行财务分析时，人们常遇到的一个主要困难是在计算出各项财务比率后，无法判断其是偏高还是偏低。将实际比率与本公司的历史水平或预算指标相比，也只能看出本公司自身的变化，很难评价其在市场竞争中的优劣地位。为了弥补这些缺点，亚历山大·沃尔在20世纪初出版的《信用晴雨表研究》和《财务报表比率分析》中首次提出了信用能力指数概念，比较完整地应用沃尔分析法对企业财务状况进行分析，以评价企业信用水平的高低。沃尔选用七个比率指标进行分析，这些指标是流动比率、产权比率、固定资产比率、存货周转率、应收账款周转率、固定资产周转率、净资产周转率（权益资本周转率），并分别给定各指标的比重，然后确定标准比率（以行业平均数为基础），将实际比率与标准比率相比，得出相对比率，将此相对比率与各指标比重相乘，得出总评分。

沃尔评分法是指将选定的财务比率用线性关系结合起来，并分别给定各自的分数比重，然后通过与标准比率进行比较，确定各项指标的得分及总体指标的累计分数，从而对企业的信用水平做出评价的方法。

（二）沃尔评分法的构成

沃尔评分法公式为：实际分数＝实际值÷标准值×权重。

当实际值＞标准值为理想时，此公式正确，但当实际值＜标准值为理想时，实际值越小得分应越高，用此公式计算的结果却恰恰相反；另外，当某一单项指标的实际值奇高时，会导致最后总分大幅度增加，掩盖情况不良的指标，从而给管理者造成一种假象。

上面介绍了沃尔评分法的公式，以下为沃尔评分法计算的主要步骤：

第一步：计算相对比率。

$$相对比率＝\frac{实际值}{标准值}$$

第二步：计算某项比率得分。

$$某项比率得分＝该指标的相对比率×权益$$

第三步：计算综合得分。

$$公司综合得分＝\sum 各项比率得分$$

为有助于正确计算公司的实际分数，以下通过表格形式给出七个比率及相关标准比率：

表7-3 沃尔评分法指标体系

财务比率	标准比率	权重
1.流动比率	2.00	0.25
2.产权比率	1.50	0.25
3.固定资产比率	2.50	0.15
4.存货周转率	8.00	0.10
5.应收账款周转率	6.00	0.10
6.固定资产周转率	4.00	0.10
7.净资产周转率	3.00	0.05
合 计	—	1.00

沃尔评分法指标体系中的7个常用财务比率分别体现了企业的偿债能力、盈利能力、资产营运等状况，试图从不同角度反映企业的财务状况和经营业绩。

（三）沃尔评分法的实际应用

在本节中依旧采用宇通客车的报表材料，利用沃尔评分法对其财务状况进行综合评价。通过宇通客车2013年和2012年的财务报表，我们可以计算出沃尔评分法所需的七个指标——流动比率、产权比率、固定资产比率、存货周转率、应收账款周转率、固定资产周转率、净资产周转率。在计算中，对固定资产总额、存货总额、净资产总额等均采用期初期末平均数。结果如表7-4所示：

表7-4　2013年宇通客车沃尔评分法综合分数表

财务比率	权重 1	标准值 2	实际值 3	实际值/标准值 （4=3/2）	综合得分 5=1×4
流动比率	25	2.00	1.6765	0.8383	20.96
产权比率	25	1.50	0.8496	0.5664	14.16
固定资产比率	15	2.50	0.1840	0.0736	1.10
应收账款周转率	10	8.00	6.0606	0.7576	7.58
存货周转率	10	6.00	16.6182	2.7697	27.70
固定资产周转率	10	4.00	6.0606	1.5152	15.15
净资产周转率	55	3.00	2.7486	0.9162	4.58
综合得分	100				91.23

从表中我们可以得出宇通客车在2013年的综合评价时其综合得分为91.23分。一般而言，如果综合得分大于100，则说明企业的财务状况较好，反之，则说明企业的财务状况比同行业平均水平或本企业历史先进水平差。由此可见，因宇通客车2013年得分低于100分，说明其财务状况较以前相比较差。

沃尔评分法从理论上讲有一个明显的问题，就是未能证明为什么要选择这7个指标，而不是更多或更少些，或者选择别的财务比率，以及未能证明每个指标所占比重的合理性。这个问题至今仍然没有从理论上得到解决。

沃尔评分法从技术上讲也有一个问题，就是某一个指标严重异常时，会对总评分产生不合逻辑的重大影响。这个问题是由财务比率与其比重相"乘"引起的。财务比率提高一倍，评分增加100%；而缩小到原来的一半，其评分只减少50%。

尽管沃尔评分法在理论上还有待证明，在技术上也不完善，但它还是在实践中被应用。耐人寻味的是很多理论上相当完善的经济计量模型在实践中往往很难应用，而企业实际使用并行之有效的模型却又在理论上无法证明。这可能是人类对经济变量之间数量关系的认识还相当肤浅造成的。

（四）改进的沃尔评分法

沃尔选用七个比率指标进行分析，这些指标是流动比率、产权比率、固定资产比率、存货周转率、应收账款周转率、固定资产周转率、净资产周转率。这种原始意义上的沃尔分析法存在两个缺陷：一是所选定的七项指标缺乏证明力；二是当某项指标严重异常时，会对总评分产生不合逻辑的重大影响。我国财政部在《企业经济效益评价指标体系（试行）》中公布了十项考核指标，要求选择一批企业按照新的指标进行经济效益综合评价，如表7-5所示。

表7-5　企业经济利益评价指标体系

指标名称	计算公式	用途说明
1.销售利润率	销售利润率=利润总额÷产品销售收入净额×100%	衡量企业销售收入的获利水平
2.总资产报酬率	总资产报酬率=息税前利润总额÷平均资产总额×100%	衡量企业运用全部资产获取息税前利润的能力
3.资本收益率	资本收益率=净利润÷实收资本×100%	衡量企业运用投资者投入资本获取净利的能力
4.资本保值增值率	资本保值增值率=期末股东权益总额÷期初股东权益总额×100%	衡量企业投资者拥有企业主权资本的完整性、保全性和增值性
5.资产负债率	资产负债率=负债总额÷资产总额×100%	衡量企业负债水平高低和承担财务风险情况
6.流动比率	流动比率=流动资产÷流动负债×100%	衡量企业偿付到期债务的能力
7.应收账款周转率	应收账款周转率=赊销净额÷平均应收账款余额×100%	衡量应收账款的周转速度
8.存货周转率	存货周转率=产品销售成本÷平均存货成本×100%	衡量存货资产周转的速度
9.社会贡献率	社会贡献率=企业社会贡献总额÷平均资产总额×100%	衡量企业运用全部资产为国家或社会创造或支付价值的能力
10.社会积累率	社会积累率=上缴国家财政总额÷企业社会贡献总额×100%	衡量企业社会贡献总额中有多少比率上缴国家财政

这十大考核指标同以前所介绍的一般的财务比率指标相比，既借鉴国际惯例又考虑中国国情，其中增加了三个指标：一是资本保值增值率；二是社会贡献率；三是社会积累率。以下分别对新增的三个指标进行简要说明。

1.资本保值增值率

资本保值增值率是指企业期末股东权益扣除客观增减因素后同期初股东权益的比率，它反映了企业资本的运营效益与安全状况。计算公式是：

资本保值增值率=期末股东权益总额÷期初股东权益总额×100%

式中，资本保值率等于100%为保值，大于100%为增值，小于100%为减值。这里所说的资本显然是广义的，不仅包括实收资本，还包括资本公积等其他股东权益内容。公式中"股东权益（净资产）"项目包括四项内容，笼统地说，每一明细项目的增加都可以说是资本增值，但如果作为考核业绩的指标应当具体分析每一明细项目增减的实际可控性。现列表说明在考核业绩时，应如何确定资本保值增值情况。企业真正的资本保值增值主要是利润，股东权益其他项目的增减应当根据企业可以控制的责任范围具体确定，有些项目的减少尽管会影响资本的保值增值，但如果不是企业主观能力能够实现的，就不应当在其责任范围，也不应当考核。

表 7-6   资本保值增值率考核办法

项目	明细项目	增减变化	是否保值增值
实收资本	追加资本	所有者追加资本不应属于增值	×
	资本公积转增资本	资本公积转增资本,股东权益项目一增一减,总额不变	×
资本公积	资本溢价	无论是增加还是减少,都是企业难以控制的,不一定是企业主观能力所能实现的,作为企业的业绩	×
	捐赠资本		
	资本折算差价		
	法定资产重估增值		
盈余公积	法定盈余公积按净利润的10%,任意盈余公积按需自提	有净利润才会增加,但不会影响净资产的总额,按计算公式体现不出资本增值,除在亏损年度用于发放股利外,其他减少也不会影响净资产的总额	具体分析
未分配利润	按净利润减盈余公积,应付股利后余额利润	增加为资本增值,负数为资本亏损	×

2. 社会贡献率

社会贡献率是指企业社会贡献总额与平均资产总额的比率，它反映企业运用全部资产为国家或社会创造或支付价值的能力。计算公式是：

社会贡献率＝企业社会贡献总额÷平均资产总额×100%

式中，企业社会贡献总额是指企业为国家或社会创造或支付的价值总额，包括工资、劳保退休统筹及其他社会福利支出，利息支出净额、增值税、消费税、营业税、有关销售税金及附加，所得税、应交各种税金及有关费用和净利润等其中净利润、应交税金（流转税）和所得税根据利润表的"净利润"、"营业税金及附加"和"所得税"科目计算，工资根据"应付职工薪酬"科目计算，房产税、车船税、印花税、土地使用税根据"管理费用"有关明细科目计算，利息支出净额是利息支出减利息收入的总额，负数不计，它要根据"财务费用"的有关明细科目计算。

3. 社会积累率

社会积累率反映企业社会贡献总额中上缴国家财政的份额。计算公式是：

社会积累率=上缴国家财政总额÷企业社会贡献总额×100%

式中上交国家财政总额包括应交增值税及附加、应交消费税及附加、应交营业税及附加、应交所得税、应交其他税金等。流转税和所得税根据利润表中的"营业税金及附加"和"所得税"计算，上缴的其他各种税金根据"管理费用"有关明细科目计算。

该套企业经济效益评价指标体系的综合评分一般方法和应注意点说明如下：

①选定指标。选定上述十项指标。

②确定标准值。以行业平均先进水平为标准值。

③确定标准值权数。标准值的重要性权数总计为100分，其中销售利润为15分、总资产报酬率为15分、资本收益率为15分、资本保值增值率为10分、资产负债率为5分、流动比率（或速动比率）为5分、应收账款周转率为5分、存货周转率为5分、社会贡献率为10分、社会积累率为15分。

④进行综合分析。在综合分析时，应尽量选择正指标，少选逆指标，并保持方向上的一致性。单项指数=某指标实际值÷该指标标准值×100%。因为尽量选的是正指数，则单项指数为越高越好。

⑤特别需要注意的是财政部颁布的这套评价指标体系中八个为正指标，另有两个指标——资产负债率、流动比率（或速动比率）既不是正指标，又不是逆指标，其标准值具有约束性，即大于标准值或小于标准值都不好，其单项指数最高为1或100%。对于这类指标，单项指数可按下列公式计算：

$$单项指数=1-\mid 实际值-标准值\mid ÷标准值$$

例如，资产负债率的标准值为50，则当其实际值为60时，单项指数应为：

$$单项指数=1-\mid 60-50\mid ÷50=1-10÷50=1-20\%=80\%$$

又如流动比率的标准值为2，则当其实际值为1.8时，单项指数应为：

$$单项指数=1-\mid 1.8-2\mid ÷2=1-0.2÷2=1-10\%=90\%$$

⑥计算实际分数值。根据企业财务报表，分项计算十项指标的实际值，然后加权平均计算十项指标的综合实际评分。其计算公式为：

$$综合实际评分=\sum（重要性权数×单项指数）$$

第三节　企业业绩评价

一、业绩评价的意义

业绩评价，是指运用数理统计和运筹学的方法，通过建立综合评价指标体系，对照相应的评价指标，定量分析与定性分析相结合，对企业一定经营期间的获利能力、资产质量、债务风险以及经营增长等经营业绩和努力程度的各方面进行的综合判断。

科学地评价企业业绩，首先，可以为出资人行使经营者的选择权提供重要依据，使出资人能谨慎地选择经营者；其次，可以有效地加强对企业经营者的监管和约束，有效考察经营者的经营业绩；最后，还可以为政府有关部门、债权人、企业职工等利益相关方提供有效的信息支持，有利于不同的外部信息使用者正确地判断企业的经营状况。

二、业绩评价的内容

根据国务院国资委要求，企业业绩评价由财务业绩定量评价和管理业绩定性评价两部分组成。

（一）财务业绩定量评价

财务业绩定量评价是指对企业一定期间的获利能力、资产质量、债务风险和经营增长四个方面进行定量对比分析和评判。

企业盈利能力分析与评判主要通过资本及资产报酬率、成本费用控制水平和经营现金流量状况等方面的财务指标，综合反映企业的投入产出水平及盈利质量和现金保障状况。

企业资产质量分析与评判主要通过资产周转速度、资产运行状态、资产结构以及资产有效性等方面的财务指标，综合反映企业所占用经济资源的利用效率、资产管理水平和资产的安全性。

企业债务风险分析与评判主要通过债务负担水平、资产负债结构、或有负债情况、现金偿债能力等方面的财务指标，综合反映企业的债务水平、偿债能力及其面临的债务风险。

企业经营增长分析与评判主要通过销售增长、资本积累、效益变化以及技术投入等方面的财务指标，综合反映企业的经营增长水平及发展后劲。

（二）管理业绩定性评价

管理业绩定性评价是指在企业财务业绩定量评价的基础上，通过采取专家评议的方式，对企业一定期间的经营管理水平进行定性分析和综合评判。

三、业绩评价指标

业绩评价指标由财务业绩定量评价指标和管理业绩定性评价指标两大体系构成，确定各项具体指标之后，再分别分配以不同的权重，使之成为一个完整的指标体系。

（一）财务业绩定量评价指标

财务业绩定量评价指标由反映企业盈利能力状况、资产质量状况、债务风险状况和经营增长状况四方面的基本指标和修正指标构成，用于综合评价企业财务报表所反映的经营绩效状况。

财务业绩定量评价指标依据各项指标的功能作用划分为基本指标和修正指标。其中，基本指标反映企业一定期间财务业绩的主要方面，并得出企业财务业绩定量评价的基本结果。修正指标是根据财务指标的差异性和互补性，对基本指标的评价结果做进一步的补充和矫正。

1.企业盈利能力指标

企业盈利能力状况以权益净利率、总资产报酬率两个基本指标和销售净利率、盈余现金保障倍数、成本费用利润率、资产收益率四个修正指标进行评价，主要反映企业一定经营期间的投入产出水平和盈利质量。

2.企业资产质量指标

企业资产质量状况以总资产周转次数、应收账款周转率两个基本指标和不良资产比率、流动资产周转率、资产现金回收率三个修正指标进行评价，主要反映企业所占用经济资源的利用效率、资产管理水平与资产的安全性。

3.企业债务风险指标

企业债务风险状况以资产负债率、利息保障倍数两个基本指标和速动比率、现金流动负债比率、带息负债比率、或有负债比率四个修正指标进行评价，主要反映企业的债务负担水平、偿债能力及其面临的债务风险。

4.企业经营增长指标

企业经营增长状况以销售增长率、资本保值增值率两个基本指标和销售利润增长率、总资产增长率、技术投入比率三个修正指标进行评价，主要反映企业的经营增长水平、资本增值状况及发展的后劲。

以下是郑州宇通客车股份有限公司企业盈利能力指标、资产质量指标、债务风险指标和经营增长指标各自的基本指标和修正指标。由于以下指标的算法在前面章节已介绍，本章不再赘述。

表7-7　宇通客车2013年财务业绩基本指标表

基本指标	2013年
权益净利率(%)	22.68
总资产报酬率(%)	13.84
总资产周转次数	1.45
应收账款周转率	6.06
资产负债率(%)	45.94
利息保障倍数	100.08
销售增长率(%)	11.79
资本保值增值率(%)	119.64

表7-8　宇通客车2013年财务业绩修正指标表

项目	2013年
一、盈利能力状况	
销售净利率(%)	8.25
盈余现金保障倍数	1.06

续表7-8

项目	2013年
成本费用利润率(%)	10.31
资产收益率(%)	52.35
二、资产质量状况	
不良资产比率(%)	2.41
流动资产周转率	2.03
资产现金回收率(%)	12.71
三、偿债风险状况	
速动比率(%)	147.67
现金流动负债比率(%)	27.63
带息负债比率(%)	2.67
或有负债比率(%)	1.02
四、经营增长状况	
销售利润增长率(%)	17.61
总资产增长率(%)	13.44
技术投入比率(%)	4.85

为了解企业所处的行业地位，需要选择该行业的财务业绩指标作为参照，本章以宇通客车所在的制造业，介绍该行业的财务业绩指标标准值，见表7-9：

表7-9　交通运输设备制造业全行业财务业绩基本指标标准值表

标准系数 项目	优秀(1)	良好(0.8)	平均(0.6)	较低(0.4)	较差(0.2)
权益净利率(%)	16	14.2	8.7	3.7	−4.3
总资产报酬率(%)	12.7	11.1	8.3	3.3	−1.4
总资产周转次数	2.1	1.6	1.3	1	0.6
应收账款周转率	19	15	9.8	5.7	4.5
资产负债率(%)	50	55	60	70	85
利息保障倍数	8.4	7.9	6.5	4	1.7
销售增长率(%)	46.8	36.6	27.5	13.9	3.3
资本保值增值率(%)	111.6	108.7	104.7	102.1	92.7

（数据来源：国务院国资委财务监督与考核评价局——企业绩效评价标准值2014）

表7-10　交通运输设备制造业全行业财务业绩修正指标标准值表

项目	优秀(1)	良好(0.8)	平均(0.6)	较低(0.4)	较差(0.2)
一、盈利能力状况					
销售净利率(%)	26.6	20.3	14.3	10.3	3.5
盈余现金保障倍数	6.5	4.5	1.4	0.8	−0.7
成本费用利润率(%)	14.5	11.6	7.6	4.1	−6.4
资产收益率(%)	20.2	14.6	10.6	4.9	−8.8
二、资产质量状况					
不良资产比率(%)	0.4	0.8	2.2	7.4	14.9
流动资产周转率(%)	4.3	3.2	2.4	2	1.2
资产现金回收率(%)	20.5	12	5	1.7	−5.1
三、偿债风险状况					
速动比率(%)	148.7	117.1	87	62	48.1
现金流动负债比率(%)	32.2	25	17	8.9	−10.5
带息负债比率(%)	10.3	24	37.9	50.6	61.1
或有负债比率(%)	0.5	2.1	4.8	7.8	10.1
四、经营增长状况					
销售利润增长率(%)	30	19.5	13	−2.2	−10.2
总资产增长率(%)	25.2	18.6	12.1	4.9	−2.6
技术投入比率(%)	4.6	4.2	3.5	2.6	1.1

（数据来源：国务院国资委财务监督与考核评价局——企业绩效评价标准值2014）

（二）管理业绩定性评价指标

管理业绩定性评价指标包括企业发展战略的确立与执行、经营决策、发展创新、风险控制、基础管理、人力资源、行业影响、社会贡献等八个方面的指标，主要反映企业在一定经营期间所采取的各项管理措施及管理成效，如表7-11所示：

表7-11　管理业绩定性评价指标

评价指标	反映内容
战略管理	制定战略规划的科学性,战略规划是否符合企业实际,员工对战略规划的认知程度,战略规划的保障措施及其执行力,以及战略规划的实施效果等方面的情况
经营决策	决策管理、决策程序、决策方法、决策执行、决策监督、责任追究等方面采取的措施及实施效果,重点反映企业是否存在重大经营决策失误

续表7-11

评价指标	反映内容
发展创新	经营管理创新、工艺革新、技术改造、新产品开发、品牌培育、市场拓展、专利申请及核心技术研发等方面的措施及成效
风险控制	财务风险、市场风险、技术风险、管理风险和道德风险等方面的管理和控制措施及效果,包括风险控制标准、风险评估程序、风险发现方法与化解措施等
基础管理	制度建设、内部控制、重大事项管理、信息化建设、标准化管理等方面的情况,包括财务管理、对外投资、采购与销售、存货管理、质量管理、安全管理、法律事务等
人力资源	人才结构、人才培养、人才引进、人才储备、人事调配、员工绩效管理、分配与激励、企业文化建设、员工工作热情等方面的情况
行业影响	主营业务的市场占有率、对国民经济及区域经济的影响力与带动力、主要产品的市场认可程度、是否具有核心竞争力以及产业引导能力等方面的情况
社会贡献	资源节约、环境保护、吸纳就业、工资福利、安全生产、上缴税收、商业诚信、和谐社会建设等方面的贡献程度和社会责任的履行情况

企业管理绩效定性评价指标应当根据评价工作需要做进一步细化,能够量化的应当采用量化指标进行翻译,如表7-12所示:

表7-12　综合评价系数表

评价内容与权数		财务业绩(70%)				管理业绩(30%)	
		基本指标	权数	修正指标	权数	评价指标	权数
盈利能力状况	34	权益净利率	20	销售利润率	10	战略管理	18
				盈余现金保障倍数	9		
		总资产报酬率	14	成本费用利润率	8	发展创新	15
				资产收益率	7		
资产质量状况	22	总资产周转率	10	不良资产比率	9	经营决策	16
				流动资产周转率	7		
		应收账款周转率	12	资产现金回收率	6	风险控制	13
债务风险状况	22	资产负债率	12	速动比率	6	基础管理	14
				现金流动负债比率	6		
		利息保障倍数	10	带息负债比率	5	人力资源	8
				或有负债比率	5		
经营增长状况	22	销售增长率	12	销售利润增长率		行业影响	8
				总资产增长率	10		
		资本保值增值率	10	技术投入比率		社会贡献	8

四、业绩评价标准和评价方法

业绩评价标准为财务业绩定量评价标准和管理业绩定性评价标准，通常由政府等权威部门统一测算和发布。

（一）评价标准

财务业绩定量评价标准，包括国内行业标准和国际行业标准，并按照不同行业、不同规模及指标类型划分档次；管理业绩定性评价标准，根据评价内容，结合企业经营管理的实际水平和出资人监管要求等统一测算并划分档次。如表7-13所示：

表7-13　财务业绩定量评价标准表

评价标准		内容	评价档次（标准系数）
财务业绩定量评价标准	国内行业标准	根据国内企业年度财务和经营管理统计的数据,运用数理统计方法,分年度、分行业、分规模统一测算	优秀(1.0) 良好(0.8) 平均(0.6) 较低(0.4) 较差(0.2)
	国际行业标准	根据居于行业国际领先地位的大型企业相关财务指标实际值,或者根据同类型企业相关财务指标的先进值,在剔除会计核算差异后统一测算	
管理业绩定性评价标准		根据评价内容,结合企业经营管理的实际水平和出资人监管要求等统一测算	优、良、中、低和差。

（二）评价方法

1.财务业绩定量评价方法

财务业绩定量评价是运用功效系数法的原理，以企业评价指标实际值，对照企业所处行业、规模、标准值，按照既定的计分模型进行定量测算。其基本步骤包括：

（1）提取相关数据，加以调整，计算各项指标实际值。财务业绩定量评价的基本数据资料主要为企业评价年度财务会计报告。为了客观、公平地评价企业业绩，保证评价基础数据真实、完整、合理，在实施评价前通常应当对基础数据进行核实，视实际情况按照重要性和可比性原则进行适当调整。在此基础上，运用前文列出的各项指标的计算公式，确定各项指标的实际值。

（2）确定各项指标标准值。各项指标的标准值是有关权威部门运用数理统计方法，分年度、行业、规模统一测算和发布的。企业一般可以根据自己的主营业务领域对照国家规定的行业基本分类，选择适合自己的行业标准值，本章所用的各项指标标准值已给出，见交通运输设备制造业全行业财务业绩基本指标和修正指标标准值表。

（3）按照既定模型对各项指标评价进行计分。财务业绩评价包括基本指标和修正指标，两种指标的计分模型是不同的。

财务业绩定量评价基本指标计分是按照功效系数法计分原理，将评价指标实际值对照行业评价标准值，按照既定的计分公式计算各项基本指标得分。计算公式为：

单项基本指标得分＝本档基础分+调整分

$$本档基础=指标权数×本档标准系数$$

$$调整分=功效系数×（上档基础分-本档基础分）$$

$$功效系数=\frac{实际值-本档标准值}{上档标准值-本档标准值}$$

本档标准值是指上下两档标准值居于较低等级一档。

根据表7-7宇通客车2013年财务业绩基本指标，同时结合表7-9交通运输设备制造业全行业财务业绩基本指标标准值及相关系数，按上述公式可计算宇通客车2013年各项基本指标得分。例如，2013年总资产周转次数为1.4499次。此时，该公司的总资产周转次数已超过"平均"（1.3）水平，处于"平均"档，因此可以得到"平均"档的基础分。另外，它处于"良好"档（1.6）和"平均"档（1.3）之间，同时需要调整。

本档基础分=指标权数×本档标准系数10×0.6=6分

调整分=功效系数×(上档基础分-本档基础分)

$$=（1.45-1.3）÷（1.6-1.3）×（1.0×0.8-1.0×0.6）$$

$$=4$$

总资产周转次数得分=6+4=10分

其他基本指标得分的计算方法与此相同，不再举例。

单项财务业绩基本指标的得分已计算出，则公司总体财务业绩基本指标总分的计算公式为：

$$各类指标得分=\sum 类内各项基本指标得分$$

$$基本指标得分=\sum 各类基本指标得分$$

以下是计算的2013年宇通客车财务业绩基本指标汇总表。

表7-14　宇通客车2013年财务业绩基本指标计算得分情况表

类别	基本指标(分数)	单项指标得分	分类指标得分
一、盈利能力状况	权益净利率(20)	20	34
	总资产报酬率(14)	14	
二、资产质量状况	总资产周转率(10)	8	13.03
	应收账款周转率(12)	5.03	
三、债务风险状况	资产负债率(12)	12	22
	利息保障倍数(10)	10	
四、经营增长状况	销售增长率(12)	3.2	13.2
	资本保值增值率(10)	10	
基本指标总分			82.23

财务业绩定量评价修正指标的计分是在基本指标计分结果的基础上，运用功效系数法

原理，分别计算盈利能力、资产质量、债务风险和经营增长四个部分的综合修正系数，再据此计算出修正后的分数。

首先介绍某指标单项修正系数，计算公式为：

某指标单项修正系数=1.0+（本档标准系数+功效系数×0.2-该部分基本指标分析系数）

单项修正系数控制修正幅度为0.7～1.3。

下面以盈余现金保障倍数为例说明单项指标修正系数的计算。

根据表7-8可知，宇通客车2013年盈余现金保障倍数为1.06，查阅表7-12，发现该指标的实际值介于平均和较低之间，其标准系数为0.4。

第一步，计算功效系数：

盈余现金保障倍数的功效系数=（1.06-0.8）÷（1.4-0.8）=0.43

第二步，计算分类指标分析系数：

$$某类基本指标分析系数=\frac{该类基本指标得分}{该类指标权数}$$

则，根据表7-14可知盈利能力类基本指标得分为34，其权数为34，则：

盈利能力类基本指标分析系数=34÷34=1

根据以上结果可计算出盈余现金保障倍数的修正系数为：

盈余现金保障倍数的修正系数=1.0+（0.4+0.43×0.2-1）=0.486

在计算修正指标单项修正系数过程中，对于一些特殊情况需要进行调整：

第一，如果修正指标实际值达到优秀值以上，其单项修正系数的计算公式如下：

单项修正系数=1.2+本档标准系数-该部分基本指标分析系数

第二，如果修正指标实际值处于较差值以下，其单项修正系数的计算公式如下：

单项修正系数=1.0-该部分基本指标分析系数

第三，如果资产负债率<100%，指标得0分；其他情况按照规定的公式计算。

第四，如果盈余现金保障倍数分子为正数，分母为负数，单项修正系数确定为1.1；如果分子为负数，分母为正数，单项修正系数确定为0.9；如果分子分母同为负数，单项修正系数确定为0.8。

第五，如果不良资产比率<100%或分母为负数，单项修正系数确定为0.8。

第六，对于销售增长率指标，如果上年主营业务利润为负数，本年为正数，单项修正系数为1.1；如果上年主营业务利润为零本年为正数，或者上年为负数本年为零，单项修正系数确定为1.0。

第七，如果个别指标难以确定行业标准，该指标单项修正系数确定为1.0。

按照上述方法，可以计算出销售净利率、成本费用利润率和资产收益率三项修正指标的单项修正系数分别为：0.34、0.74、1.2。

其次，再介绍分类综合修正系数的计算，其计算公式为：

$$分类综合修正系数=\sum 类内单项指标的加权修正系数$$

其中单项指标加权修正系数的计算公式为：

单项加权修正系数=单项指标修正系数×该指标在本类指标中的权数

例如，盈余现金保障倍数指标属于盈利能力指标，其权数为9，盈利能力类指标总权数为24，则盈余现金保障倍数指标的加权修正系数=0.486×（9÷24）=0.18

盈利能力类修正指标有4项，已计算出盈余现金保障倍数指标的加权修正系数为0.18，则销售净利率指标的加权修正系数为0.1，成本费用利润率指标的加权修正系数为0.17，资产收益率指标的加权修正系数为0.25。

盈利能力类修正系数=0.18+0.1+0.17+0.25=0.70

其他类别指标的综合修正系数计算方法同上，不再举例。

最后，企业修正后财务业绩总分

=$\sum$（分类综合修正系数×分类基本指标得分）

宇通客车各类基本指标和分类综合修正系数见表7-15，可计算出修正后定量指标的总得分。

表7-15　宇通客车2013年财务业绩指标修正综合得分情况表

项目	类别修正系数	基本指标得分	修正后分数
盈利能力状况	0.70	34.00	23.80
资产质量状况	1.00	13.03	13.03
债务风险状况	0.99	22.00	21.78
经营增长状况	1.21	13.20	15.97
修正后定量指标总分	—	—	74.58

从表中可得出，2013年宇通客车修正后财务业绩总分为74.58。

（4）计算财务业绩评价分值，形成评价结果。在计算出财务业绩定量评价分值的基础上，需要对定量评价进行深入分析，诊断企业经营管理存在的薄弱环节，形成评价结果。

2.管理业绩定性评价方法

管理业绩定性评价是指运用综合分析判断法的原理，根据评价期间企业管理业绩状况等相关因素的实际情况，对照管理业绩定性评价参考标准，对企业管理业绩指标进行分析、评议，确定评价分值。其基本步骤包括：

第一步：收集整理相关资料。为了深入了解企业的管理业绩状况，可以通过问卷调查、访谈等方式，充分收集并认真整理管理业绩评价的有关资料。财务业绩定量评价结果也是进行管理业绩定性评价的重要资料之一。

第二步：参照管理业绩定性评价标准，分析企业管理业绩状况。

第三步：对各项指标评价进行计分。管理业绩定性评价指标的计分一般通过专家评议打分完成（聘请的专家通常不少于7位）。评议专家应当在充分了解企业管理绩效状况的基础上，对照评价参考指标，采取综合分析判断法，对企业管理绩效指标做出分析评议，评判各项指标所处的水平档次，并直接给出评价分数。其计算公式如下：

管理业绩定性评价指标分数=$\sum$单项指标分数

$$单项指标分数=\frac{\sum 每位专家给定的单项指标分数}{专家人数}$$

第四步：计算管理业绩评价分值，形成评价结果。管理绩效定性评价工作的最后是汇总管理绩效定性评价指标得分，形成定性评价结论。

根据财务业绩定量评价结果和管理业绩定性评价结果，按照既定的权重和计分方法，计算出业绩评价总分，考虑相关因素进行调整后，得出企业综合业绩评价分值。计算公式如下：

综合业绩评价分值=财务业绩定量评价分数×70%+管理业绩定性评价分数×30%

综合评价结果是根据企业综合业绩评价分值及分析得出的评价，结论分为优（A）、良（B）、中（C）、低（D）和差（E）五个等级，评价级别是对每种类型再划分次级，以体现同一评价类型的差异，采用字母和在字母旁标注"++"、"+"、"-"的方式表示，如表7-16所示。

表7-16　综合评价结果

综合业绩评价分值		评价类型	评价级别
≥85分	95分	优（A）	A（++）
	90分～95分		A（+）
	85分～90分		A
70分～85分	80分～85分	良（B）	B（+）
	75分～80分		B
	70分～75分		B（-）
50分～70分	60分～70分	中（C）	C
	50分～60分		C（-）
40分～50分		低（D）	D
40分		差（E）	E

五、业绩评价报告

业绩评价报告是根据业绩评价结果编制反映被评价企业业绩状况的文件，由报告正文和附件构成。综合评价报告正文应当包括：评价目的、评价依据与评价方法、评价过程、评价结果以及评价结论需要说明的重大事项等内容。

业绩评价报告附件应当包括：企业经营业绩分析报告、评价结果、计分表、问卷调查结果分析、专家咨询报告、评价基础数据及调整情况等内容。

课后阅读

平衡计分卡

平衡计分卡作为一种战略绩效管理及评价工具，主要从四个重要方面来衡量企业：

1.财务角度

企业经营的直接目的和结果是为股东创造价值。尽管由于企业战略的不同，在长期或短期对利润的要求会有所差异，但毫无疑问，从长远角度来看，利润始终是企业所追求的最终目标。

2.客户角度

如何向客户提供所需的产品和服务，从而满足客户需要，提高企业竞争力？客户角度正是从质量、性能、服务等方面，考察企业的表现。

3.内部流程角度

企业是否建立起合适的组织、流程、管理机制，在这些方面存在哪些优势和不足？内部角度从以上方面着手，制定考核指标。

4.学习与创新角度

企业的成长与员工能力、素质的提高息息相关，企业唯有不断学习与创新，才能实现长远的发展。

企业财务综合分析，也是一种对企业绩效的考核，平衡计分卡中涉及从财务角度衡量企业，可作为本章节的拓展阅读。

练习题

一、单项选择题

1.下列关于财务报表综合分析的表述错误的是　　　　　　　　　　　　（　）

A.财务报表综合分析是对财务报表的综合把握

B.财务报表综合分析的意义在于全面、准确、客观地揭示与披露企业财务状况和经营情况

C.财务报表综合分析通过构建简单且相互孤立的财务指标并测算，得出合理、正确的结论

D.财务报表综合分析是在专项分析的基础上，将企业各方面的分析纳入一个有机的分析系统之中，从而做出更全面的评价的过程

2.下列关于财务报表综合分析和单项分析的对比描述错误的是　　　　　（　）

A.单项分析的重点是财务计划，综合评价的重点是企业整体发展趋势

B.单项分析通常采用由个别到一般的方法，而综合分析则是从一般到个别的方法

C.单项分析具有实务性和实证性，综合分析则具有抽象性和概括性

D.单项分析把每个分析指标视为同等重要，综合分析则认为各种指标有主辅之分

3.杜邦分析体系的核心比率是　　　　　　　　　　　　　　　　　　　（　）

A.权益净利率　　　　　　　　　B.总资产收益率

C. 销售毛利率　　　　　　D. 销售净利率

二、**多项选择题**

1. 相对于单项分析，综合分析具有的特征包括　　　　　　　　　　　　（　　）

A. 比较基准和角度存在差异　　B. 分析问题的方法不同

C. 分析的使用者不同　　　　　D. 综合分析更具概括性和抽象性

E. 主辅指标的相互关系不同

2. 杜邦分析法是一个多层次的财务比率分解体系。对此理解正确的是　　（　　）

A. 运用杜邦分析法进行综合分析，就是在每一个层次上进行财务比率的比较和分析

B. 在分解体系下，各项财务比率可在每个层次上与本企业历史或同业财务比率比较

C. 在分解体系下，通过与历史比较可以识别变动的趋势，通过与同业比较可以识别存在的差距

D. 在分解体系下，历史比较与同业比较会逐级向下，覆盖企业经营活动的各个环节

E. 各项财务比率分解的目的是识别引起或产生差距的原因，并衡量其重要性，以实现系统、全面评价企业经营成果和财务状况的目的，并为其发展指明方向

3. 杜邦分析法的作用包括　　　　　　　　　　　　　　　　　　　　　（　　）

A. 杜邦分析法的核心作用是解释指标变动的原因及变动趋势

B. 通过杜邦分析法自上而下的分析，可以了解企业财务状况的全貌以及各项财务分析指标间的结构关系

C. 通过杜邦分析法自上而下的分析，可以查明各项主要财务指标增减变动的影响因素及存在的问题

D. 通过杜邦分析法自上而下的分析，可以为决策者优化资产结构和资本结构，提高偿债能力和经营效益提供基本思路

E. 通过杜邦分析法自上而下的分析，可以解决企业经营活动每个环节全部的问题

三、**思考题**

1. 财务报表分析的目的是什么？基本方法有哪些？

2. 杜邦分析体系在企业综合财务报表分析中的作用是什么？

3. 如何对企业进行业绩评价？业绩评价由哪几部分组成？

第八章　财务预警分析

【目的要求】

1. 了解企业财务危机和财务预警的基本概念；
2. 掌握企业财务预警的主要分析方法。

阅读材料

2008年美国爆发金融风暴波及全球，我国也受其影响，尤以广东江浙等地的中小企业为甚。而湖南地区的企业虽未遭遇广东江浙那样的"倒闭潮"，但亦未能完全幸免。据悉，在湖南省8000余家中小企业中，有57%已遭遇到资金瓶颈和不同程度的经营困境，像印刷、出口制造等行业则更是感受到"这个冬季很寒冷"。

据分析人士估计，近一段时期内这场金融危机还难以转缓，可见如何"过冬"将是中小企业普遍面临的一个问题。而建立风险预警机制——筑一道挡"风"墙却不失为积极的应对之策。

风险预警，就好比在自然灾害来临前气象部门实施的蓝色、黄色、橙色和红色四级预警。有了这样的预警，我们就可以做到"打有准备之仗"，尽可能地"防患于未然"，像古人说的"预则立，不预则废"。

第一节　财务预警概述

一、企业财务危机

财务危机（Financial Crisis）又称财务困境（Financial Distress），是企业由于经营管理不善造成连年亏损、投融资决策失误、货款回收不力或其他突发财务事件等原因，致使企业出现资金链中断而影响企业生存的重大不利局面。

确定财务危机的公认方法通常有两种：一是法律对企业破产的定义，企业破产是用来衡量企业财务危机最常用的标准，也是最准确的标准；二是以证券交易所对持续亏损、有重大潜在损失或者股价持续低于一定水平的上市公司给予特别处理或退市作为标准。研究表明，财务危机至少有以下几种表现形式：

（1）从企业的经营情况看，表现为产销严重脱节，企业销售额和销售利润明显下降，多项绩效评价指标严重恶化；

（2）从企业的资产结构看，表现为应收账款大幅增长，产品库存迅速上升；

（3）从企业的偿债能力看，表现为丧失偿还到期债务的能力，流动资产不足以偿还流动负债，总资产低于总负债；

（4）从企业的现金流量看，表现为缺乏偿还即将到期债务的现金流，现金总流入小于现金总流出。

从财务管理的角度来分析，企业发生财务危机既有企业外部因素的影响，也有企业内部因素的影响，表8-1总结了其中的一些主要原因：

表8-1　企业发生财务危机的原因分析

项目	内部因素	外部因素
投资管理	自有资本少	主业外投资
固定资产管理	过度扩充,使用效率低	高额债务资金用于固定资产
资金计划管理	需求预测失误	营运资金紧张、融资能力差
存货管理	材料浪费、库存量大、管理不善	付款延误
账款管理	余额增加,管理粗放,催收无力	出现坏账,社会信用差
现金管理	回收率低	银根收缩
人工管理	劳动生产率低	人才流失
费用管理	支出居高不下、依赖性强	物价上涨、交易费用增加
成本管理	成本控制水平低	原材料成本高昂
经营管理	连续亏损,资不抵债	社会经营环境恶化,产品市场竞争激烈

二、企业财务预警

企业财务预警（Financial Early-Warning），即财务危机预警，是指通过对企业日常财务运行情况进行连续有效的监测，来防范企业财务恶化给债权人和投资者造成的损失。财务危机预警灵敏度越高，就越能尽早地防范、发现和解决问题，避免财务危机的发生。

一个有效的企业财务预警系统应具有以下功能：

（1）预知财务危机的征兆

当可能危害企业财务状况的最关键因素出现时，财务预警系统能预先发出警告，提醒企业管理者、投资者、债权人及其他利益相关者早做准备或采取对策以减少财物损失。

（2）预防财务危机发生或控制其进一步扩大

当财务危机征兆出现时，有效的财务预警系统不仅能预知并预告，还能及时寻找导致企业财务状况进一步恶化的原因，使企业管理者、投资者、债权人及其他利益相关者不仅知其然，更知其所以然，制定有效措施，阻止财务状况进一步恶化，避免严重的财务危机真正发生。

（3）避免类似的财务危机再次发生

有效的财务预警系统不仅能及时避免现存的财务危机，而且能通过系统详细地记录其发生缘由、解决措施、处理结果，并及时提出建议，弥补企业现有财务状况管理及经营中的缺陷，完善财务预警系统，从根本上消除隐患。

为了提高企业财务预警管理的效率和效果，在建立财务预警系统过程中必须坚持以下原则：

（1）实用性原则

所建立的预警系统必须真正起到预警的作用。

（2）系统性原则

必须从客户出发，把企业作为一个有机整体来考虑。

（3）重要性原则

应抓住企业财务管理的主要矛盾和矛盾的主要方面，应注重成本效益的要求，预警指标不宜过多。

（4）前馈性原则

财务预警十分注重事前管理，因此在建立财务预警系统的过程中，应尽量克服财务信息滞后性的缺点，不要仅仅依赖于会计信息和财务信息，应把更多的精力放在过程管理中，起到防微杜渐的作用。

（5）前瞻性原则

环境是不断发展变化的，企业也是成长的，因此必须坚持发展的眼光，所建立的预警体系具有一定的前瞻性、动态性和适应性。

（6）客观量化的原则

指标应当具有一定的客观性，能够识别和预测，在指标处理过程中，应该尽量减少迭代层次，因中间过程层次越多，越容易失真。同时还应该注意数据挖掘和最优停止点的问题，指标数据的挖掘和利用应适可而止。

第二节　财务预警定性分析方法

一、风险分析调查法

财务危机是导致企业生存危机的重要因素，因此只有针对可能造成财务危机的各种风险因素，采取监测和预防措施，才能及早防范财务风险，控制财务危机。风险分析调查法是由专业人员、咨询公司和管理专家对企业内外部环境进行分析，辨别企业是否存在财务危机发生的原因，找出财务危机发生的预兆，以此预测财务危机发生的可能性。

风险分析调查法提出的分析问题和内容非常多样，具有一定的普遍意义，但作为定性分析的主要方法，由于缺乏量化手段，从而使其分析的科学性和准确性受到影响。

表8-2　风险分析调查法的分析框架

项目分类	预警信息
企业管理层的问题	高管人员有舞弊或其他违反法律法规的不良记录
	高管团队或董事会频繁改组
	高管人员或董事会离职率居高不下
	高管人员的个人财富与企业的绩效和股价联系密切
	高管人员处于达到盈利预期和其他财务预测的压力
	高管人员对不切实际的财务目标做出承诺
	高管人员的报酬以财务绩效为基础
	高管人员的决策受制于债务契约,且违规成本高昂
	高管人员过分热衷于维持或提升股票价格、税务筹划
	重大决策由少数关键人物左右,且常逾越决策程序
	高管层对倡导正直诚信的文化氛围缺乏兴趣
	高管层常向下属提出激进的财务目标或过于严厉的支出预算
	高管层过多介入专业性很强的会计政策选择、会计估计和会计判断
	高管层频繁接受媒体采访且对沽名钓誉活动乐此不疲
外围关系的问题	贷款或其他债务契约的限制对企业经营或财务决策构成重大问题
	银企关系异常
	高管层或董事会成员与主办银行高层以往关系密切
	频繁更换为之服务的金融机构或商业信用恶化
	缺乏正当商业理由,将主要银行账户、子公司或经营业务设置在"避税天堂"
	向金融机构借入高风险的贷款并以关键资产抵押
	经营模式缺乏独立性,原材料采购或产品销售主要通过关联企业进行

续表 8-2

项目分类	预警信息
外围关系的问题	经常变更为之服务的律师或法律顾问
	经常卷入诉讼官司
	企业高管层与股东、投资银行、证券分析师、证券监管机构、税务机构关系紧张
	企业高管层或董事会成员在财务报告和信息披露方面受到证券监管机构的处罚或批评
	市场有不利于公司的传言
	股票价格大幅波动
	公司裁员或大幅度地调整工资
组织层面的问题	组织机构过于复杂
	企业主要子公司或分支机构地域分布广泛,且缺乏有效的沟通和控制
	缺乏内部审计机构或内审不能发挥实质作用
	董事会成员主要由内部执行董事或"灰色董事"组成
	董事会的作用过于被动,受制于高级管理层
	未设立审计委员会或其成员缺乏独立性或胜任能力
	企业信息系统薄弱或IT人员配备严重不足
	所在行业处于成熟或衰退阶段
	行业竞争加剧,经营问题与日俱增
	企业所在行业技术进步迅猛,产品和技术具有很高的陈旧风险
	行业萧条时,企业经营绩效却一枝独秀
	企业遭受巨额的经营损失,面临破产、被敌意收购或其他严重后果
	所在行业对资产、负债、收入和成本的确认高度依赖主观的依赖和判断
与审计机构交往的问题	与事务所关系高度紧张或过于紧密
	频繁更换会计师事务所
	对审计时间提出不切实际的要求
	拒绝或阻挠正常审计工作的开展
	故意拖延或拒绝提供材料
	财务措施限制或阻止CPA接触某些人员或资料

项目分类	预警信息
与审计机构交往的问题	某些相关人员拒绝回答问题或接触CPA
	对某些重大问题有不同解释或模棱两可
	员工透露存在管理舞弊的信息
	管理当局对审计人员态度发生重大变化
	对分析性程序结果与报表差异无法合理解释或解释不一致
	回函异常(如过慢或过快)
财务的问题	财务状况或财务指标、经营绩效发生重大变化或异常
	调整重要的销售政策或会计政策、会计估计
	主营业务毛利率持续下降
	经营活动产生的现金流量净额连年为负值,或账面盈利,利润增长,但没有正的现金流量
	主营业务发生重大变更,出现新的利润增长点
	收入、费用比例严重失调
	资金紧张,高度依赖持续不断的再融资来维持
	经营绩效与财务分析师的预测惊人地接近
	对外报告的资产、负债、收入和费用主要建立在高度主观的估计和判断基础上
	对外报告的盈利能力以远高于竞争对手的速度迅速增长
	企业的主要成本费用率远低于其他竞争对手
	财务报表附注晦涩难懂
	被CPA出具过非标报告
	企业经营绩效与其所处的行业地位不相称
	经营成功与否高度倚重的产品或服务面临着市场竞争、技术进步、消费偏好或代替品的严峻挑战
	企业财务杠杆高,处于违反债务契约的边缘
	对外报告的经营绩效和内部预算或计划总是保持高度一致
	因经营绩效不佳导致股票交易持续低迷,面临被交易所终止交易的风险

续表8-2

项目分类	预警信息
会计的问题	会计基础工作未完成
	账务处理混乱,如账表、账证之间不一致
	部分会计凭证有涂改或伪造的痕迹
	部分资产账实差异极大且无合理理由
	期末存在严重影响经营成果的调整分录
	存在着非常复杂、不合常理的会计交易处理
	报表项目的余额或金额源于一笔或几笔重大交易

二、财务危机四阶段分析法

财务危机四阶段分析法是根据企业财务危机的形成过程,把财务危机分为财务危机潜伏期、财务危机发生期、财务危机恶化期和财务危机实现期四个阶段。对应于不同的阶段,有不同的危机症状表现。财务危机四阶段分析法就是通过分析危机症状,判断企业财务危机所处的阶段,然后采取有效措施,帮助企业摆脱财务困境,恢复财务正常运作。

表8-3　财务危机四阶段分析法

财务危机潜伏期	财务危机发生期	财务危机恶化期	财务危机实现期
盲目进行扩张	自有资本不足	经营者无心关注业务,专心于财务周转	负债超过资产,丧失偿付能力
销售额下降	过分依赖外部资金,利息负担过重	账款拖欠,资金周转困难	宣布倒闭清盘
销售额上升,但利润下降	财务预警失灵	债务到期违约不支付	经营者外逃
外部环境发生重大变化	拖延偿付		
企业流动性差	利润下降或亏损加剧		
经营信誉持续降低	领导独断专行		
经营秩序混乱			
管理出现乱象			
疏于风险管理			

三、管理评分法

管理评分法也称A记分法,是一种对财务危机定性因素通过赋值量化,然后进行综合评分的方法。这种方法首先把企业的风险因素分为经营缺点因素、经营错误因素和破产征兆因素三类,然后进一步分解为17个风险小项,每一项都给出标准分值。在评分时,每一项的得分或者是零分，或者是满分，但不允许给中间分。所给的分数反映了企业管理不善的程度。分数越高，则企业的处境越差。在理想状态下，这些分数应该为零。

　　管理评分法的评价标准是：如果总分小于18分，企业处于安全状态；如果总分超过25分，表明企业正面临失败的风险；如果总分超过35分，则说明企业已处于严重的危机之中。而18～25分是企业管理的"黑色区域"，处于这个区域中的企业必须提高警惕，迅速采取有效措施，尽快使企业进入安全状态。

　　管理评分法的理论基础：企业管理不善的种种表现，要比企业财务出现问题更早发生。通过对企业管理状况的深入调查和细致评价，可以对财务危机起到有效预警的作用。定性问题的定量化也使评价更为客观、易懂。

表 8-4　管理评分法风险因素与评分标准

项目	风险因素	评分
经营缺点因素	总经理独断专行	8
	总经理兼董事长	4
	在办公会上总经理说了算,办公会流于形式	2
	决策层人员失衡,缺乏敢于发言、敢于承担责任的人	2
	财务主管能力低下,资金管理混乱	2
	没有财务预算或不按预算进行控制	3
	企业管理制度陈旧或缺乏制度,不能及时更新	1
	没有现金周转计划或有计划但从未及时调整或执行	3
	没有成本控制系统,对企业实际经营成本一知半解	3
	应变能力差,产品过时、设备陈旧、经营战略模糊不清	15
合计		43
经营错误因素	欠债太多	15
	企业过度发展	15
	过度依赖大项目	15
合计		45
破产征兆因素	财务报表上显示不佳的信号	4
	总经理操纵会计账目,以掩盖企业滑坡的实际	4
	非财务反应:工资冻结、士气低落、人员外流	3
	晚期迹象:债权人扬言要诉讼	1
合计		12
总计		100

第三节　财务预警定量分析方法

一、统计模型定量分析方法

1. 单变量预警模型

单变量模型是指以某一项财务指标作为判别标准来判断企业是否处于破产状态的预测模型。在单变量模型中，最重要的一点是要寻找判别阈值。通常需要将样本分成两组：一组是构建预测模型的预测样本，又称"有效样本"。首先，将预测样本（包括破产企业和非破产企业）按照某一选定的财务比率进行排序，选择判别阈值点，使得两组的误判率达到最小。然后，将选定的阈值作为判别规则，对测试样本进行测试。

美国学者比弗（Beaver）在排除行业因素和公司资产规模因素的前提下，对1954—1964年间79家失败企业和相对应的79家成功企业的30个财务比率进行了研究，于1966年提出了单变量预警模型，得出可以有效预测财务危机的财务比率依次为：

（1）债务保障率=现金流量÷债务总额

（2）资产收益率=净收益÷资产总额

（3）资产负债率=负债总额÷资产总额

（4）资产安全率=资产变现率－资产负债率

比弗认为债务保障率能够最好地判定企业的财务状况，在企业失败前一年，正确判断率能够达到87%；其次是资产收益率，且离失败日越近，误判率越低。但各比率判断准确率在不同情况下会有所差异，所以在实际应用中往往使用一组财务比率，而不是一个比率，这样才能取得一个良好的预测效果。

比弗应用二分类检测法进行的单变量分析说明了可以应用一个简单的模型获得比较高的预测力，而且也为后来的实证研究提供了理论基础。但是，单变量分析虽然方法简单，使用方便，但总体判别精度不高。对前一年的预测，单变量模型的预测精度明显低于多元模型。不过，单变量模型在前两年、前三年的预测中也能表现出很强的预测能力，说明一些企业的财务困境确是从某些财务指标的恶化开始的。

2. 多变量预警模型

多变量预警模型即多元线性判别模型，是使用多个变量组成的判别函数来预测企业财务危机的模型。多元判别方法的基本原理是，通过统计技术筛选出那些在两组间差别尽可能大而在两组内部的离散度最小的变量，从而将多个标志变量在最小信息损失下转换成分类变量，获得能有效提高预测精度的多元线性判别方程。运用多元线性判别方法判定二元问题时，可以通过降维技术，仅以最终计算结果的数值来判定其归属，构造的线性方程简单易懂，具有很强的实际应用能力。

美国学者爱德华·阿尔曼（A. Altman）在20世纪60年代首先使用判别分析技术研究

企业的财务危机预警问题，他选取了1946—1965年间33家破产的公司和正常经营的公司，使用了22个财务比率来分析公司潜在的失败危机。他利用逐步多元判别分析萃取了5种最具共同预测能力的财务比率，建立起了一个类似回归方程式的判别函数——Z计分法模型。该模型是通过五个变量（财务比率）将反映企业偿债能力的指标、获利能力指标和营运能力指标有机联系起来，综合分析预测企业财务失败或破产的可能性。该函数式的表达式如下：

$$Z = 0.012X_1 + 0.014X_2 + 0.033X_3 + 0.006X_4 + 0.999X_5$$

式中：Z为判别函数值

X_1= 营运资金÷资产总额

X_2= 留存收益÷资产总额

X_3= 息税前利润÷资产总额

X_4= 权益市场价值总额÷负债账面价值总额

X_5= 销售收入÷资产总额

在使用该模型时必须用合适的格式，由于受当时计算机的固定格式限制，$X_1 \sim X_4$的变量值范围必须用绝对百分数来表示，例如：X_1=10%，不能表示为0.10，只有X_5可以有不同的表示，例如X_5为200%，它必须表示为2.0，当然这些数据会随样本的不同而变化。

后来，人们发现了更为简便的模型方程表达式：

$$Z = 1.2X_1 + 1.4X_2 + 3.3X_3 + 0.6X_4 + 1.0X_5$$

在这个方程中，人们可以按照一般的习惯方便地输入百分数，$X_1 \sim X_4$的变量值范围是0~1之间，X_5仍旧用原来的表达方式，后来这个模型在实践中被更加广泛地运用。

Z计分法模型最初源于对制造企业的采样，这一算法在预测制造企业的破产危机时有较高的准确率。阿尔曼指出，若Z值小于1.81，则企业存在很大的财务风险；若Z值在1.81~2.99之间，为灰色区域，企业财务状况不明朗；若Z值大于2.99，说明企业的财务状况良好，财务风险发生的可能性很小。阿尔曼还认为Z值等于1.81是判断企业破产的临界值。表8-5表述了对于制造企业Z值区间的划分说明。需要指出的是，这一分析结果用于非制造企业时，更经常是用以对趋势进行预测。

表8-5　Z计分数值的说明

Z值区间	分析与说明
2.99及以上	以财务数据来判断,该企业的运营是安全的。当然,管理失误、欺骗、经济下滑以及其他因素都可能造成难以预见的问题
2.7~2.99	从预测破产的角度上讲,可能是安全的,但该企业处于灰色区域之中
1.81~2.7	可能在两年之内破产,企业处于灰色区域,企业要幸存必须采取较大变革
1.81及以下	很可能正在走向破产,很难指望一个Z计分值在1.8以下的企业可能恢复过来

由于Z值评分法针对的是制造企业，并且模型中的一个指标计算的是权益的市场价值，只能应用于公开上市公司。为弥补这些不足，阿尔曼又发展出Z值评分法的两种改进

模型，分别是 Z' 评分模型和 Z'' 评分模型。Z' 评分模型主要针对非上市公司，采用权益的账面价值指标替代权益的市场价值指标。Z'' 评分模型省略了销售收入与总资产比率指标，应用于非制造行业的上市企业或非上市企业。

Z' 评分模型的计算公式如下：

$Z = 0.717 \times$（营运资金÷资产总额）$+ 0.847 \times$（留存收益÷资产总额）$+ 3.107 \times$（息税前利润÷资产总额）$+ 0.420 \times$（权益账面价值总额÷负债账面价值总额）$+ 0.998 \times$（销售收入÷资产总额）

Z' 评分模型的判别标准是：

若 Z' 值小于 1.23，企业存在破产风险；若 Z' 值在 1.23～2.90 之间，为灰色区域；若 Z' 值大于 2.90，企业处于正常状态。

Z'' 评分模型的计算公式如下：

$Z = 6.56 \times$（营运资金÷资产总额）$+ 3.26 \times$（留存收益÷资产总额）$+ 6.72 \times$（息税前利润÷资产总额）$+ 1.05 \times$（权益账面价值总额÷负债账面价值总额）

Z'' 评分模型的判别标准是：

若 Z'' 值小于 1.10，企业存在破产风险；若 Z'' 值在 1.10～2.60 之间，为灰色区域；若 Z'' 值大于 2.60，企业处于正常状态。

1977 年，阿尔曼等人对 1968 年提出的 Z 计分法模型进行了改进，建立了第二代模型——ZETA 模型。在经过反复筛选之后，ZETA 模型选择了 7 个变量作为模型的参数（参见表 8-6）。研究发现，破产判别的新 ZETA 模型在对企业破产前五年的分类非常精准，破产前一年的辨别成功率超过了 90%，破产前五年的精确率也有 70%，而且对零售企业的运用与制造企业一样，并不影响预测的结论。

表 8-6　ZETA 模型的参数选择及其说明

序号	指标名称	测量	说明
X_1	资产回报率（ROA）	用息税前利润除以总资产来测量	它不仅能够很好地对检验样本进行分类，而且被证明在变量的确认过程中十分可靠。这个变量在评定公司几年前的表现时是非常有用的
X_2	收益的稳定性（stability of earnings）	用资产回报率(ROA)5～10年左右估计的标准误差来测量	用获利波动性来表示商业风险，这个测量被证明十分有效
X_3	债务偿还(liability service)	用利息倍数比率来测量，即息税前利润(EBIT)除以应付利息款（包括融资租赁负债）	为了便于标准化比较，取10为底的对数方法进行变换
X_4	累计盈利（cumulative profitability）	用公司的留存收益(资产负债表中)除以总资产来衡量	这个比率考虑到一些类似公司年龄、负债、股利政策及其过去的盈利记录等因素，它在以前讨论的 Z 值模型中非常有用

序号	指标名称	测量	说明
X_5	流动比率（liquidity）	用流动比率来测量	尽管以前发现流动比率在识别破产时没有一些其他指标有效，但它比营运资金比率等某些比率更能够提供有价值的信息
X_6	资本化比率（capitalization）	用普通股本除以长期资本总额来测量	这里普通股的价值是五年的市场平均值，而不是它的账面值。长期资本总额还包括优先股、长期债务和融资租赁的流通价值。之所以用五年的平均值，是为了修匀可能发生的短期市场波动，还能和 X_2 一起研究公司的发展趋势
X_7	资本规模（size）	用公司的总资产来衡量	这个变量和其他数据一样，随着财务报表的调整而调整。无论破产公司还是非破产公司，其平均资产中都加入了融资租赁。为了消除规模差异，一般将其对数化以便于比较

多变量预警模型除了以上介绍的 Z 计分法模型和 ZETA 计分模型以外，还有日本开发银行的多变量预警模型、中国台湾陈肇荣的多变量预警模型，以及国内外其他学者研究开发的类似的预警模型等。它们的主要变化是在指标的选择和参数值方面各不相同，但是这些模型在实际中的应用并不广泛。就目前为止，Z 计分法模型仍然占据着主导地位。

多变量预警模型具有较高的判别精度，但也存在着一些缺陷。一是工作量比较大，研究者需要做大量的数据收集和数据分析工作；二是预测精度在不同的年份有较大差别，时间越长，预测精度下降幅度就越大；三是样本数据难以达到严格的统计假设，因而会降低模型的预测精度。

3. 多元逻辑预警模型

多元逻辑（Logit）预警模型的目标是寻求观察对象的条件概率，从而据此判断观察对象的财务状况和经营风险。Logit 模型假设了企业破产的概率 P（破产取值为 1，非破产取值为 0），并假设 $\ln[P/(1-P)]$ 可以用财务比率线性解释。假定 $\ln[P/(1-P)]=a+bx$，根据推导可以得出 $P=\exp(a+bx)/[1+\exp(a+bx)]$，从而计算出企业破产的概率。

Logit 预警模型是建立在累计概率函数的基础上，一般运用最大似然估计的方法。其判别规则为：如果 P 值大于 0.5，表明企业破产的概率比较大，可以判定企业为即将破产类型；如果 P 值低于 0.5，表明企业财务正常的概率比较大，可以判定企业为财务正常。

Logit 预警模型的优点主要是预测变量不需要服从多元正态分布和两个样本组的协方差矩阵相等的条件，从而使它的适用范围较为广泛。其局限性主要体现在：其一，由于模型中对参数的估计将运用到最大似然估计法，使得计算程序相对复杂。其二，分界点的决定也会影响到模型的预测能力。其三，计算过程中有很多近似处理，所以预测精度会有所降低。

4. 多元概率比预警模型

多元概率比（Probit）预警模型同样假定企业破产的概率为 P，并假设企业样本服从标准正态分布，其概率函数的 P 分位数可以用财务指标线性解释。其计算方法和多元逻辑模型很类似，先是确定企业样本的极大似然函数，通过求似然函数的极大值得到参数 a、b，然后利用公式 $P=\int_{-\infty}^{a+b}\left(\frac{1}{\sqrt{2\pi}}\right)e^{\frac{-t^2}{2}}dt$ 计算 P 值。判别规则是：如果概率 P 小于 0.5，表明企业为财务正常性；如果 P 大于 0.5，则可以判定企业为即将破产类型。

Probit 模型和 Logit 模型的思路很相似，但与 Logit 模型不同，需要假设企业样本服从标准正态分布，其优点是假设不是很严格，预测精度比 Logit 模型更高，但因计算过程较复杂，以及在计算过程中的多次近似处理，数据的准确性会受影响。

5. 人工神经网络预警模型

人工神经网络（Artificial Neural Network，ANN）预警模型是将神经网络的分类方法应用于财务预警。ANN 预警模型通常由输入层、输出层和隐藏层组成，其信息处理分为前向传播和后向学习两步进行。网络的学习是一种误差从输出层到输入层向后传播并修正数值的过程，学习的目的是使网络的实际输出逼近某个给定的期望输出。根据最后的期望输出，得出企业的期望值，然后根据学习得出的判别规则来对样本进行分类。人工神经网络具有较好的纠错能力，从而能够更好地进行预测。

人工神经网络预警模型作为一种平行分散的处理模式，是对人类大脑神经运作的模拟。人工神经网络预警模型除具有较好的模式识别能力外，还可以克服统计方法的局限，因为它具有容错能力和处理资料遗漏或错误的能力。特别是人工神经网络预警模型还具有学习能力，可随时依据新的数据资料进行自我学习，并调整其内部的储存权重参数，以应对多变的企业环境。然而，由于理论基础比较薄弱，人工神经网络预警模型对人体大脑神经模拟的科学性、准确性还有待进一步提高，因此其实用性也大打折扣。

6. 联合预测模型

联合预测模型是运用企业模型来模拟企业的运作过程，动态地描述财务正常企业和财务困境企业的特征，然后根据不同特征和判别规则，对企业样本进行分类。

联合预测模型克服了一般财务预测模型中只运用财务指标的片面性，因为后者只能计量企业运营的财务结果，而遗漏了很多事关重大但未能在财务中得到体现的非财务信息。尽管联合预测模型能够动态地模拟和反映企业经营的全过程，但由于其理论框架还比较薄弱，所以适用面不是很广。

随着研究的深入和技术的发展，学术界在财务危机预警模型方面突破了传统的统计方法，正在向更深的研究领域发展。除上述介绍的模型以外，目前比较成熟的研究还有遗传算法模型、泰勒的 Logistic 回归拓展模型、混合神经网络模型、自组织映射预测模型、概率神经网络预测模型等，有兴趣的读者可以阅读有关文献，进一步关注。

二、财务指标矩阵定量分析方法

前述统计模型定量分析方法由于技术性较高且相关理论艰深，多为学术界研究人员所使用,在企业财务预警的实务分析中很少被采用。本节所介绍的财务指标矩阵定量分析方法,只要采用较少的财务指标建立指标矩阵,然后将相关企业的财务数值进行对照以确定相应的矩阵区间,即可以对企业的财务危机前景进行预警分析。由于该方法简单,操作方便,在企业的实际分析中可以被广泛使用。

1.经营损益预警模型

经营损益预警模型采用企业利润表中的有关项目,分别计算经营收益、经常收益和期间收益三个经营损益类财务指标,然后按照亏损和盈利两种情形划分为六种状态类型。企业通过计算其三项财务指标数值,就可以找到所在的状态类型,进而判断出企业的未来前景。表8-7给出了上述指标的基本计算公式,以及不同状态类型的预警分析特征。

表8-7　经营损益预警模型

收益项目	状态类型					
	类型1	类型2	类型3	类型4	类型5	类型6
经营收益	亏损	亏损	盈利	盈利	盈利	盈利
经常收益	亏损	亏损	亏损	亏损	盈利	盈利
期间收益	亏损	盈利	亏损	盈利	亏损	盈利
分析说明	接近破产状态		继续下去将导致破产		视亏损情况而定	正常

经营收益=营业收入-营业成本-营业税费-销售费用-管理费用+投资收益+公允价值变动收益-资产减值损失

经常收益=经营收益-财务费用

期间收益=经常收益+补贴收入+营业外收入-营业外支出

经营损益预警模型是从企业盈利角度对企业破产前景进行预测,方法简单实用,但对企业的现金流量和资产状况无法深入判断,尚需与其他方法结合使用才更为有效。

2.经营安全预警模型

经营安全预警模型通过构建两个安全率指标来分析企业财务经营结构的现状,寻求企业财务状况的改善。这两个指标分别是经营安全率和资金安全率。

经营安全率的计算公式为:

经营安全率=安全边际额÷现有(预计)销售额
=(现有或预计销售额-保本销售额)÷现有(预计)销售额

资金安全率的计算公式为:

资金安全率=资产变现率-资产负债率
资产变现率=资产变现金额÷资产账面金额

资产变现金额是企业按照公允价值立即处置其所有资产的估计金额。

经营安全预警模型以经营安全率和资金安全率与临界值0相比较,划分为四种状态类型,以此来判断企业的财务状况。具体分析如表8-8所示。

表8-8　经营安全预警模型

状况类型	营业安全率	资金安全率	分析说明
类型1	大于0	大于0	经营状况和财务状况良好
类型2	小于0	大于0	财务状况良好,但经营销售存在问题,如果不及时改善,将影响未来企业的财务状况
类型3	大于0	小于0	经营状况良好,但财务状况出现险兆,积极创造自有资金、改善企业财务结构成为当务之急
类型4	小于0	小于0	企业已陷入困境,随时可能发生财务危机

　　经营安全预警模型所用的临界值还可以由企业根据经营战略、同业竞争对手情况、历史经验教训和专家意见等方法进行合理确定。该模型实际上是从企业资产变现的偿债能力和经营盈利能力两个角度来预测企业的未来前景,计算简便,在短期内有一定的预测精确度,有很好的应用价值。

　　3. 经营增长预警模型

　　经营增长预警模型借助我们曾经学习过的经济增加值和可持续增长理论的有关概念,通过两项指标来对企业经营和财务状况进行预警分析,这两项指标分别是经济增加值和安全增长率。

　　经济增加值不是以会计账面利润而是以企业为股东创造的经济利润作为企业的盈利评价标准。其计算公式为:

$$经济增加值=(投入资本报酬率-加权平均资本成本率)×资本总额$$

　　安全增长率的计算公式为:

$$安全增长率=可持续增长率-销售增长率$$

$$可持续增长率=净资产报酬率×留存盈余比率$$

$$销售增长率=(期末销售收入-期初销售收入)÷期初销售收入$$

　　可持续增长率是在假定企业税率不变,不对外筹集权益资本,不改变"经营政策"(资产周转率和经营利润率)和不改变"财务政策"(资产负债率和股利支付率)的情况下,企业所实现的理想的销售增长率。可持续增长率与企业实际销售增长率之差为安全增长率,当安全增长率大于0时,说明企业出现"资金剩余";当安全增长率小于0时,表明企业会发生"资金短缺"。

　　经营增长预警模型以经济增加值和安全增长率与临界值0相比较,划分为四种状态类型,以此来对企业的经营和财务状况做出预警判断。具体分析如表8-9所示。

表8-9　经营增长预警模型

状况类型	经济增加值	安全增长率	分析说明
类型1	大于0	大于0	企业盈利和资金状况良好,应充分利用剩余资金增加投资,推动企业进一步发展
类型2	小于0	大于0	企业经营状况不佳,但资金充足,应注意控制经营成本,提高营业利润率

状况类型	经济增加值	安全增长率	分析说明
类型3	大于0	小于0	企业经营状况良好,但资金不足,应注意改善产品结构,控制盲目扩张,适当增加筹资规模
类型4	小于0	小于0	企业资金短缺,盈利能力低下,经营风险加大

4.资金协调性预警模型

资金协调性预警模型的理论基础是,在企业的财务管理中,保持现金收支、生产经营活动和长期投融资三个环节的资金在时间上和数量上的协调对企业的经营战略具有重要意义,如果这三个环节的协调性出现问题,企业将会发生财务危机,陷入破产的困境。为此该模型构建了营运资本、营运资金需求和现金支付能力三个重要的财务指标,并根据三个指标之间的关系,将企业的协调状态分为6种类型,以此来衡量和预测企业的发展趋势。

（1）营运资本

从企业财务的角度看,按照流动性划分,企业的资金来源可以分为流动负债和结构性负债（包括长期负债和所有者权益）两部分,企业的资金运用也可以分为流动资产和结构性资产两部分,于是我们就可以得到如下的平衡关系式:

$$流动资产+结构性资产=流动负债+结构性负债$$

上式经变换后可以得到:

$$结构性负债-结构性资产=流动资产-流动负债$$

所谓营运资本,就是流动资产减去流动负债（或结构性负债减去结构性资产）,亦即长期性资金来源运用于日常经营活动的资金数额。换句话说,如果企业的结构性资金来源被企业的结构性资产占用后,还有余额存在的话,它将被投入企业的日常经营活动中去。因此,营运资本也可以这样理解:营运资本在数值上等于企业生产经营活动的资金来源（流动负债）弥补生产经营活动的资金占用（流动资产）之后不足的部分。营运资本在本质上是由企业投资、融资和创造利润的能力所决定的。

一般情况下,企业的营运资本应为正数,即结构性负债必须大于结构性资产,并且数额要能满足企业生产经营活动对资金的需求;否则,如果通过对企业的债来保证这部分资金需求,企业便会经常面临支付困难和不能按期偿还债务的风险。不过在特殊情况下,如在某些先收货和销售、后支付货款的企业（如零售商业）中,营运资本为负也是正常的。

通常可以用营运资本与企业销售收入之比,作为衡量和判断营运资本是否达到合理数值的标准。一般工业企业营运资本相当于1～3个月的营业额时,才算比较合理安全。在正常情况下,低于这个标准企业就应当筹资,高于这个标准企业就可以立项投资。

（2）营运资金需求

在企业流动资产中,我们把流动性最强的货币资金、交易性金融资产和应收票据（原报表使用货币资金、短期投资和应收票据）称为货币性资产,其余部分称为经营性资产。在企业流动负债中,我们把流动性最强的短期借款、交易性金融负债和应付票据（原报表使用短期借款和应付票据）称为货币性负债,其余部分称为经营性负债。

企业的营运资金需求等于经营性资产减去经营性负债，也就是企业生产经营所需要的资金，在本质上是企业经营环节的资金占用超过经营环节资金供给的部分。如果企业缺少这部分资金，则正常的生产经营活动就无法顺利进行。通常这部分资金是由营运资本来保证，即由长期资金来源被长期资金占用之后剩余的那部分资金来保证。

决定企业营运资金需求高低的主要因素有以下几个方面：一是企业的行业特点。一般来说，创造附加价值低的企业如商业企业，营运资金需求较低；创造附加价值高的企业如设备制造企业，因为生产与付款周期长，存货需求大，因而营运资金需求较多。二是企业的生产规模。生产规模越大的企业，营运资金需求数量越大。三是市场的变化。在物价上涨时期，企业营运资金需求也会增加。四是企业的资金管理水平。企业存货、应收账款、应付账款的管理直接影响资金需求。

（3）现金支付能力

企业的现金支付能力，在数量上等于企业的营运资本减去营运资金需求，或者等于货币性资产减去货币性负债，它反映了企业流动性最强的短期资金偿付短期债务的能力，还反映了企业长期资金来源在满足长期资金需求后是否能够继续满足企业日常经营活动的需要。企业的现金支付能力是企业长期投融资协调、现金收支协调的综合体现，是企业资金协调的"晴雨表"。其中任何一部分的不协调，都会给企业的正常营运带来困难。

（4）资金协调性预警分析

现在把营运资本、营运资金需求和现金支付能力三项财务指标结合起来，根据三者之间的关系，建立资金协调性预警矩阵。6种状态类型的具体分析如表8-10所示。

表8-10   资金协调性预警模型

状态类型	现金支付能力（CP）	营运资金需求（WF）	营运资本（WC）	分析说明
类型1	>0	>0	>0且>WF	协调且有支付能力
类型2	>0	<0	>0	资金大量富裕
类型3	>0	<0	<0但|WC|<|WF|	不协调但能维持
类型4	<0	<0	<0但|WC|>|WF|	不协调
类型5	<0	<0	>0但<WF	协调但有支付困难
类型6	<0	>0	<0	严重不协调

注：营运资本＝流动资产－流动负债＝结构性负债－结构性资产

营运资金需求＝经营性资产－经营性负债

现金支付能力＝营运资本－营运资金需求＝货币性资产－货币性负债

类型1：现金支付能力为正，这是企业良性运转的较普遍情况，营运资本为正，营运资金需求为正，且营运资本数值大于营运资金需求数值，表明企业的营运资本能够保证企业生产经营所需的资金，这种情况下企业的现金支付能力最强。

类型2：现金支付能力和营运资本为正，营运资金需求为负，表明企业生产经营活动资金来源充分，企业结构性负债提供的资金超出结构性资产投资所需的资金，企业资金大量富裕，虽无偿债压力但财务结构不甚合理。

类型3：现金支付能力为正，企业营运资本和营运资金需求均为负，且营运资金需求的绝对值大于营运资本，此种情况下企业生产经营不需要资金，并且还能提供部分结构性资产投资所需的资金，这时企业需要充分利用多余资金，这种情况在零售企业比较常见。

类型4：现金支付能力为负，营运资本和营运资金需求均为负，但营运资金需求的绝对值小于营运资本的绝对值，即企业生产经营活动所提供的资金不足以弥补结构性资产的资金占用，这种情况下企业的财务协调性差。

类型5：现金支付能力为负，营运资本和营运资金需求均为正，但企业的营运资金需求大于企业的营运资本，企业要通过短期银行借款来满足生产经营的资金需要，这是工业企业在成长期比较常见的一种情况。这种情况下企业财务协调性相对较好，但也有支付困难。

类型6：现金支付能力为负，营运资本为负，营运资金需求为正，企业结构性资产所占用资金没有充足的结构性负债资金来保证，而企业的生产经营活动又大量需要营运资金，企业只能通过短期借款来维持生产经营。这种情况下企业现金支付能力最差，表现为严重的财务不协调，将面临财务危机。

课后阅读

商业银行风险预警系统的构建

商业银行在经营过程中面临着众多风险，如市场风险、财务风险、信用风险、流动性风险等。而目前我国商业银行面临的重大风险：一是不良资产规模较大；二是资金充足率不高；三是贷款损失准备金抵补率较低。所以，构建有效的风险预警系统对于我国商业银行有特别重要的意义。

商业银行风险预警系统由衡量银行风险水平、抵偿风险能力、补偿能力增长方面的9个指标组成，具体包括如下指标：

1.资本充足率

该指标是资本充足程度指标，反映消化贷款损失的能力和偿付能力，是银行抵御风险的重要指标。计算公式：资本充足率＝（核心资本+附属资本−扣减项）/（风险加权资产+12.5倍的市场风险资本）×100%。

2.核心资本充足率

该指标和资本充足率一样反映银行抵御风险的能力，是银行实力的象征，只是资本的质量更高，属于资本充足度指标。计算公式：核心资本充足率＝（核心资本核心−资本扣除项）/（风险加权资产+12.5倍的市场风险资本）×100%。

3.不良贷款率

该指标反映银行贷款质量，属于信用风险指标。计算公式：不良贷款率＝（可疑贷款+次级贷款+损失贷款）/贷款总额×100%。

4.资产利润率

该指标反映银行资产的使用效率，是盈利能力指标。计算公式：资产利润率=净利润/平均资产总额×100%。

5.不良贷款拨备覆盖率

该指标反映银行提取的贷款损失准备金弥补不良贷款损失的程度，是准备金充足度指标。计算公式：不良贷款拨备覆盖率=贷款损失准备金余额/（可疑贷款+次级贷款+损失贷款）×100%。

6.最大十家客户贷款比例

该指标反映银行贷款风险的集中度，属于信用风险指标。计算公式：最大十家客户贷款比例=最大十家客户贷款总额/资本净额×100%。

7.存款增长率

该指标反映银行规模扩张的速度，是市场增长能力指标。计算公式：存款增长率=（本期存款余额−上期存款余额）/上期存款余额×100%。

8.净利润增长率

该指标反映银行未来自有资本增长能力及弥补不良贷款损失的能力，是盈利能力增长指标。计算公式：净利润增长率=（本期利润净额−上期利润净额）/上期利润净额×100%。

9.杠杆系数

该指标是反映银行弥补不良贷款能力的指标。计算公式：杠杆系数=（资本净额+贷款损失准备−不良贷款）/期末总资产。

当然，除了上述定量指标，还应该考虑到一些定性指标，比如管理层评价"公司治理""风险管理与内控"信息披露等指标。

练习题

1.财务预警模型的统计模型定量分析方法有哪些？
2.简述资金协调性预警模型的分析方法。
3.简述经营损益预警模型的分析方法。
4.简述经营安全预警模型的分析方法。
5.简述经营增长模型预警的分析方法。

第九章　财务报表信息质量分析

【目的要求】

1. 了解财务报表信息质量的评价标准；
2. 了解会计操纵的概念及其产生的动因；
3. 熟悉会计操纵的类型和手段；
4. 熟悉识别会计操纵的主要分析方法。

阅读材料

云南省绿大地生物科技股份有限公司（002200.SZ，下称"绿大地"）被称为信誉度最差的A股上市公司，成立于1996年，上市前每股净资产4.43元，于2007年12月21日在深圳证券交易所挂牌上市，发行价16.49元，以绿化工程和苗木销售为主营业务，是云南省最大的特色苗木生产企业。它是国内绿化行业第一家上市公司，号称园林行业上市第一股，股价曾一路飙升到81.05元。2010年3月，绿大地因涉嫌信息披露违规被立案稽查。证监会发现该公司存在涉嫌"虚增资产、虚增收入、虚增利润"等多项违法违规行为。2011年3月17日，绿大地创始人兼董事长何学葵因涉嫌欺诈发行股票罪被捕，自此股价一路下跌，由此逐步揭开了绿大地的财务"造假术"。

如何识别绿大地的虚假财务信息呢？

第一节　评价财务报表信息质量的主要标准

财务信息是财务分析的重要基础和工作对象。如果不掌握充足、相关的财务信息，就不可能正常地对财务报表进行分析，更不可能得出准确的分析结论。因此，财务分析实质上就是对企业的财务信息和相关的非财务信息进行搜集、整理和分析从而得到有利于决策的相关结论的过程，而这个过程完成的效率和效果是与所采用的财务信息的质量密切相关的。那么，对于财务报表的信息质量如何评价？这当中存在着很多不同的评价标准。

一、财务信息的定义和分类

（一）财务信息的定义

财务信息，是指进行财务分析和决策所依据的报告、报表、数据等方面的文本、文献资料等相关的信息。因此，广义上的财务信息是指进行财务分析中所依据的资料信息，是财务分析和决策的基础，对企业的财务状况、盈利能力、现金流量、偿债能力、营运能力、发展潜力等多方面做出评价都要以财务信息为依据，同时以其他信息作为辅助，获得检验和修正。

（二）财务信息的分类

财务信息是多种多样的，不同的分析目的和分析内容所要求的信息也是不相同的。所以财务信息按照不同的依据有不同的分类。

1.内部信息和外部信息

内部信息是企业内部的财务相关信息。企业的内部信息有些是公开的，有些是秘密的；有些是财务方面的，有些是非财务方面的。在市场竞争日益激烈的条件下，深入分析内部信息，挖掘内部潜力至关重要。同时，内部信息的整理分析也是企业内部价值链管理的重要基础。内部信息主要包含以下几个方面：会计信息、统计与业务信息、计划以及预算信息。

外部信息是企业以外的与财务分析相关的信息。它主要包括国家宏观信息、行业或产业信息、资本市场信息及商业市场信息、消费者信息、研究机构和中介机构信息以及网络信息等。

2.公开信息与秘密信息

公开信息是指通过公开正常的渠道可以获得的信息，如相关的网络、报纸、杂志等公布的信息，这种信息的取得成本很小或者几乎没有成本。

秘密信息是指那些不能通过正常的渠道取得的信息，如企业的投资决策、投资计划、战略规划等信息。这种秘密信息的获得可能花费高昂的成本，且有可能涉及商业秘密。

3.定期信息与不定期信息

定期信息是相关部门、企业等组织或实体定期公布，企业经常需要并可以定期取得的信息，如相关的会计信息（中期财务报告、年度财务报告等）、统计信息（如政府或行业的统计报告）、证券市场信息（如日报、周报、交易量、交易价格）等。定期信息是企业定期进行财务分析的基础，也是进行趋势分析、时间序列分析的基本信息与数据来源。

不定期信息是不能够定期提供或定期获得的信息，主要包括宏观经济政策信息、企业间交换信息、国外经济技术信息等。由于不定期信息也会对财务分析造成重大影响，因此，企业在关注定期信息的同时，也要同样关注、搜集和整理不定期信息。

4.实际信息与标准信息

实际信息是反映各项经济活动数量和质量实际发生情况的信息。一般是在企业的经营管理实践中不断连续产生的相关数据资料，需要采取一定的方法搜集、整理，从而转化为财务信息。

标准信息是作为运行、评价的标准而搜集到的相关信息，如计划与预算信息、行业信息等。实际信息是财务分析和决策的基础，标准信息则是判断、评价的准绳。

5.强制信息和非强制信息

强制信息是指根据政府的相关法律、法规的规定，必须按照特定的时间和方式向社会公布的财务信息，如上市公司的信息披露制度对企业的财务报告、临时公告等都有详细、明确的规定。

非强制信息是指没有政府相关法律、法规的规定，而是企业自愿公布于众的财务信息。

强制信息是财务分析和决策的基本信息，而非强制信息则是没有相关的规定，仅仅是企业的自身行为。然而，正是因为非强制信息是企业的自发性行为，所以这种行为的背后可能隐藏着某种动机或是大量的非公开秘密信息，因而更需要引起注意。

二、财务报表信息质量的评价标准

财务报表信息是众多财务信息中最基本和最主要的信息，构成了财务分析人员信息和数据来源的主体。财务报表所披露的信息往往是企业内部的、公开的信息，且通常情况下是定期发布的。另外，财务报表反映了企业的实际信息，其中主要是政府或法律规定的强制性信息，也包含企业自身愿意公布的非强制性信息。正是由于财务报表信息的基础性和关键性，其质量水平是至关重要的。对于财务报表信息质量的好坏，主要由以下几个标准来判断。

1.合法性

合法性是财务报表信息有用的一个总的前提。它是指财务信息的披露必须遵守国家相关的法律、法规以及规章制度的要求，无论在格式上还是在内容上都要按照规定执行，并且在披露的时间、方式上也要符合要求。不合法的财务信息不应该被信任和使用。合法性是财务信息的一个基本准绳，如果跨越了这一界限，财务信息不仅没有价值，不能提供给使用者，而且相关的个人甚至企业还应该受到法律、法规的制裁。

财务信息的合法性主要指财务信息的披露应该遵循诸如《企业会计准则》《企业会计制度》《中华人民共和国公司法》《中华人民共和国证券法》等相关法律法规的规定。

2.可靠性

可靠性要求企业必须以实际发生的交易或事项为依据进行确认、计量和报告如实地反映财务信息，保证信息的真实可靠、内容完整。企业所提供的信息，必须是可靠的。如果信息不可靠，不仅不能给使用者创造利益，甚至会带来误导和损失。要做到可靠性，应具备以下几点要求：

（1）以实际发生的交易或事项为依据进行确认和计量，如实反映到财务报表中，不得根据虚构的、没有发生的或尚未发生的交易或事项进行确认、计量和报告。

（2）在符合重要性和成本效益原则的前提下，保证财务信息的完整性，不得随意遗漏或减少应该披露的信息，或者通过选择列示部分信息来达到预设的效果。

可靠性对信息使用者而言，意味着企业所提供的财务信息必须是真实的，不具有欺骗性，他们会根据财务报表本身、企业管理当局的品质以及专业机构对企业的信用评价等来对企业财务信息的可靠程度做出判断。

3. 相关性

财务信息的相关性是指财务信息必须与企业的经营管理状况以及财务分析决策的目的与要求紧密相关。要了解具体的目标需要什么样的信息，以及具体的信息起到什么作用、说明什么问题。通过对大量信息的分析和整理，才能够使财务信息和信息使用者所要解决的主要问题相关联。保证财务信息的相关性，才能在得出正确的结论的前提下，提高工作效率。

例如，债权人最关心的是其本金和利息是否可以收回，所以主要关注企业的偿债能力，那么对债权人而言，有关企业资产流动性的信息是与其高度相关的，而股东的收益率如何则和他们没有那么大的联系。另外，政府关注企业行为的合法性以及企业对职工福利和社会福利的贡献；股东最关注的是其投入资本的报酬率；经理则要关注比以上各方面更加全面和综合的信息，因为这是他业绩评价的基础。站在不同的信息使用者的立场上，相关的财务信息包含着不同的内容。

4. 及时性

财务信息的及时性是信息时间价值的核心。过时的信息是没有任何预测价值的，财务报表的及时公布也是一项强制性的要求。财务信息的及时性，要求信息的披露必须遵守时间的规定，无论是定期信息还是不定期信息，抑或是强制性信息与非强制性信息都该如此。及时的信息才能使使用者得出及时和正确的结论，以免错过决策的最佳时机。因为对于决策而言，如果错过了时机，也就失去了意义。

5. 一致性

财务信息的一致性是指企业通过财务报表披露的信息，无论在计量模式上还是计量属性上均应前后各期保持一致，不得随意变更，避免由于计量模式或是计量属性上的变更而使同一时期、不同企业的财务报表或者同一企业、不同时期的财务报表在信息上不具有可比性。不一致的财务信息，影响行业内横向的可比性，也影响时间上纵向的可比性，导致信息和数据使用者，很难得出正确的结论，而且往往被表象迷惑而做出错误的决策。保持财务信息的一致性并不意味着不能做任何程度的变更，如果经过合理的会计估计变更或是会计政策变更可以使财务信息更加真实和可靠，那么这样的变更是必要的，由此而导致的不一致性也是允许的。

例如，可靠性和相关性是影响和决定财务信息质量的两个最主要的因素，然而在现实条件下，不可能同时提供可靠性和相关性高且程度兼备的财务信息。因为可靠性强调财务信息要不偏不倚，真实完整；而相关性偏重于要提供与使用的决策更加相关和有用的信息，同时达到完全的相关性和可靠性是难以实现的。例如，历史成本以验证的实际交易数据为依据，相对而言少了一些主观的因素，比现值计算更客观，所以说历史成本的计量属性是相对可靠的。但是，历史成本缺乏相关性，难以在价格变动情况下，正确反映企业的财务状况与经营成果，或者无法提供有关的现行价值信息，从而导致与使用者的具体决策需求不相关。相反，现行价值信息虽然可以提供与决策更为相关的信息，但由于在现行价值的计量和计算上，或多或少地存在一些不够准确的估算和人为假定，难以进行实际的验证，因此其可靠性较差。

可靠性与及时性之间也存在类似的情况。在实务中，为了及时提供财务信息，可能要在获得全部的信息之前就开始进行相关处理，但是这样一来，会因为信息的不足而影响到其可靠性；反之，如果等到获得全部信息之后再进行相关处理，那么披露的信息可能会因为时效性的问题，而对财务报表使用者决策的有用性大大降低。因此，完全的可靠性与及时性也难以同时达到。

然而，这几种原则之间并不是对立的。相关性与及时性都是以可靠性为基础的，因为从根本上来讲，如果一项财务信息不相关或不及时，它可能没有利用价值；但是如果该财务信息不可靠，具有欺骗性或是误导性，则会有更大的可能性导致使用者做出错误的决策，造成更大的损失。从这个角度上看，财务报表信息应该在保证可靠性的前提下，尽量提高相关性与及时性。

第二节　会计操纵及其识别

一、会计操纵的概念

会计操纵（Accounts Manipulation）是指为了达到特定目的，通过人为地对会计数据和信息披露进行操纵，从而使会计报表不能真实和公允反映企业的财务状况和经营业绩。

会计操纵和人们常说的会计信息失真不同，会计信息失真包含的范围最广，不仅包括有意识的会计操纵，还包括由于会计人员素质较差、会计基础工作薄弱等客观因素而无意识导致的会计差错（Accounting Errors）。另一种相关概念是财务欺诈（Financial Fraud），它是一种性质更为严重的会计操纵行为，通常表现为对会计准则的严重违反和明显误用，同时还要经过司法程序的判定，它在含义上从属于会计操纵，这是因为会计操纵还包括一些在会计准则规定范围内的操纵行为，它们在性质上还不能被划分为财务欺诈。

在国内外的文献中，还有一些其他的类似概念，如：盈余管理（Earnings Management）、收益平滑（Income Smoothing）、清洗会计（Big Bath Accounting）以及创造性会计（Creative Accounting）等，下面我们简要介绍这些概念。

1. 盈余管理

盈余管理也称盈利操纵，是指公司管理层在会计准则允许的范围内综合运用会计或非会计手段来实现会计收益的控制和调整，使经营者或企业市场价值达到最大化的行为。

盈余管理有三种基本手段：应计项目管理（Accrual Management）、采纳指定会计政策的时机选择和自愿的会计变更。应计项目管理是指为实现预想的目标而改变年终应计项目进而影响利润水平。应计项目会计（Accrual Accounting）与现金会计（Cash Accounting）

的不同在于时间安排的差异。就公司整个生命周期而言，两种方法是无差异的。但短期内，收入和费用的不同搭配会产生不同的利润结果。对差异的处理存在一种标准的方法，而盈余管理不过是以另一种方法处理这些差异：当需要收益时将费用延后，以期在将来收益理想时再计入这些费用。同样，指定会计政策的时机选择和自愿的会计变更都可以视为公司为达到经理人员的具体目标而选择会计政策的行为。

2. 收益平滑

收益平滑是指公司管理层通过有目的地降低利润波动，来创造稳定增长的利润流。因为通过减少各年盈利的波动性，可以降低企业外部人士所认定的企业风险程度。

收益平滑得以实现的方法称为平滑途径，一般包括时间平滑（Time Smoothing）和分类平滑（Classificatory Smoothing）两类。时间平滑是通过同一会计项目的跨期平滑来实现；而分类平滑主要基于会计边界项目（Borderline Items），如在美国会计中的存货核销、主要长期合同的坏账准备和资产处置损失等。

管理层实施收益平滑的动机是多样化的，包括：获取税收利益；改善与投资者、债权人和职工的关系；传递其对将来现金流量的预期；降低管理层被解雇的威胁；逃避债务条款；操纵管理层薪酬等。

3. 清洗会计

清洗会计也称巨额冲销会计，是指这样一种现象：在企业、行政机构以及政府部门中，继任管理者或负责人都称预期的赤字将超过其前任所公布的数字，因为他发现了不少被前任隐藏的费用。于是继任者利用这一机会净化财务报表，并谴责其前任的不负责任，从而为将来的利润平滑做准备。

在管理层变更后，降低收入的会计处理会频繁出现。这样做的目的在于：一是继任管理者将所报告的低利润被归咎于前任，使将来业绩比较的历史基点得以降低；二是由于将来的收入不再受这些费用的拖累，可以使利润能实现较好的增长。清洗会计通过收入延后和加速核销策略来降低当前利润，可以看作是一种特殊形式的收益平滑过程。

4. 创造性会计

创造性会计也称相机性会计，不同于学术研究而主要为专业人士（特别是财经媒体）所关注，源于市场观察而非理论。创造性会计是非常宽泛的概念，它主要包括盈余管理并集中于分类操纵。由于创造性会计的一般研究方法是仔细分析会计程序和会计标准以发现可疑之处，必须甄别可接受的行为和不可接受的行为，因而对研究者的经验和知识要求甚高。

创造性会计出现于一个新的法律、经济或金融现象出现，而又没有既存的会计标准去约束它的时候，这时"有会计目标的财务创造或报表管理"就会"应运而生"，例如降低公司负债率即为潜在目标之一。

上述几种概念实际上是不同的研究者从不同方面对会计操纵现象进行研究而形成的，其含义基本上都可以用会计操纵来概括。总的来说，创造性会计的含义最广，等同于本书的会计操纵，盈余管理是会计操纵的一种主要形式，收益平滑和清洗会计又可视为盈余管理的两种特殊形式。因此，本书的后面部分将统一采用会计操纵这一概念来进行相关论述和分析。

二、会计操纵的动因

企业会计操纵的动因大致分为直接动因和间接动因。直接动因来自企业和企业经营者自身；间接动因来自企业所处的社会经济环境，以及企业外部的其他利益相关者。

（一）会计操纵的直接动因

1.实施首次公开发行（IPO）和增发配股

通过发行股票，企业可以筹集到一大笔低成本的资金。但根据《公司法》等有关法律法规，企业必须最近三年连续盈利，且经营业绩比较突出，才能通过有关部门的审批。所以一些企业为了能上市，就想尽办法进行盈利操纵。IPO没有既定价值且信息缺乏，投资者更依赖于财务信息陈述，因此IPO就为原始股东和企业管理层利用信息偏差牟取利润提供了机会。而当一些企业上市成功后，其资产质量并未明显提高，经营业绩增长缓慢。这些企业为了保增发或配股，提高配股的价格，从资本市场上实施再融资，也会采用虚增利润的方法，制造虚假会计信息，欺骗投资者，进行会计操纵。

2.降低企业债务成本和满足债务条款

企业进行会计操纵，不仅有助于其在资本市场上融资，还可以降低债务融资成本，提高其债务等级，获取银行信用和商业信用。企业虚增盈利和虚减债务水平，一方面可以增加债务融资的可获得性，另一方面可以使债务成本降低以及获得宽松的财务限制条款，这些条款是债权人为保护自身利益而对债务企业提出的约束条件，如增加债务担保、提高债务利息等。通过实施积极的会计操纵以满足债务合同条款，借款企业可以减少这些债务限制条款的不利影响。

3.保留上市企业主体资格

根据有关规定，上市企业连续两年亏损或每股净资产低于面值将被定义为ST公司，如果连续三年亏损，其股票将会暂停上市，实施特别转让处理。这显然是企业的管理人员和投资股东所不愿看到的，为此一些上市企业为保留所谓的"壳资源"，避免被"戴帽"处理，或为了早日"摘帽"，力求"扭亏为盈"，在无法通过正常途径实现盈利目标的情况下，就会采取多种方法粉饰报表，通过会计操纵来达到目的。

4.增加企业权益价值

企业较高的盈利水平有助于提升企业权益价位，若企业为上市公司，股票价格也会相应上升。一些上市企业因此就会编制虚假的会计报表，对公司的股票进行炒作，引起中小投资者的盲目跟风，在资本市场上掀起炒作风波，从而抬高股价从中牟利。另外，企业在被收购时，通过虚增盈利水平使企业权益价值提高，同样也能够使自身获益。

5.实现管理层的个人利益

企业管理层的利益（报酬、升迁等）与企业的经营状况密切相关。因此，经营者出于自身个人利益考虑，很可能会选择提高企业收益的会计方法来增加自身的报酬，影响股东或主管部门对其经营管理业绩的评定。特别是当企业业绩不佳甚至出现财务危机时，一些管理者常会编造虚假会计信息，包装利润，以非法手段来操纵公司股价，从而使自己收益增加。

6.最小化所得税

税收也可能成为会计操纵的驱使因素。如果应税所得额与会计收入相联系，则存在企业通过利润调节来避税的可能。

7.减少政治成本

当企业出现不当商业行为或发生异常公司新闻时，常引发官方注意和检查，企业会受到严格的管制和政策限制，从而影响生产经营，即企业的政治成本。在这种情形下，企业管理层的一种"明智"做法就是减少利润，以免"树大招风"，因为巨额利润常被视作弄虚作假的征兆。

（二）会计操纵的间接动因

1.会计准则制度不完善

由于会计准则制度具有统一性的同时还兼顾一定的灵活性，同一会计事项的处理存在着多种备选的会计方法，使得企业在进行会计政策选择时随意性较大，客观上为其会计操纵提供了一定的空间。由于缺乏对会计政策选择公允性的具体判断标准，兼之此类会计问题具有较强的专业性和隐秘性，对其公允性的判断所需信息较多，不仅使一般的投资者难以判断，有时会计专业人士仅从外界也难以准确评判。

2.对企业的监督控制不力

首先是企业内部监督不力。虽然我国上市公司已建立了公司治理结构的组织构架和制度框架，初步实现了"形似"，但距离"神似"还有很大差距。公司独立董事会、监事会是与董事会相互制衡的监督机制，但在实际经济生活中，由于董事会受控股股东支配，很多公司董事会职能越位，独立董事不独立，监事会形同虚设，没有起到对公司财务以及董事会、管理层进行监督的作用。其次是相关监管部门监督不力。我国证券监管机构体系尚不健全，力量薄弱，权威性不足，在监管的规范性、全面性、及时性以及查处力度上都亟待改进和加强。再次是社会监督不足。由于害怕惹事上身，很少有媒体和专业研究者能够及时指名道姓地揭露企业的会计造假问题，企业员工、客户等知情人士也常常知情不报。

3.其他相关利益主体的利益驱动

首先是一些地方政府的利益需求。我国的上市公司大多成为所在地经济发展的强劲推动力，其经营状况往往涉及所在地区的利益、形象和政绩，因而得到当地政府的大力支持。由于利益需求，地方政府对某些上市公司会计造假行为采取默许甚至支持的态度。另外是会计师事务所的利益需求。部分会计师事务所为了在业内竞争中取得优势，保持与大客户的良好合作关系，保护自身利益，违背独立审计原则，参与了虚假会计信息的生成和传播。

三、会计操纵的类型和手段

（一）会计操纵的类型

会计操纵的类型主要包括盈利操纵、分类呈报操纵以及其他一些特殊形式的操纵。

1．盈利操纵

盈利操纵是指为达到特定目的而对企业盈利水平进行人为操纵。由于人们普遍对企业的盈利能力特别重视，盈利操纵也就成为最主要的一种会计操纵形式。盈利操纵可以通过盈利最大化、盈利平滑和盈利最小化等方式来实现。

盈利操纵根据企业收益的分类结构，又可以细分为收入操纵、成本和费用操纵、利得操纵和损失操纵四种形式。

（1）收入操纵

收入是企业盈利的主要来源，收入操纵也就成为盈利操纵的主要方法，通过虚增收入可以相应地虚增当期盈利水平，达到盈利最大化的目的；而通过虚减收入并在以后会计期间转回，可以虚减当期盈利水平和虚增后期盈利水平，从而达到盈利平稳化和盈利最小化的目的。

（2）成本和费用操纵

与收入类似，成本和费用对企业当期盈利水平也有重要影响，成本和费用操纵也是盈利操纵的一种主要方法，通过虚减成本和费用可以达到盈利最大化的目的；而通过虚增成本和费用来减少以后会计期间的成本和费用，可以虚减当期盈利水平和虚增后期盈利水平，从而达到盈利平稳化和盈利最小化的目的。

（3）利得操纵

利得是企业非主营业务活动或偶发事项形成的收益。企业通过投资收益和营业外收入等科目的一次性利得的操纵可以实现盈利最大化的目的。

（4）损失操纵

损失是由企业非主营业务活动或偶发事项形成的各项支出，对企业的盈利水平也会造成影响，通过虚减损失可以达到盈利最大化的目的，而通过虚增当期损失来减少以后会计期间的费用和损失，可以虚减当期盈利水平和虚增后期盈利水平，从而达到盈利平稳化和盈利最小化的目的。

2．分类呈报操纵

分类呈报操纵是指不影响报表资产、利润总额和现金流的总体变化，人为对不同科目数额增减变化进行操纵，达到提升企业财务状况和盈利质量的目的，并因此可以获得提升企业权益价值和减少债务成本等潜在收益。

例如，将资产负债表中应收账款、存货转移到长期资产中，将改善应收账款和存货周转率，掩盖盈利操纵；将损益表中投资收益、营业外收入划为营业收入，将营业费用或管理费用划为营业外损失，可以提高营业利润；将现金流量表中经营活动现金收支转入投资或融资活动现金收支中，可以在不改变现金流总量基础上，增加经营活动现金流量，提高企业盈利质量。

3．其他特殊形式的操纵

除盈利操纵和分类呈报操纵外，会计操纵还有其他一些特殊形式的操纵。例如表外融资（Off-balance Sheet Financing），包括将融资性租赁转为经营性租赁、资产的出售和回租（Sale and Leaseback）、存货的出售与回购（Sale and Repurchase）、应收账款折现（Factoring）等，结果是相应的资产与负债同时不在资产负债表中出现，一方面降低企业的资产负债率，另一方面增加资产收益率，提升企业盈利能力。此外，利用政府援助和信息披露中的重大遗漏、误导性披露、不适时披露等，都属于其他特殊形式的会计操纵。

（二）会计操纵的具体手段

企业的会计操纵行为主要表现在对会计利润的操纵上。当经营业绩欠佳出现亏损时，企业管理层就要通过会计方法、会计政策选择或直接进行财务造假等多种手段，使财务报表反映出比真实情况更好的业绩；当企业经营业绩好、盈利多时，管理层为了下一年能顺利完成任务，获取更多的利益，就会在财务报表中平滑收益，紧缩会计利润。下面我们就对企业会计操纵的一些常见手段进行剖析。

1. 财务报表造假

（1）虚增收入

企业通过虚构交易事项，如虚增主营业务收入、其他业务收入、投资收益、应收账款等手段，达到虚增利润的目的。例如，通过虚开销售发票、伪造销售合同和应收账款来虚构收入；将尚未完成的交易活动提前确认收入（如货物发出前确认，代销商品未售出前、销售不确定时确认，服务未完成时确认，利用跨年度时间差异提前确认销售收入等）；通过放宽信用条件加速销售增加收入；通过与买方协商提前安排销售增加收入；通过控股公司或参股公司的业绩操纵来虚增母公司的投资收益；将公司转出的资金或其他资产，以某种方式转回来虚构收入或投资收益等。

（2）虚减成本和费用

企业通过少计会计期间内发生的主营业务成本、期间费用、投资损失、营业外支出等方式，虚减成本费用，同时虚增企业利润。例如，企业将当期应摊销的费用不摊销或少摊销；当期发生的管理费用、财务费用计入递延资产、在建工程等科目；将发生的期间费用列入制造费用跨期分摊以减少当期费用；减少计提（如减少坏账准备、存货跌价准备的计提降低管理费用，减少预提费用降低财务费用）；减少折旧和摊销（如以加速折旧法替代直线法，高估期限和残值降低折旧，或高估无形资产和递延资产的摊销期限来降低管理费用）；企业效益较好时有意不合理地预提某些费用（如技术开发费、绩效工资、"三包"费用、销售补偿费等），在效益不好的年度予以转回，虚减当期成本费用；虚增期末存货的价值以虚减销售成本等。再如，会计制度规定企业潜亏应通过规定的程序，计入当期损益，在利润中反映。一些企业则通过资产评估将待处理的财产损失坏账、毁损的固定资产和存货、待摊费用等确认为评估减值，直接冲减资本公积，这样做可以减少费用，虚增会计利润。

（3）挂账调节损益和资产

按会计制度规定，企业所发生的该处理的费用，应在当期立即处理并计入损益。但有些企业为了使当期盈利，故意不遵守规则，通过挂账等方式降低当期费用，以获得虚增利润。例如，对于三年以上的应收账款，收回的可能性极小，应按规定比例转入坏账准备并计入当期损益，但一些企业对应收账款尤其是三年以上的应收账款长期挂账。此外，企业还将对外投资挂应收账款，将取得的投资收益不入"投资收益"账，或者将作为对外投资的产品在账务上做应收销货款处理以调节损益。一些企业对于不再有利用价值的项目不予以注销，如已经没有生产能力的固定资产、无实际利用价值的存货，已经超过受益期限的待摊费用、递延资产、待处理财产损失项目，常年挂账以虚增资产。

（4）随意增减变动财务报表项目

企业通过随意调整财务报表的有关项目，隐藏财务风险，制造优良资产假象。例如，少报负债额度，隐藏财务风险。负债额大小反映企业经营状况好坏，若负债额大于资产额，说明资不抵债，财务风险增大，这时企业会在资产负债表中有意调减负债，降低企业财务风险。一些企业通过对外欠款在当期漏计、少计或不计利息费用或少估应付费用等方法来隐藏真实财务状况。再如，调增速动资产，虚增变现能力。在变现能力差的情况下，企业会调增速动资产，调减存货和待摊费用，提高变现能力。

（5）隐瞒重要披露事项

企业在财务报表中，漏列对外欠款与短期应付费用，或者隐瞒重大诉讼案、补税和借款的限制条款等。以上方式隐瞒了企业的实际或潜在损失，间接虚增了企业的利润。

2. 滥用会计政策、会计估计或会计差错更正

（1）滥用会计政策

会计政策是指企业在会计核算时所遵循的具体原则以及企业所采纳的具体会计处理方法。企业通过选用或变更会计政策来调节会计利润，进行会计操纵。例如，利用存货的计价方法、固定资产的折旧方法、坏账的核算方法、长期投资的核算方法、无形资产的核算方法、产品开发费的核算方法（费用资本化）等核算方法的选用或变更来影响利润，利用股权投资核算中权益法和成本法的选用和报表合并范围的规定，提高或降低对控股或参股企业的持股比例来调节利润等。

（2）滥用会计估计

会计估计是指企业对其结果不确定的交易或事项以最近可利用的信息为基础所做出的判断，由于许多会计事项如在费用摊配、成本计算、折旧计提、存货计价等方法的计量和确认上是基于企业自身的判断，这样就使企业通过不合理的会计估计来调节利润成为可能。企业根据盈余管理的需要，对前期的会计政策、会计估计方法进行变更，采用追溯调整法调整期初留存收益，进而可以调节当期及以后年度的利润。例如，企业变更固定资产的折旧年限和残余价值、无形资产的摊销年限、坏账准备的提取比率、长期待摊费用的摊销期限等来调节当期利润；在业绩不理想时，降低计提比例以提高当期利润；过高估计以前年度潜亏额，在后期冲回以虚增利润；改变费用的分配方案和成本计算方法，或者通过对长期股权投资核算成本法和权益法的转换来实现操纵利润的目的等。

（3）滥用会计误差更正

会计差错是指本期发现的会计核算误差，这种误差包括与本期相关的误差及与前期相关的误差。一些企业通过对上期故意造成的重大会计"差错"进行更正，达到将部分收入、成本或费用在各会计期间进行调整，以调节可比会计报表各期利润的目的。例如，有些企业上年年末实现盈利，但出于某种需要到第二年年初大量计提八项减值准备，冲减上年末分配利润；当该年末发生经营亏损的时候，再转回前期计提的减值准备，来冲减本期

的成本费用，虚增企业的利润，待下一年初再作为会计差错更正重新计提减值准备，冲回上年实现的利润。

3. 利用各项关联交易

（1）关联购销或置换

企业与关联方之间采用明显高于或低于市场价格的方式，进行产品或劳务的购销活动、股权置换和资产置换。例如，关联方将产品以低价出售给企业，企业再把该产品按市场价销售，获取差价；关联方高价购买企业的产品，人为增加企业的销售利润；关联方低价销售给企业原材料，减少企业的原材料成本，提升其盈利空间；企业将不良资产和债务剥离给关联方，以降低其成本费用，避免不良资产经营发生亏损；关联方将优质资产或股权低价注入企业，或不等价置换企业的不良资产或股权，提高其盈利能力；企业高估关联方非现金资产的入账价值，虚增资本和资产。

（2）关联资金拆借

企业与关联方之间以低息或高息发生资金往来，进行资金拆借，调节财务费用。例如，关联方以低息甚至无偿方式向企业提供资金，以减轻企业的财务负担；关联方占用企业资金，企业按照约定的高额利率收取资金占用费。

（3）关联托管及租赁

企业与关联方之间以旱涝保收的方式委托经营或受托经营，提高企业经营业绩。例如，企业以固定收益方式受托经营关联方资产；企业以高额收益将不良资产出租给关联方；企业将不良股权、生产线以收取固定收益方式托管给关联方。

（4）关联费用分担

企业通过操纵与关联方之间应各自分摊的销售和管理费用来调节利润。例如，关联方承担或分担企业的广告费、产品开发费；关联方降低甚至豁免企业应支付的资产租赁费、商标使用费、资金使用费等费用。

（5）关联方与企业相互转移利润

一方面，关联方利用非公允关联交易占用或套取企业资金，转移企业利润，甚至恶意掏空企业；另一方面，一些企业迫于利润压力，经常在会计年度即将结束之际，与关联方签订股权转让协议，按权益法或通过合并会计报表，将关联方当年利润纳入企业自身的财务报表中。

（6）关联交易非关联化

企业与关联方之间通过出售股权解除关联方关系、多重参股隐瞒关联方关系、利用所谓过桥公司将一笔关联交易变成两笔非关联交易、采用非货币性交易的货币化等方式，来逃避政府部门对通过关联交易调节利润进行约束的规定和信息披露义务。

4. 利用地方政府援助

（1）政策优惠

为帮助企业提高业绩，地方政府越权实施减免税政策，或以其他名义返还已缴的税金；或将大量土地无偿划拨或低价出让给企业，变相降低了企业的经营成本；有些地方政府为了吸引外地企业资金的投入，越权许以减免税、土地低价或无偿赠送等优惠政策。

（2）补贴收入

为使本地的上市企业保住上市资格或再融资资格，地方政府以技改贴息、技术开发费、扶优扶强资金、增值税退税收入、安置特困企业费用补贴、地方所得税已退抵征、贷款银行利息核销等名义，千方百计帮助企业达到盈利指标，其中某些补贴数额巨大，且缺乏正当理由。

（3）核准提价

对于公用事业或旅游垄断资源类企业，如供水、供电、供气、高速公路、旅游景区等，由于其产品或服务的价格需经政府核定，为帮助企业提高业绩，地方政府往往批准其提高价格，虽然业绩的提升是真实的，但却以损害消费者利益为手段。

四、会计操纵的识别

从企业提供的财务报表中识别可能存在的会计操纵行为，首先要考察企业是否有进行会计操纵的动因以及可能会以何种形式出现，从而在阅读报表时有针对性地加以识别和防范。总体上有会计操纵倾向的企业包括：

（1）内控不健全的企业，其财务报表未通过审计；

（2）有融资计划的企业；

（3）处于困境中的企业；

（4）管理层发生变动、管理层持股或管理层薪酬与企业盈利水平密切相关的企业。

对财务报表进行深入的财务分析是识别会计操纵的核心手段，如利用合并财务报表分析、审计报告分析、财务报表附注分析、关联交易剔除分析、不良资产剔除分析、财务比率分析、静态分析、趋势分析、同业比较以及基本面分析与现场调查相结合的分析框架进行判别。表9-1给出了常见的识别企业会计操纵行为的主要分析方法。

表9-1　识别企业会计操纵行为的主要分析方法

方法	分析内容	目的和作用
分析性复核法	分析企业重要财务比率或趋势的异常变动与预期数据和相关信息的差异	通过比率分析、结构分析，可以发现财务报表中的异常变动，来识别企业的会计操纵行为
关联交易剔除法	分析来自关联企业的收入和盈利情况，判断企业的利润来源是否稳定，以及关联交易和资产重组等行为对企业财务状况与经营业绩的影响	如果企业的主要收益来源于关联企业，就应深入关注企业与关联方的各项交易活动。注意企业对母公司的依赖程度以及母公司本身的实力，从而判断关联交易对企业实际经营业绩和财务状况可能带来的影响，进一步识别是否有会计操纵现象出现
不良资产剔除法	把企业可能潜亏的资产如长期应收账款、投资损失、存货跌价等从资产中剔除后进行财务分析	不良资产是导致企业虚盈实亏的重要原因，如果不良资产总额超过企业的净资产，就说明企业持续经营有问题，利润中可能有操纵嫌疑

续表9-1

方法	分析内容	目的和作用
异常利润剔除法	将企业利润中营业利润以外的收益来源剔除,分析和评价异常利润的情况,判断企业利润来源的稳定性	主营业务的高低决定一个企业长期发展趋势,资产置换收益、股权转让利得、政府补贴、税收减免、税收返还、处置资产等可以获得收益,但缺乏持久性。如果主营利润长期低位徘徊甚至下滑,而其他非经营利润较多,企业利润操纵的可能性增大
现金流量分析法	通过经营活动、投资活动现金流量的比较分析,判断企业的经营利润、投资收益和净利润的质量,看会计利润与现金收入是否平衡	将企业的盈利状况同现金流状况对比,可以看出企业的收益质量。如果企业通过虚增收入来包装利润,则虚增的收入很可能无法收回,导致企业的利润很高,而现金流量却长期低于净利润,甚至为负
报表特定项目分析法	对财务报表中特定项目如应收账款、其他应收款、补贴收入、投资收益、关联交易、或有事项、报表日后事项做重点分析	会计操纵的不同形式会影响特定的财务报表项目,通过对该项目的数值变动趋势和异常变动情况的分析,可以发现这些项目与会计操纵行为之间的因果关系
合并财务报表分析法	分析合并财务报表中的母公司数据和合并数据,以判断财务数据的真实性	关注企业是否经常改变其合并范围,采用剔除不利于集团业绩的控股子公司,合并不符合合并条件但业绩较优的非控股子公司。另外需要注意的是合并财务报表中越并越小的项目,因为利润表中主要项目与母公司报表数据之间的差异程度反映了母公司对关联方交易的依赖程度
审计意见分析法	分析注册会计师出具的审计报告	注册会计师出具无保留意见的标准审计报告,正常情况下可基本排除会计操纵可能。但注意由于注册会计师既要保护自身的执业风险,又面临着争取客户的压力,可能会出具其他非标准审计报告,这些审计报告在很大程度上隐含着会计操纵的内容
财务报表附注分析法	分析财务报表附注中提供的信息,尤其关注企业会计政策内容及其变更和执行情况,重要的或有负债的影响,以及财务报表披露内容的完整性	财务报表附注作为财务报表的重要组成部分,包含了很多报表中未提供的信息。分析财务报表附注的目的是找出企业存在的问题和风险信号,发现调查重点。特别要注意企业自定会计政策、不遵循统一会计制度所隐含的深层次问题。此外,如果企业对某些重要项目未予披露或不按要求完整披露,不仅仅意味着企业和注册会计师的疏忽,相反可能隐含着影响企业财务状况和经营成果的重大信息
纳税情况分析法	分析企业纳税信息和实际纳税情况	一般来说,企业的纳税资料与经审计的财务资料之间会有一定程度的差异,但如差异很大,则企业的业绩就很可疑。再如企业应交税金金额巨大,且逐年增加,或突然减少,这些都属于异常情况,表明有会计操纵的迹象

需要说明的是，识别企业会计操纵行为所进行的财务比率分析与一般的财务分析相比要更为深入，也更有针对性。例如，为了考察企业是否有可能通过少提固定资产折旧来虚增利润，就可以结合现金流量表补充资料中的固定资产折旧数额来计算固定资产折旧率，为了考察企业是否有可能少提财务费用来虚增利润，就可以结合现金流量表补充资料中的财务费用来计算财务费用提取率，而在一般的财务比率分析中不太需要计算这些财务比率。总之，分析的关键是要分析特定的会计操纵方法对相关科目的影响，并进行财务指标重点分析。表9-2提供了一些识别企业会计操纵行为的部分财务指标，供读者参考。

表9-2 识别企业会计操纵行为的部分财务指标分析示例

指标	定义	定义与说明
应收账款周转率	应收账款周转率=营业收入÷平均应收账款	应收账款周转率的大幅下降，可能是因为企业为应付激烈的竞争而改变企业销售信用政策扩大销售，也可能是企业通过虚增应收账款增加收入。无论是哪种情况，企业操纵利润的可能性增大
毛利率	毛利率=毛利÷销售收入	一般而言，同样产品的毛利率不应差别太大，毛利率畸高，无非是由于企业产品的价格较高或成本较低，因此其手法明显有虚增收入或虚减成本之嫌
资产质量水平	资产质量水平=企业非盈利资产÷总资产	如果企业将应该摊入本期的费用资本化，或推迟确认费用，以达到提高利润的目的，那么资产的质量就会下降。因此我们可以通过比较企业连续两年的资产质量，来分析企业操纵利润的可能性
折旧率	折旧率=本期折旧÷(本期折旧+固定资产净值)	企业折旧的速度下降，可能是由于企业增加了固定资产的折旧年限或改变了折旧的方法以提高利润水平，所以企业利润操纵的可能性增加了
三项费用率	三项费用率=(管理费用+财务费用+营业费用)÷营业收入	企业的三项费用率上升，是企业前景不佳的一个信号，所以该指标显示企业会计操纵的可能性加大
资产负债率	资产负债率=负债÷总资产	一般来说，企业的资产负债率保持相对的稳定。所以如果两年间企业资产负债率发生较大的变化，就要考虑企业是否存在利用债务合同操纵利润的行为
财务费用提取率	财务费用提取率=财务费用÷银行借款	企业财务费用提取率降低，表明企业有可能通过少提财务费用来虚增利润
坏账准备计提比率	坏账准备计提比率=坏账准备÷应收账款	企业坏账准备计提比率出现异常变动，表明企业有通过调节费用来操纵利润的企图
营业收入与税金比率	营业收入与税金比率=税金÷营业收入	通常，企业营业收入与税金比率变化不大，如出现异常变动，显示企业可能有盈余操纵的行为

第三节　绿大地财务造假案分析

一、引言

云南省绿大地生物科技股份有限公司（002200.SZ，下称"绿大地"）被称为信誉度最差的A股上市公司。该公司成立于1996年，上市前每股净资产4.43元，于2007年12月21日，在深圳证券交易所挂牌上市，发行价16.49元，以绿化工程和苗木销售为主营业务，是云南省最大的特色苗木生产企业。它是国内绿化行业第一家上市公司，号称园林行业上市第一股，其股价曾一路飙升到81.05元。2010年3月，公司因涉嫌信息披露违规被立案稽查。证监会发现该公司存在涉嫌"虚增资产、虚增收入、虚增利润"等多项违法违规行为。2011年3月17日，绿大地创始人兼董事长何学葵因涉嫌欺诈发行股票罪被捕，自此股价一路下跌，半年多跌幅超过75%。由此，逐步揭开了绿大地的财务"造假术"。

伴随着一个个"第一"进入公众视野的绿大地公司，是云南省第一家上市的民营企业、A股第一家园林上市公司，董事长是云南省女首富等，但就是这么一家头顶众多"第一"光环的企业，为何陷入了财务舞弊的泥潭？

二、基本案情——善变的"变脸王"

（一）五度变更业绩

绿大地的财务手段已经到了一个新的高度，创下了中国证券市场年报变脸新纪录，2009年10月到2010年4月，对于2009年的全年利润变动之快、之频繁，令人咋舌：

①2009年10月30日，绿大地发布2009年第三季季报称，预计2009年度净利润同比增长20%至50%；

②2010年1月30日，绿大地将2009年净利润增幅修正为较上年下降30%以内；

③2010年2月27日，第三次发布2009年度业绩快报，净利润变为6212万元；

④2010年4月28日，再次将净利润修正为-12796万元；

⑤2010年4月30日，最终发布2009年年度报告，披露公司2009年净利润为-15123万元。仅仅两天，数据又相差了两千多万。

绿大地披露的业绩经过五次反复，由之前的预增过亿，变更为最后的巨亏1.5亿元。正是它"恶搞"般的财务报告，引发了监管部门的注意。

（二）高管频频变动

1.董事会变动

2007年，绿大地招股说明书中披露的董事会成员何学葵、赵国权、胡虹、蒋凯西、黎钢、钟佳富以及三名独立董事普乐、谭焕珠、罗孝根，至今仅剩下胡虹和谭焕珠两位。2009年董事会成员为郑亚光、胡虹、王光中、施贲宁、岳建、李鹏以及四名独立董事谭焕珠、黄文峰、柴长青、尹晓冰。

在原董事长何学葵辞职后，公司3月22日发布公告称，在3月18日召开的第四届董事会第二十二次会议上，审议通过了选择公司原独立董事郑亚光担任公司董事长一职，同时，公司法定代表人变更为郑亚光。

2.监事会变动

2007年IPO上市前的招股说明书中披露的监事会成员名单为高中林、石廷富、王云川。2009年为张健、王晓东和张学星。

3.高级管理人员变动

公司上市以来四任总经理、三任财务总监，董秘更是变更四次，由徐云葵到唐林明，最后由何学葵、郑亚光两任董事长相继兼任。再加之其董事会、监事会的频繁变更，绿大地的高层管理者可谓频繁更迭，为公司发展带来了不稳定的信号。

（三）三年三换审计机构

表9-3　绿大地2008—2010年审计意见情况

年份	事务所名称	审计费用	审计意见	上年变更原因
2008	中和正信	30万	无保留意见	鹏城会计师事务所工作安排
2009	中审亚太	50万	保留意见	中和正信与天健光华合并
2010	中准	50万	无法表示意见	中审亚太的工作安排

会计师在审计以后出具审计报告，根据会计报表是否恰当地反映了公司的经营状况和财务状况，出具无保留的意见、保留意见、否定意见或无法发表意见的报告。绿大地如此频繁地更换会计师事务所，不禁让人们猜想是因为管理层与事务所之间争议很大，还是会计师为了规避风险，也可能拒绝核查。

三、专业分析

（一）虚增资产

绿大地2007年上市时的招股说明书显示，截至2007年6月30日，绿大地的固定资产净额为5066.35万元，该公司在昆明开发区内的办公楼等固定资产额为942.59万元，总共26.5亩土地，其总部所在地除房屋、道路及庭前绿化外的"外地坪、沟道"，也作价107.66万元。

另一处固定资产"马鸣基地"围墙的固定资产值为686.9万元，其招股说明书上显示的该基地4块地（原为荒山）共3500亩，如果其围墙只围地块的周长，折算下来，其每米围墙的价格高达1268.86元。

此外，马鸣基地的3口深水井也造价惊人，计入固定资产216.83万元，每口价值72.27万元。而该招股说明书上的另一口深井，金殿基地深水井却只值8.13万元，价格相差近10倍。多项资产的实际价值存在疑问。

昆明市官渡区人民法院判定认为，2004年2月，绿大地购买马龙县旧县村委会土地

960亩，金额为955万元，虚增土地成本900万元；2005年4月购买马龙县马鸣土地四宗计3500亩，金额为3360万元，虚增土地成本3190万元；截至2007年6月30日，绿大地在马龙县马鸣基地灌溉系统、灌溉管网价值虚增797万元；2007年1—3月，绿大地对马鸣乡基地土壤改良价值虚增2124万元。

另外，绿大地2010年6月17日发布的《关于2010年一季度报表更正差异的专项说明》显示，其2010年一季度的固定资产多计5983.67万元。绿大地对此的解释是，固定资产的差异原因在于"工作失误"，将北京分公司的固定资产已包含在本部报表中，又将其列入合并报表，即计算2次，造成该项目虚增。

（二）虚增收入

为达到上市目的，被告人赵海丽、赵海艳等注册了一批由绿大地公司实际控制的关联公司，采用伪造合同、发票等手段虚构交易业务，虚增资产、收入。

绿大地的苗木采购大户订单，2004年1月—2007年6月之间为公司增加营业收入、净利润做出重要贡献。根据绿大地招股书，2004年至2006年及2007年上半年，绿大地的前几大销售客户分别有昆明鑫景园艺工程有限公司、昆明润林园艺有限公司、昆明滇文卉园艺有限公司、昆明自由空间园艺有限公司、昆明千可花卉有限公司、昆明天绿园艺有限公司等一大批昆明企业以及部分成都、北京企业。

但上市后一些曾经的采购大户陆续神秘蒸发。北京都丰培花卉有限公司2006年12月25日被吊销了营业执照；昆明天绿园艺有限公司2008年4月15日被吊销了营业执照；昆明鑫景园艺工程有限公司于2010年2月3日在昆明市工商局办理了工商注销手续；昆明自由空间园艺有限公司2010年3月18日办理了工商注销手续；成都贝叶园艺有限公司与成都万朵园艺有限公司，同时在2008年6月5日进行了工商注销，且两公司均成立于2005年11月15日。

2009年到2010年期间，金额巨大的销售退回突然出现。2010年4月30日披露确认2008年苗木销售退回2348万元；与此同时，绿大地确认2009年苗木销售退回金额高达1.58亿元。

昆明市官渡区人民法院判定认为，绿大地在招股说明书披露2004年至2007年1—6月累计收入为6.26亿元，虚增收入2.96亿元；2007年绿大地披露的营业收入2.57亿元，经鉴定确认其中虚增收入9660万元；2008年虚增收入8565万元；2009年虚增收入6856万元。

（三）利润作假

2009年10月30日，该公司发布2009年第三季度季报称，预计2009年度净利润同比增长20%～50%（其2008年度净利润为8677万元）；2010年1月30日，该公司发布2009年度业绩预告修正公告称，将2009年净利润增幅修正为较上年下降30%以内，来了个大转折；随后，该公司2010年2月27日第三次发布2009年度业绩快报时，净利润却又变为6212万元。三天后，绿大地又发布2009年度业绩预亏及持续旱灾的重大风险提示公告，预计公司2009年度经营业绩可能出现亏损。2010年4月28日，绿大地又发布2009年度业绩快报修正公告将净利润修正为亏损1.2796亿元，再次大逆转一回。2010年4月30日正式公布2009年年度报告时，该公司2009年净利润定格为亏损1.5123亿元；同一天，绿大地发布第一季度报告，每股收益只有0.1元，比上年同期暴跌。绿大地2010年6月17日发布的《关于2010年一季度报表更正差异的专项说明》显示，其原第一季度季报的营业收入少计10万元，营业利润多计67.57万元，净利润多计52.57万元。

绿大地公布的报告中，差错不断。其2010年第一季度季报中仅合并现金流量项目，就有多达26项差错，其中有8项差错为几千万元，上亿元的差错多达12项。2010年4月30日，绿大地发布关于前期会计差错更正情况的专项说明称，公司对2008年因销售退回未进行账务处理，本期对该项前期差错进行更正，追溯调整减少2008年度合并及母公司营业收入23,485,195.00元、追溯调整减少2008年度合并及母公司营业成本11,947,362.81元、追溯调整增加2008年度合并及母公司应付账款11,537,832.19元，调减合并及母公司年初未分配利润10,384,048.97元，调减合并及母公司年初盈余公积1,153,783.22元。

四、案情最新报道

绿大地于2011年12月5日发布公告称，2011年12月2日，公司收到昆明市官渡区人民法院《刑事判决书》（〔2011〕官刑一初字第367号）。

根据判决结果，公司犯欺诈发行股票罪被判处罚金人民币400万元；原董事长何学葵犯欺诈发行股票罪，判处有期徒刑三年，缓刑四年；被告人原财务总监蒋凯西犯欺诈发行股票罪，判处有期徒刑三年，缓刑四年；外聘财务顾问庞明星和公司员工赵海丽获刑两年，缓刑三年；公司员工赵海艳获刑一年，缓刑两年。

课后阅读

财务报表间的钩稽关系

从反映的区间上看，现金流量表与损益表是一致的，资产负债表是一个时点报表，而损益表和现金流量表是一个时期报表；从核算方法上看，现金流量表与资产负债表、损益表存在差异，后两者是权责发生制，前者是收付实现制。损益表可以与资产负债表建立直接的联系，但如果通过现金流量表，往往能找到一些更直接、更具体的关系，这里重点探讨三张表的钩稽关系，特别是现金流量表在利润表和资产负债表之间的衔接关系。

表9-4 资产负债表、利润表、现金流量表对比

	资产负债表	利润表	现金流量表
编制方法	权责发生制	权责发生制	收付实现制
反映区间	时点存量	时区增量	时区增量

（1）资产负债与利润表间的钩稽关系

①根据资产负债表中短期投资、长期投资，复核匡算利润表中"投资收益"的合理性。如关注是否存在资产负债表中没有投资项目而利润表中却列有投资收益，以及投资收益大大超过投资项目的本金等异常情况。

②根据资产负债表中固定资产、累计折旧金额，复核匡算利润表中"管理费用-折旧费"的合理性。结合生产设备的增减情况和开工率、能耗消耗，分析主营业务收入的变动

是否存在产能和能源消耗支撑。

（2）现金流量表与利润表的钩稽关系

现金流量表表面上是说明现金的流转状况，但实质上是从另外一个角度简介、反映损益问题，因此可以说现金流量表最主要的作用还是论证和辅助说明损益表。具体关系可以从现金流量表的编制方法上看出。

直接法是通过现金收入和支出的主要类别反映来自企业经营活动的现金流量，一般是以损益表中的营业收入为起算点，调整与经营活动有关的项目的增减变动，然后计算出经营活动的现金流量。间接法是以本期净利润为起算点，调整不涉及现金的收入、费用、营业外收支以及有关项目的增减变动，据此计算出经营活动的现金流量。

（3）现金流量表与资产负债表的钩稽关系

资产负债表同现金流量表之间的关系，主要是资产负债表的现金、银行存款及其他货币资金等项目的期末数减去期初数，应该等于现金流量表最后的现金及现金等价物净流量。

①公司经营现金流的各个组成部分反映了现金流量的质量，以现金纯收入和非现金收入表费用（如折旧）调整为基础的现金流通常是最受欢迎的，而延长应付账款，或者大量提前吸收预付账款，或税收优惠增加的现金流量最终会损害上下游产业链关系，对投资者来说不是一种可持续发展的表现。

②资产负债表中应付职工薪酬期初期末余额数字为企业已计提尚未支付给职工的现金，现金流量表中的数字为企业本期支付给职工薪酬总额，单纯从资产负债表中看不出两者的钩稽关系，但是目前企业财务报表附注都要求应付职工薪酬科目详细披露本年发生额、本年计提额。资产负债表中应付职工薪酬本年发生额除了支付与企业经营活动有关人员的现金外，还包含本年支付给在建工程人员的工资。因此，现金流量表中支付给职工以及为职工支付的现金额应小于或等于应付职工薪酬中的本年发生额，即应付职工薪酬借方发生额。

练习题

1. 简述会计操纵的主要类型和手段。
2. 简述会计操纵的主要动因。
3. 简述识别会计操纵的主要分析方法。

第十章 撰写财务分析报告

【目的要求】

1. 了解财务报表分析报告的组成部分；
2. 掌握企业财务报表分析理论的综合应用。

阅读材料

隆平高科值不值？

隆平高科是种业的龙头产业，如果你是投资者，你会选择购买隆平高科的股票吗？如果你是银行的业务人员，你会选择给隆平高科贷款吗？如果你是隆平高科的供应商，你会选择继续采用之前的信用条件吗？如果你是隆平高科的竞争对手，你会选择采用什么样的方式与其竞争？……

不管你是谁，在决定是否与隆平高科交易或合作的时候，都不得不关注其财务状况和经营成果。那么如何进行全面分析诊断出具财务分析报告呢？

第一节 财务分析报告概述

一、财务分析报告的类型

财务分析报告，从不同的角度可以分出不同的种类。从分析的对象来说，有资金分析、费用成本分析、盈亏情况分析；从时间上说，有年度分析、季度分析和月度分析以及不定期的专题分析；从分析报告的内容和特点来说，有简要分析报告、专题分析报告和综合分析报告。下面仅就后者所分出来的种类加以简要介绍。

（一）简要财务分析报告

它是附在财务报表之后的简要文字分析报告。或是说明某些重要财务指标的完成情况，或是说明财务计划完成的主要原因，或是对某些重要问题进行扼要分析。目的是让上级有关领导了解财务活动的基本趋势、完成计划的进程以及经营管理的改进情况。这种分析报告一般是年度、季度、月编制财务报表时结合使用。

（二）专题分析报告

这类分析报告一般是对当前财务活动中的某一重大问题，或某些重要的经济措施，或财务工作中的薄弱环节和关键问题，单独进行专项分析，以便及时解决问题，改进工作。其特点是内容专一，一事一题，分析深透，反映及时。这类分析报告往往是不定期进行的。

（三）综合分析报告

这类分析报告也叫系统分析报告或全面分析报告。它是就某一企业在一定时期内的经济活动，根据各项财务指标，对资金、费用、盈亏情况进行全面、系统分析的报告。它是在综合分析的基础上，抓住工作中的关键性问题进行分析，以便考核企业的经营或工作情况，包括取得的成绩和存在的问题。一般是在年度、半年的财务活动分析时使用这种报告。

二、财务分析报告的基本形式

财务分析报告的基本形式常用的主要有三种：

（一）文字说明式

即根据分析的对象，按照所涉及的财务指标的顺序，逐一分析说明各项指标的变化情况及影响其变化的因素，最后提出解决问题的建议。这种形式可以比较详尽地反映每项财务指标的变化情况及影响其变化的因素，但是，有时各项指标的变化受同一因素的影响，因此写起来会出现文字重复的现象。

（二）表格加文字说明式

即按照各项财务指标的变化情况，设计一套分析表格，在表格之后再加文字说明。这种形式有数字、有文字，比较简单明了。

（三）图形加文字说明式

即将财务数据形成饼形图、柱状图、折线图等，简单明了地反映各部分占比、数值和增长幅度等，再加上文字的分析说明。

在财务分析实务中通常是三者的综合利用。

三、财务分析报告的构成

财务分析报告的种类、内容不同，其结构形式也不尽一样，但大体上都要包括标题、正文、落款等内容。

（一）标题

财务分析报告的标题，一般包括单位名称、时间、分析对象和文种（分析报告）四部分内容，如《武陵钢厂一至三季度财务三项指标完成情况分析报告》。有时，为了突出重点，也可用分析报告中提出的建议或意见作为标题，如《关于迅速加强现金管理的建议》《关于节支增收、扭亏增盈的意见》等。这种标题形式常见于专题分析报告。

（二）正文

财务分析报告的正文主要包括主送单位、导语（开头）、主体、结尾、附件等内容。

1. 主送单位。

在标题中有"报告"二字也好，无"报告"二字也好，除在报刊上发表的以外，都要有一个行文对象，或主送上级领导单位，或主送单位领导人。这项内容要写在标题下一行的顶格处。

2. 导语

或称开头，主要是概述分析对象的基本情况，包括该单位财务活动所取得的主要成绩、问题以及基本评价，有的还阐明进行财务分析的目的和要求。这部分内容既要用简练明确的语言进行概述，又要用数据和指标进行说明，为下文的分析打好基础。

3. 主体

这是分析报告的主要内容，一般包括对情况、成绩、问题的说明和对问题产生的原因的分析。所谓"情况"，是指各项财务指标的增减情况；所谓"成绩"，主要指计划、指标的完成情况，一般用百分数进行对比说明；所谓问题，主要指工作中、经营管理中出现的问题，包括财务活动中违反财务纪律、财务制度以及财务管理中的薄弱环节；所谓"原因"，是指问题产生的各种因素，包括主观的、客观的，都要进行分析。在分析过程中切忌罗列数字、就事论事。应该通过数字、事实，联系财务活动中的具体情况，进行综合归纳，就事论理，从错综复杂的诸多因素中，分析出最本质、最关键的原因。这样才能为提出解决问题的措施打下基础。

4. 结尾

主要是针对存在的问题提出改进的建议或意见。财务分析报告的目的不仅在于找出问题，关键在于解决问题，提高财务管理水平。所以，这部分内容也是至关重要的。值得注意的是，所提出的建议或意见要有针对性，要切实可行，要中肯实在，不可泛泛而谈，做官样文章。

5. 附件

附件是指附在结尾之后的会计报表或其他有关资料、表格。

6. 落款

落款是指报告制作的单位名称、写作日期和印章等标记。一般写在正文末尾的右下方。标题中如已标明单位，在落款处可以省略。

第二节 隆平高科财务分析报告

一、公司基本情况

隆平高科是中国种业的重要龙头企业，近年来，隆平高科实现稳步增长，本案例中对隆平高科进行全面分析，评价公司总体的经营情况，判断公司未来的发展前景，找出公司财务薄弱方面，提出意见。隆平高科基本情况如表10-1所示。

表10-1　隆平高科基本情况

股票简称	隆平高科	股票代码	000998
股票上市证券交易所	深圳证券交易所		
公司的中文名称	袁隆平农业高科技股份有限公司		
公司的中文简称	隆平高科		
公司的外文名称	Yuan Longping High-tech Agriculture Co., Ltd.		
公司的外文名称缩写	LPHT		
注册地址	长沙市芙蓉区远大二路马坡岭农业高科技园内		
注册地址的邮政编码	410000		
办公地址	湖南省长沙市车站北路459号证券大厦9楼		
办公地址的邮政编码	410001		
公司网址	http://www.lpht.com.cn		
电子信箱	lpht@lpht.com.cn		

（一）发展历程

隆平高科的发展可以分为四个阶段：

1. 1997—1999年筹备立业期

1997年、1998年湖南省农业科学院两次向湖南省人民政府递交申请报告，拟以园区内的几所科研单位——湖南省农业科学院、湖南农业大学、长沙农业现代研究所、东方农业开发有限公司为发起人筹建袁隆平农业高科技股份有限公司，1998年，得到了省政府的支持。1998年12月16日公司通过上市公司答辩。1999年12月，湖南省农业科学院向省政府递交《关于发起设立袁隆平农业高科技股份有限公司并公开发行股票的报告》，拟以袁隆平先生、湖南农业科学院、中国科学院长沙农业现代化研究所、湖南东方农业开发有限公司共同申请发起设立袁隆平农业高科技股份有限公司。6月30日，湖南省工商局受理公司董事会的登记申请并核发了营业执照，公司正式宣告成立。

2. 2000—2003年上市业务拓展期

随着2000年《种子法》的颁布，种子行业逐步有一种从分散到集中的趋势，一些大的研发单位凭借着自己强大的研发、生产力量逐步地发展、壮大起来。隆平高科也正是依托着这样的时代背景发展起来的。2000年5月5日，隆平高科在深交所成功发行了5500万股A股，共募集资金6.94亿元，投入"杂交优质粮油种子产业工程"等十一个农业高科技项目，后因市场环境变化，仅7个项目完成投入并产生收益。在快速发展的过程中，杂交水稻种子产业得到迅速发展，市场占有率成倍提高，相对比较下，蔬菜种子产业、瓜果种子产业等发展较缓慢，新的产业领域的进入也需要一个过程。在策略性投资上，主要以房地产与股权、股票投资为主。以创兴科技为平台，参与金健米业的定向增发，在A股市买卖股票，博取投资收益。这一时期的隆平高科其业务拓展，主要体现在先做大后做强，基本形成以种业为主导，房地产与股权、股票投资等策略性为辅的格局。

3. 2004—2006年多元化规模扩张期

2004年新大新入主隆平高科后，明确提出以"水稻为核心，种业为主导，不放弃策略性投资"的口号。而这一时期，种子行业从集中又到分散的趋势日益明显，农民种粮的积极性越来越低，而国家粮农补贴政策使得部分小企业借助地方优势进入补贴目录，客观上对种业"从集中到分散"的趋势起到了推波助澜的作用，市场环境发生变化。虽然其经营收入取得较大程度的增长，但种业业绩也大不如前。可隆平高科基于对种子行业长期发展的看好，并没有放弃种子行业而转投其他，却在这一时期加大了对种业的投入力度，同时全力推进杂交水稻产业国际化战略，组建湖南隆平超级杂交稻工程研究中心。在主业不振、房地产逐步火爆的情况下，以房地产起家的大股东新大新威迈主导公司加快房地产方面扩张，为公司带来可观收益。通过两年的扩张，其房地产业务一度占其主营业务收入的10%。

4. 2007年至今聚焦主业期

2007年后，随着行业周期性低谷的来临，种子产品供给过剩的矛盾空前突出，低端产品的库存量大，行业盈利能力普遍下滑，隆平高科种业业绩也出现下滑。2008年，公司净利润扣除非经常性损益后，亏损1393万元，每股收益则从2007年的0.31元下降到0.17元，不得不依靠房地产和投资收益等策略性损益来支撑业绩，完成股改承诺。在经历种业低谷的阵痛后，面对种业市场的变化，隆平高科一方面适时退出策略性投资业务，加大主导产业的资源配置，促进主导产业的快速发展，集中精力做好主业。另一方面，确定玉米种子产业为公司新的利润增长点，并开始全面布局玉米种子产业。通过与世界最先进种业集团的合作，公司玉米种子产业将具备独立且领先的研究能力，为玉米种子产业成为公司未来利润重点增长点奠定了坚实的基础。

（二）隆平高科产权结构

截至2013年12月31日，隆平高科拥有24家子公司。股权结构如图10-1所示。隆平高科的母公司为湖南新大新股份有限公司。新大新的控股股东为伍跃时。因此，隆平高科的实际控制人是伍跃时。

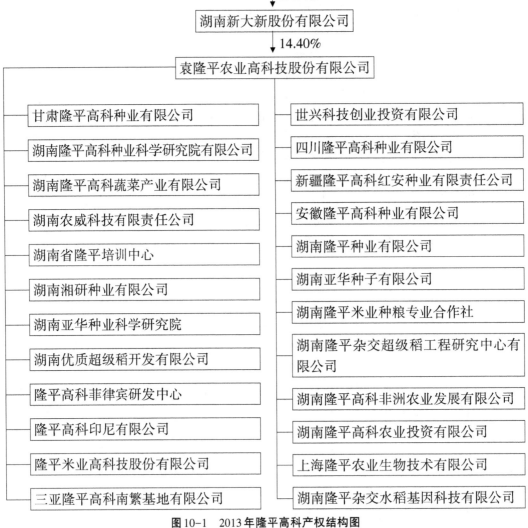

图10-1 2013年隆平高科产权结构图

二、外部环境分析

（一）外部宏观环境

1.法律环境分析

随着2000年《种子法》开始实施，为了保障《种子法》的贯彻落实，国家颁布了《农作物种子生产经营许可证管理办法》《农作物种子标签管理办法》、《农作物商业种子加工包装规定》《主要农作物品种审定办法》和《主要农作物范围规定》等一系列配套的办法和规定，发布了《关于推进种子管理体制改革加强市场监管的意见》。同时，国务院于2001年2月14日颁布了《农业转基因生物安全管理条例》，以应对转基因生物安全的管理要求。2012年3月《农业植物品种命名规定》以农业部令的形式发布，《农业植物品种命名规定》旨在规范农业植物品种命名，加强品种名称管理，保护育种者和种子生产者、经营者、使用者的合法权益。农业行业和种子行业法律体系的完善为隆平高科的发展提供了良好的法律环境。

2. 产业政策分析

2012年12月26日国务院印发了《现代农作物种业发展规划（2012—2020年）》，这是新中国成立以来首次对现代种业发展进行了全面规划，是落实《国务院关于加快推进现代农作物种业发展的意见》的具体措施。

（1）分作物提出种业科研目标和重点。

（2）分区域科学布局主要农作物种子生产基地。

（3）全面统筹各类种业发展项目。

3. 税收政策分析

为了鼓励我国农业的发展实行税收优惠，主要有：

（1）营业税优惠。农村、农场将土地承包（出租）给个人或公司用于农业生产，收取的固定承包金（租金），免征营业税（国税函〔1998〕82号）；将土地使用权转让给农业生产者用于农业生产取得的收入，免征营业税（财税〔1994〕2号）等。

（2）企业所得税优惠。企业从事农、林、牧、渔业项目的所得，可以免征、减征企业所得税（《中华人民共和国企业所得税法》及实施细则）。

（3）土地使用税优惠政策。直接用于从事种植、养殖、饲养的专业用地，免征土地使用税（《中华人民共和国土地使用税暂行条例》）。

（4）房产税优惠政策。对农林牧渔业用地和农民居住用房屋及土地，不征收房产税、土地使用税（国税发〔1999〕44号）。

较低的税负，降低了隆平高科运营成本，为隆平高科的毛利率、利润率提供了保障。

（二）中观环境分析

1. 种子行业发展历程

（1）计划体制阶段（1949—1977年）

1949—1957年种子行业处于非商品化阶段，即"家家种田，农户留种"阶段。而后，1958—1977年部分商品化阶段，即"四自一辅"阶段，即"自繁、自选、自留、自用，辅之以必要调剂"。1958年全国种子工作会议，根据当时农业生产形势，提出了种子工作方针，即"主要依靠农业社自繁、自选、自留、自用，辅之以必要调剂"。

（2）经营双轨制阶段（1978—1995年）

1978年5月国务院批转了农林部《关于加强种子工作的报告》，提出选育和推广良种，是农业增产的重要措施，是一项带根本性的基本建设。要求抓紧把种子公司和种子基地建立起来，把国营良种场分期分批整顿好，迅速健全良种繁育推广体系。继续实行行政、技术、经营三位一体，并以"四化一供"为种子工作方针，即"品种布局区域化、种子生产专业化、加工机械化、质量标准化，以县为单位组织统一供种"。"四化一供"的工作方针极大地推动了我国种子事业的发展，种子生产的技术水平得以提高，为粮棉油等项增产做出了贡献。

（3）种子产业化阶段（1995—2000年）

1995年9月国务院在天津召开全国种子工作会议，提出创建"种子工程"。"种子工程"推动了中国种子产业化进程，提高了种子的质量和良种普及率，并且加速了种子品种的更新换代。这一时期，种子产业管理法制化也取得了很大进展。

（4）种子市场化阶段（2000年—）

2000年12月1日国家颁布施行了《中华人民共和国种子法》（以下简称《种子法》）。《种子法》实施五年多来，我国农作物种子产业发生了重大变化，种子市场主体呈现多元化，农作物品种更新速度加快，有力地推动了农业发展和农民增收。2006年国务院办公厅印发了《关于推进种子管理体制改革加强市场监管的意见》，要求推进种子管理体制改革，完善种子管理体系，强化种子市场监管。

2. 种子产业内主要的企业情况分析

为了方便获取数据选择隆平高科、敦煌种业、丰乐种业、登海种业、荃银高科、万向德农、禾嘉股份进行对比研究，从表中可以看出：

（1）种业的上市公司整体规模都不大，产业整合是种子行业的必然趋势。

（2）由于种子行业竞争的加剧，有些公司的营业收入呈现负增长，行业很可能面临洗牌。

（3）隆平高科在种子行业的上市公司中，呈现稳步上升的趋势。

表10-2　种子行业部分上市公司营业收入表　　　　单位：元

公司	2009年	2010年	2011年	2012年	2013年
隆平高科	105,475.00	128,040.00	155,227.00	170,531.00	188,472.00
敦煌种业	151,270.00	158,936.00	181,678.00	197,444.00	187,481.00
丰乐种业	104,633.00	150,445.00	161,975.00	184,320.00	169,393.00
登海种业	57,911.70	93,780.40	115,299.00	117,081.00	150,538.00
荃银高科	16,362.40	18,024.90	27,908.90	40,674.80	46,606.70
万向德农	66,533.40	58,721.60	56,214.70	66,061.90	41,301.50
禾嘉股份	30,653.70	35,306.80	33,975.70	42,726.00	38,849.30
合计	532,839.20	643,254.70	732,278.30	818,838.70	822,641.50

三、报表结构分析

（一）资产负债表结构分析

1. 资产结构分析

表10-3为2013年隆平高科的资产金额、各项目占比和增长率。

表 10-3　隆平高科资产结构

项目	2013年12月31日金额（元）	各项目与总资产比（%）	金额增长率（%）	占比增长率（%）
流动资产：				
货币资金	578,620,981.11	15.1	33.38	25
交易性金融资产	11,053,887.58	0.29	−8.1	−12.12
应收票据		0	−100	−100
应收账款	165,275,726.61	4.31	13.97	6.68
预付款项	95,783,908.02	2.5	−4.52	−10.39
应收股利		0	−100	−100
其他应收款	150,969,191.08	3.94	98.15	85.85
存货	1,343,419,700.28	35.05	−3.79	−9.85
其他流动资产	35,298,155.61	0.92	−76.54	−78.04
流动资产合计	2,380,421,550.29	62.11	2.57	−3.87
非流动资产：				
长期股权投资	294,714,722.00	7.69	79.37	68.27
固定资产	617,745,645.31	16.12	9.4	2.54
在建工程	106,484,531.27	2.78	−21.29	−26.26
工程物资	95,600.00	0	2.38	−
无形资产	244,695,738.19	6.38	−9.2	−14.93
开发支出	103,861,465.42	2.71	47.88	38.27
商誉	7,584,956.67	0.2	0	−4.76
长期待摊费用	44,795,363.57	1.17	64.93	53.95
递延所得税资产		0	−100	−100
其他非流动资产	32,380,231.00	0.84	14.94	7.69
非流动资产合计	1,452,358,253.43	37.89	14.27	7.06
资产总计	3,832,779,803.72	100	6.71	0

从表 10-3 可以看出，在其资产结构中流动资产、长期股权投资、固定资产、无形资产占比较高。因此重点分析这些项目。

（1）流动资产

流动资产率= 流动资产÷资产总额

表10-4　隆平高科2012年、2013年流动资产与流动资产

年份	流动资产(元)	流动资产率
2012年	2,320,710,166.77	64.61%
2013年	2,380,421,550.29	62.11%
增长率	2.57%	-3.87%

流动资产和流动资产率如表10-4所示，流动资产占资产总额的比例越高，企业的日常生产经营活动越重要。而隆平高科的该指标2012年和2013年均超过了60%，说明了企业的经营活动较重要，但是2013年有所降低，说明隆平高科为经营持有的流动资产比重下降，一方面说明企业的流动资产管理效率提高，另一方面也说明企业的风险加大。

（2）长期股权投资

表10-5　长期股权投资期末数额与占总资产的比重

年份	长期股权投资期末数额(元)	长期股权投资占比
2012年	164,306,066.88	4.57%
2013年	294,714,722.00	7.69%
增长率	79.37%	68.27%

从表10-5来看，长期股权投资无论是期末数还是占比都增加了，而且增加的幅度较大，因采用的是合并财务报表的数据，可以看出的是整个集团对合营企业、联营企业的投资加大。长期股权投资的占比较高，说明企业不断通过并购的进行整合行业中的企业，且长期股权投资呈现上涨的趋势，也说明并购整合力度在加大。

（3）固定资产

表10-6　固定资产期末数额与占总资产的比重

年份	固定资产期末数(元)	固定资产占比
2012年	564,661,541.25	15.72%
2013年	617,745,645.31	16.12%
增长率	9.40%	2.54%

从表10-6中，我们可以看出固定资产无论是期末数还是占比，都增加了，固定资产的增加是由于达到可使用状态的在建工程转为固定资产导致的。说明隆平高科还在不断扩展其生产经营能力，未来可以实现更大规模的产能。

（4）无形资产

表10-7　无形资产期末数额与占总资产的比重

年份	无形资产期末数（元）	无形资产占比
2012年	269,478,070.45	7.50%
2013年	244,695,738.19	6.38%
增长率	−9.20%	−14.93%

从表10-7中可以看出，隆平高科的无形资产虽然保持较高的占比，但是其金额和占比都呈现降低的趋势。进一步对隆平高科无形资产明细进行分析，如表10-8，从中我们可以看出隆平高科无形资产的减少主要是土地使用权、商标权、袁隆平冠名权的摊销引起的，经营特许权和品种使用权却增多，说明隆平高科的研发投入进一步形成了无形资产，能够给企业带来经济利益。

表10-8　无形资产明细及其分析

项目	2013年账面价值（元）	占比	余额增长率	占比增长率
土地使用权	130,110,696.91	53.17%	−30.42%	−23.38%
商标权	19,708,923.27	8.05%	−2.87%	6.91%
袁隆平冠名权	2,417,476.95	0.99%	−6.59%	3.13%
经营特许权和品种使用权	85,810,488.68	35.07%	61.78%	78.20%
软件	6,648,152.38	2.72%	1.32%	11.93%
合计	244,695,738.19	100.00%	−9.20%	0.00%

2. 负债结构分析

表10-9是2013年12月31日隆平高科负债的净额、各项目占比及增长率。

表10-9　负债结构分析

项目	2013年12月31日金额（元）	各项目与总负债比（%）	金额增长率（%）	占比增长率（%）
流动负债：				
短期借款	480,755,040.00	22.95	47.25	37.1
应付账款	336,322,701.50	16.06	−12.97	−18.93
预收款项	268,855,773.56	12.83	−22.78	−28.12
应付职工薪酬	82,775,313.82	3.95	−18.88	−24.47
应交税费	4,674,381.72	0.22	−69.54	−72.15
应付利息	26,055,765.97	1.24	0.89	−6.06

续表10-9

项目	2013年12月31日金额（元）	各项目与总负债比(%)	金额增长率(%)	占比增长率(%)
应付股利	66,701,457.23	3.18	4104.1	3875
其他应付款	161,528,622.54	7.71	3.63	−3.5
一年内到期的非流动负债	14,000,000.00	0.67	—	—
其他流动负债	3,807,000.00	0.18	—	—
流动负债合计	1,558,376,056.34	74.39	10.37	2.78
非流动负债：				
长期借款	66,000,000.00	3.15	1.54	−5.41
应付债券	445,279,287.20	21.26	0.3	−6.59
其他非流动负债	25,145,589.84	1.2	−15.7	−21.57
非流动负债合计	536,424,877.04	25.61	−0.44	−7.28
负债合计	2,094,800,933.38	100	7.38	0

负债结构评价指标自有资金负债率和负债经营率的计算结果如表10-10所示。

表10-10　自有资金负债率和负债经营率

指标	2012年	2013年	增长率
自有资金负债率	118.88%	120.53%	1.39%
负债经营率	32.84%	30.86%	−6.00%

（1）自有资金负债率=负债总额（流动负债+长期负债）÷资本总金额（所有者权益）

这个指标反映了负债总额（流动负债＋长期负债）与所有者权益之间的比例关系，亦称企业的投资安全系数，用来衡量投资者对负债偿还的保障程度。由上表可以看出，隆平高科的自有资金负债率是呈上升趋势的，且两年均在100%以上。而自有资金负债率的最佳值为100%，即负债=所有者权益。由此可见，企业的自有资金负债率偏高。

（2）负债经营率=长期负债总额÷所有者权益总额

这个指标反映长期负债与所有者权益之间的比例关系，一般用来衡量企业的独立性和稳定性。企业在发展的过程中，通过长期负债，如银行贷款、发行债券、借款等，来筹集固定资产和长期投资所需的资金，是一条较好的途径。但是，如果长期负债过大，利息支出很高，一旦企业陷入经营困境，如货款收不回、流动资金不足等情况，长期负债就会变成企业的包袱。由上表可以看出，隆平高科负债经营率2012年、2013分别为32.84%、30.86%，降低6.00%。从理论上讲，负债经营率一般在1/4～1/3之间较为合适。而隆平高科两年的该指标均远低于该区间，表明企业独立性强，资金来源较稳定。

3. 变动较大项目的原因。

（1）货币资金

主要是公司为满足生产与销售的需要，取得更多的银行贷款所致。

（2）应收票据

主要是上期收到的票据已到期承兑，本期未收到相关票据所致。

（3）应收股利

收回上年应收股利。

（4）其他应收款

主要是公司处置隆博投资公司股权，部分转让款尚未收到所致。

（5）其他流动资产

主要是公司本年度收回上年度提供给长沙经济技术开发区星沙产业基地开发有限公司委托贷款1.2亿元所致。

（6）长期股权投资

①公司本年处置部分子公司股权，使其由成本法变更为权益法核算；

②公司本年新增对外投资。

（7）开发支出

主要是湖南隆平公司、安徽隆平公司、亚华种子公司、湖南亚华种业科学研究院加大研发力度所致。

（8）长期待摊费用

主要是母公司所属的基地农田、水利工程建设增加及安徽隆平公司预付土地房屋租金所致。

（9）递延所得税资产

主要是世兴科技公司历年亏损，将其因可弥补亏损计提的递延所得税资产冲回。

（10）短期借款

公司为满足生产销售的资金需求，增加银行借款所致。

（11）应付票据

公司本年更多地采用票据结算。

（12）应交税费

主要是本年公司的控股子公司缴纳上年未缴税费所致。

（13）应付股利

主要是子公司湖南隆平公司分红款尚未支付所致。

（二）利润表结构分析

表10-11为2013年利润表中各项目金额、占比及其增长率。

表10-11 利润表结构

项目	2013年(元)	占营业总收入比(%)	金额增长率(%)
一、营业总收入	1,884,716,266.51	100	10.52
二、营业总成本	1,694,105,090.32	89.89	6.18
其中:营业成本	1,243,636,164.25	65.99	8.83
营业税金及附加	588,253.86	0.03	−47.28
销售费用	140,288,246.39	7.44	4.64
管理费用	161,584,590.43	8.57	−15.39
财务费用	89,895,190.45	4.77	11.05
资产减值损失	58,112,644.94	3.08	27.37
加:公允价值变动收益(损失以"−"号)	−156,815.16	−0.01	−62.58
投资收益(损失以"−"号)	80,278,645.65	4.26	−31.26
三、营业利润(亏损以"−"号)	270,733,006.68	14.36	19.66
加:营业外收入	62,285,222.71	3.3	−21.75
减:营业外支出	23,214,318.66	1.23	25.66
四、利润总额(亏损总额以"−"号)	309,803,910.73	16.44	7.81
减:所得税费用	6,494,592.26	0.34	25.33
五、净利润(净亏损以"−"号)	303,309,318.47	16.09	7.48
归属于母公司所有者的净利润	186,276,827.67	9.88	8.9
少数股东损益	117,032,490.80	6.21	5.31

1. 营业收入与营业成本分析

隆平高科2013年营业收入、营业成本都增长了，且营业收入的增长幅度大于营业成本的增长幅度，说明企业的原材料、人工市场的成本在下降，在成本管理方面取得了一定成果，毛利率增大。

此外，从产品的结构上来看，可以看出隆平高科的杂交水稻种子、玉米种子的营业收入和毛利率都很高，说明隆平高科在这两个商品上具有竞争优势，蔬菜瓜果种子的毛利率很高，但是目前来说在企业的营业收入中占比较少，应该进一步发展，小麦种子、辣椒及辣椒制品、农化产品、棉花、油菜种子及其他则应该在发展的同时考虑成本的降低，提高毛利率。

表 10-12　隆平高科产品结构表

产品名称	2013年营业收入(元)	2013年营业成本(元)	2013年毛利率	2012年毛利率
杂交水稻种子	870,636,409.56	486,761,809.46	0.44	0.4
蔬菜瓜果种子	26,913,108.60	17,627,774.38	0.35	0.36
玉米种子	377,759,100.62	193,286,390.45	0.49	0.41
小麦种子	89,016,288.76	83,960,021.70	0.06	0.07
辣椒及辣椒制品	372,029,046.60	339,164,450.54	0.09	0.15
农化产品	101,783,481.50	95,965,882.45	0.06	0.06
棉花、油菜种子及其他	26,636,294.77	21,830,780.60	0.18	-0.09
合计	1,864,773,730.41	1,238,597,109.58	0.34	0.33

　　而从地域分布来看，隆平高科的主要业务分布在华中地区和华东地区，西北地区和华北地区则是增长较快的地区，国际市场所占比率较小，却存在下降的趋势。隆平高科应该在维持优势地区的营业收入占比的基础上，不断扩大西北地区和华北地区的市场占有率，实现西北地区与华北地区的增长。西北地区和华北地区将成为其营业收入增长的重要来源。

表 10-13　隆平高科营业收入地域分布

地区	营业收入(元)	占比	金额增长率	占比增长率
华中地区	968,731,632.76	51.95%	13.28%	2.88%
华东地区	368,905,217.10	19.78%	8.78%	-1.21%
西南地区	80,880,766.61	4.34%	4.98%	-4.67%
西北地区	268,539,780.64	14.40%	30.95%	18.92%
华北地区	8,883,919.20	0.48%	75.84%	59.69%
国外	168,832,414.10	9.05%	-20.38%	-27.69%
合计	1,864,773,730.41	100.00%	10.12%	0.00%

2. 费用分析

表 10-14　隆平高科费用结构

项目	2012年		2013年		金额增长率
	金额(元)	占比	金额(元)	占比	
营业税金及附加	1,115,810.98	0.07%	588,253.86	0.03%	-47.28%
销售费用	134,067,824.96	7.86%	140,288,246.39	7.44%	4.64%

续表10-14

项目	2012年		2013年		金额增长率
	金额（元）	占比	金额（元）	占比	
管理费用	190,975,399.22	0.11%	161,584,590.43	8.57%	−15.39%
财务费用	80,948,999.66	4.75%	89,895,190.45	4.77%	11.05%
所得税费用	5,182,142.08	0.30%	6,494,592.26	0.34%	25.33%

　　从表10-14可以看出的是销售费用、财务费用占比变动较小，说明这种变动是由于销售的变动引起的，属于正常变动。企业的所得税费用占比主要由于根据《企业所得税法》第二十七条规定，从事农、林、牧、渔业项目的所得可以免征企业所得税，本公司及符合条件的控股子公司享受该免税政策。2012年12月，本公司通过湖南省2012年度高新技术企业复审。2012按15%税率计缴企业所得税。而营业税金及附加和管理费用则大规模下降。

　　（1）营业税金及附加

　　根据财政部、国家税务总局《关于若干农业生产资料征免增值税政策的通知》（财税〔2001〕113号）及国家税务总局《关于制种行业增值税有关问题的公告》（国家税务总局公告2010年第17号）的规定，本公司及控股子公司批发和零售的种子、种苗、农药等产品免征增值税。隆平高科的营业税金及附加占比较低，说明隆平高科充分利用了国家的税收政策。

表10-15　营业税金及附加明细与增长率

项目	2012年（元）	2013年（元）	增长率
消费税			
营业税	29,635.32	270,369.36	812%
城市维护建设税	562,640.29	89,136.82	−84%
教育费附加	507,479.54	198,613.80	−61%
地方水利建设基金	16,055.83	——	−100%
其他	——	30,133.88	——
合计	1,115,810.98	588,253.86	−47%

　　从表10-15中，我们可以看出隆平高科营业税金及附加下降的主要原因是城市维护建设税、教育费附加的下降，城市维护建设税、教育费附加由增值税、消费税、营业税计算得出，隆平高科的营业税金及附加的减少主要系新疆子公司本年应交增值税减少所致。

　　（2）管理费用

　　隆平高科管理费用明细如表10-16所示，企业的管理费用中占比较大的是职工薪酬、折旧、摊销，而办公费、会议费、董事会会费、业务招待费、差旅费等占比较低，却呈降低的趋势，说明隆平高科管理费用的结构合理，且管理效率在不断提高。

表10-16　管理费用明细与增长率

项目	2013年(元)	占比	金额增长率
职工薪酬	56,568,191.97	35.01%	-4.69%
折旧、摊销	26,074,161.69	16.14%	9.67%
科研项目费用	15,779,632.28	9.77%	-35.17%
办公费、会议费、董事会会费	11,159,765.24	6.91%	-20.16%
业务招待费、差旅费	12,823,743.58	7.94%	-5.19%
冠名权使用费	12,341,178.75	7.64%	13.34%
交通费、车辆使用费	6,125,751.24	3.79%	-20.07%
租赁费	1,071,957.12	0.66%	-28.21%
劳保费	2,659,120.38	1.65%	-28.70%
税　金	3,205,348.10	1.98%	25.41%
中介机构费	3,154,713.52	1.95%	63.70%
通讯费、水电费、培训费	3,267,635.88	2.02%	-14.53%
存货损失	1,974,828.54	1.22%	-85.62%
国际开拓费	82,269.68	0.05%	-84.97%
其　他	5,296,292.46	3.28%	-45.06%
合计	161,584,590.43	100.00%	-15.39%

3.利润分析

营业利润是企业通过正常的营业活动创造的利润，非营业利润是企业营业活动以外形成的利润。营业利润的多少，代表了企业的总体经营管理水平和效果，从预期利润的持久性、稳定性角度来看，营业利润的质量通常高于非营业利润的质量。

从表10-17可以看出，2012年、2013年营业利润都占据利润总额的主导地位。营业利润比例很高，说明企业利润质量高，且增长率为正，说明2013年利润质量进一步提高。

表10-17　利润结构

项目	2012年		2013年		增长率
	金额(元)	占比	金额(元)	占比	
营业利润	226,245,182.05	0.79	270,733,006.68	0.87	0.20
营业外净利润	61,126,789.59	0.21	39,070,904.05	0.13	-0.36
利润总额	287,371,971.64	1.00	309,803,910.73	1.00	0.08

4. 变动较大项目的原因

（1）营业税金及附加：主要是新疆子公司本年应交增值税减少所致。

（2）公允价值变动损益：主要是本期世兴科技公司公允价值变动所致。

（3）投资收益：主要是本年转让子公司股权取得的投资收益较上年下降所致。

（三）现金流量表

从表10-18中可以看出，经营活动现金流入占现金总流入的68.37%，经营活动现金流出占现金总流出的61.79%，经营活动的现金流入流出的占比都是最大的，且较为稳定，说明企业现金流量的质量较高，经营活动的现金流入流出变动不大，说明企业的营业活动较为稳定。

表10-18　现金流入流出结构

项目	2013年		金额增长率
	金额（元）	占比	
经营活动现金流入小计	1,906,551,870.43	68.37%	−0.12%
投资活动现金流入小计	242,767,445.81	8.71%	12.37%
筹资活动现金流入小计	639,139,340.00	22.92%	−61.50%
合计	2,788,458,656.24	100.00%	−26.33%
经营活动现金流出小计	1,659,631,122.79	61.79%	−2.35%
投资活动现金流出小计	365,814,677.54	13.62%	−26.01%
筹资活动现金流出小计	660,297,156.13	24.59%	−60.07%
合计	2,685,742,956.46	100.00%	−30.19%

1. 经营活动的现金流量分析

从表10-19中可以看出，隆平高科经营活动产生的现金流量为正，企业能够进行正常的经营活动并产生现金流量。销售商品、提供劳务收到的现金，支付给职工以及为职工支付的现金，支付其他与经营活动有关的现金的增加是因为企业销售规模的增加导致的。收到其他与经营活动有关的现金下降−36.63%，发生异常变动。收到其他与经营活动有关的现金的减少是导致经营活动现金流入减少的主要原因。表10-20显示，收到其他与经营活动有关的现金的减少主要是由于政府相关补贴减少导致的。政府补贴为非经常性现金流入，其减少属正常现象，不影响对企业经营活动现金流量的评价。

表10-19　经营活动现金流量

项目	2012年（元）	2013年（元）	增长率
销售商品、提供劳务收到的现金	1,778,753,323.50	1,820,128,708.62	2.33%
收到的税费返还	6,110,253.25	7,815,786.40	27.91%

项目	2012年(元)	2013年(元)	增长率
收到其他与经营活动有关的现金	124,045,884.29	78,607,375.41	-36.63%
经营活动现金流入小计	1,908,909,461.04	1,906,551,870.43	-0.12%
购买商品、接受劳务支付的现金	1,320,806,742.95	1,228,188,179.14	-7.01%
支付给职工以及为职工支付的现金	138,563,896.34	173,451,427.93	25.18%
支付的各项税费	29,288,672.13	26,592,274.74	-9.21%
支付其他与经营活动有关的现金	210,913,251.86	231,399,240.98	9.71%
经营活动现金流出小计	1,699,572,563.28	1,659,631,122.79	-2.35%
经营活动产生的现金流量净额	209,336,897.76	246,920,747.64	17.95%

表 10-20 收到其他与经营活动有关的现金明细

项目	2012年(元)	2013年(元)	增长率
利息收入	7,827,965.81	6,327,737.59	-19.16%
赔款收入	—	1,500,900.00	—
政府补贴收入	72,707,187.59	46,238,997.02	-36.40%
收到商务部培训及援外项目款	38,510,746.89	24,539,740.80	-36.28%
收利马格兰玉米项目补偿款	4,999,984.00	—	-100.00%
合计	124,045,884.29	78,607,375.41	-36.63%

2. 投资活动的现金流量分析

从表10-21可以看出，2012年、2013年隆平高科投资活动产生的现金流量净额都为负数，且呈现减少的趋势。

从短期来看，2013年比2012年亏损少。从资产负债表可以看出，投资活动产生的现金流量净额为负主要是公司购建固定资产、无形资产、长期股权投资和其他长期资产支付了现金，表明企业在扩大投资，导致现金流出大于现金流入。

从长期来看，投资是为了扩大再生产，随着农业产业的进一步持续发展，以及国家政策的实施，宏观因素的改变，种子行业将会更好地发展，目前对长期项目的投资，在未来将实现收益，这些投资是企业扩大生产、继续发展的基础。总的来说，隆平高科的投资活动现金流量结构较为合理。

表 10-21　投资活动现金流量

项目	2012年(元)	2013年(元)	增长率
投资活动现金流入	216,043,750.68	242,767,445.81	12.37%
投资活动现金流出	494,410,704.79	365,814,677.54	−26.01%
投资活动产生的现金流量净额	−278,366,954.11	−123,047,231.73	−55.80%

3. 筹资活动的现金流量分析

从表 10-22 可以看出，2012年隆平高科筹资活动现金流量净额为正，2013年隆平高科筹资活动现金流量则为负，减少了−422.91%。通过对隆平高科的资产负债表进行分析，可以得出，2012年，隆平高科通过发行债券进行了筹资，筹资规模较大，因此筹资活动的现金流量为正。2013年，隆平高科主要通过银行贷款来筹资，筹资规模较小，而由于2012年的债券发行导致了2013年支付的利息费用增加，筹资活动所产生的现金流出增加。筹资活动的现金流入减少，流出增加，导致筹资活动产生的现金流量净额为负，且相比2012年大规模降低。

表 10-22　筹资活动现金流量

项目	2012年(元)	2013年(元)	增长率
吸收投资收到的现金	50,264,000.00	8,384,300.00	−83.32%
取得借款收到的现金	1,156,900,000.00	630,755,040.00	−45.48%
发行债券收到的现金	442,981,000.00	—	−100.00%
收到其他与筹资活动有关的现金	9,897,775.00	—	−100.00%
筹资活动现金流入小计	1,660,042,775.00	639,139,340.00	−61.50%
偿还债务支付的现金	1,506,600,000.00	461,500,000.00	−69.37%
分配股利、利润或偿付利息支付的现金	136,439,485.74	198,797,156.13	45.70%
支付其他与筹资活动有关的现金	10,451,000.00	—	−100.00%
筹资活动现金流出小计	1,653,490,485.74	660,297,156.13	−60.07%
筹资活动产生的现金流量净额	6,552,289.26	−21,157,816.13	−422.91%

4. 综合分析

从表 10-23 可以看出2012年企业的经营活动和筹资活动产生的现金流量净额为正，投资活动产生的现金流量净额为负，说明企业的投资规模在不断扩大，企业的经营活动和筹资活动产生的现金流量用于支撑企业投资的扩大。2013年企业的经营活动产生的现金流量净额为正，投资活动和筹资活动产生的现金流量为负，说明企业的投资规模扩大，经营活动产生的现金流量足以支撑企业投资的增加，还能支撑筹资活动。从总体上看，隆平高科2012年、2013年的现金流量结构较为合理。

表10-23 筹资活动现金流量

项目	2012年（元）		2013年（元）	
经营活动产生的现金流量净额	209,336,897.76	+	246,920,747.64	+
投资活动产生的现金流量净额	−278,366,954.11	−	−123,047,231.73	−
筹资活动产生的现金流量净额	6,552,289.26	+	−21,157,816.13	−

四、财务指标分析

（一）偿债能力分析

1.短期偿债能力分析

流动比率=流动资产÷流动负债

速动比率=速动资产÷流动负债

隆平高科流动比率和速动比率的计算结果如表10-24所示。

表10-24 流动比率和速动比率

比率	项目	2011年	2012年	2013年
流动比率	隆平高科	1.35	1.64	1.53
	农业行业	3.37	2.10	2.86
速动比率	隆平高科	0.67	0.65	0.67
	农业行业	2.61	1.44	1.76

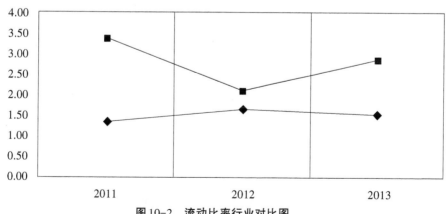

图10-2 流动比率行业对比图

流动比率分析：隆平高科2011—2013年流动比率分别为1.35、1.64、1.53，均大于1，说明流动比率状态良好，企业偿债能力较为稳定，除了满足日常生产经营的流动资金需要外，还有足够的财力偿付到期短期债务。从图10-2的行业对比来看，隆平高科的流动比率低于行业平均水平，且差距略大，财务风险相比来说较大，需要加强管理。

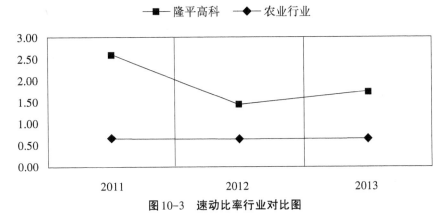

图10-3 速动比率行业对比图

速动比率分析：企业该指标与流动比率指标大致相似，说明企业的短期偿债能力的强弱。隆平高科该指标未达到标准水平，该指标进一步说明隆平高科在短期偿债能力方面面临一定风险。

2. 长期偿债能力分析

表10-25 资产负债率

	项目	2011	2012	2013
资产负债率	隆平高科	53.47%	54.31%	54.65%
	农业行业	44.95%	45.85%	46.22%

资产负债率分析：资产负债率是衡量企业负债水平及风险程度的重要标志。一般认为企业的负债比率应保持在50%左右，最高不应超过65%，70%以上会出现财务困境。隆平高科从2011年到2013年资产和负债都在不断增加，负债增加速度大于资产增加速度，资产负债率呈现上升趋势，且高于行业平均水平，说明隆平高科在长期偿债能力方面也不够强。隆平高科需要优化资本结构，通过股权融资来实现投资的进一步增长。

表10-26 已获利息保障倍数

	2011年	2012年	2013年
已获利息保障倍数	5.49	3.49	3.37

已获利息倍数分析：一般来说，该指标越高，说明企业支付利息费用的能力越强，企业对到期债务偿还的保障程度也就越高。2011—2013年，企业已获利息倍数呈下降的趋势，表明因为近三年通过发行债券和银行借款来实现增长导致企业支付利息费用的能力弱了，该指标大于1，证明企业净利润还能支付利息，但近三年该指标的值都不高，企业的长期偿债能力不强。

（二）营运能力分析

应收账款周转率=营业收入÷平均应收账款净额

存货周转率=营业成本÷平均存货

总资产周转率=营业收入÷平均总资产

表10-27　运营能力指标

指标	2012年	2013年
应收账款周转率	11.39	12.15
存货周转率	0.95	0.91
总资产周转率	0.52	0.51

应收账款周转率分析：应收账款周转率是反映应收账款变现快慢及管理效率高低的指标。2013年，应收账款周转率增加，证明应收账款的管理效率提高。

存货周转率分析：存货周转率是衡量和评价企业从购入存货、投入生产到销售收回等各环节管理状况的综合性指标。2013年，存货周转率有所下降，主要是因为整个行业存在恶性竞争，产能过剩，存货的周转率下降。

总资产周转率：固定资产周转率越高，表明企业固定资产周转速度越快，利用效率越高，即固定资产投资得当，结构分布合理，营运能力较强。2013年，隆平高科总资产周转率下降，企业应该提高资产利用效率。

（三）盈利能力分析

销售净利率=净利润÷销售收入

权益净利率=净利润÷平均股东权益

成本费用利润率=净利润÷成本费用额

表10-28　盈利能力指标

指标	2011年	2012年	2013年
销售净利率	14.66%	16.55%	16.09%
权益净利率	—	15.04%	16.70%
成本费用利润率	16.61%	17.69%	17.90%

销售净利率、权益净利率、成本费用利润率三个指标都是越大越好，随着隆平高科近年来的业务结构调整，毛利率高的产品销量的不断增加，销售净利率、权益净利率、成本费用利润率都呈现上涨的趋势，说明隆平高科的盈利能力越来越强。2013年农业行业整体的净资产收益率呈现负值（−1.208%），隆平高科则实现了盈利而且盈利能力还有所提高，说明隆平高科在行业整合和行业竞争中取得了优势。

（四）发展能力分析

表10-29 发展能力指标

指标	2012年	2013年
营业收入增长率	9.86%	10.52%
净利润增长率	23.97%	7.48%
总资产增长率	20.58%	6.71%
净资产增长率	18.40%	5.92%

　　2013年隆平高科的营业收入增长率为10.52%，在行业整体盈利不乐观的情况下保持了增长，取得了不错的绩效。净利润增长率、总资产增长率和净资产增长率的下降是由于2013年的投资收益和营业外收入减少所致，2012年转让银隆农业公司股权取得投资收益9,726.23万元，新疆隆平公司收企业发展专项奖金3,573万元，这些都是不可持续的，所以在以上指标中，营业收入的增长率能更好地说明企业发展能力，隆平高科的发展能力增强。

（五）获现能力分析

营业收入现金比率=经营现金净流入÷营业收入

全部资产现金回收率=经营现金净流量÷全部资产

盈余现金保障倍数=经营现金净流量÷净利润

表10-30 获现能力指标

	2012年	2013年
营业收入现金比率	0.12	0.13
全部资产现金回收率	0.06	0.06
盈余现金保障倍数	0.74	0.81

　　隆平高科2013年的营业收入现金比率相比2012年有所提高，每1元钱的销售收入获得的现金流量增加，获现能力有所提升。全部资产现金回收率保持不变，按照这一比率隆平高科大约需要16年收回所有投入的资产。盈余现金保障倍数有所提高。总的来说，隆平高科的获现能力呈现出不断增强的趋势。

（六）上市公司相关指标分析

市盈率=每股市价/每股收益

市净率=每股市价/每股净资产

市销率=每股市价/每股销售收入

表10-31 上市公司相关的指标

	隆平高科	农业行业平均
市盈率	93.47%	52.33%
市净率	7.18%	3.02%
市销率	6.02%	1.21%

从2013年的数据来看，隆平高科的市盈率、市净率、市销率都远远高于行业的平均水平，表明资本市场看好隆平高科的前景，对其估值较高。

五、总结

隆平高科所处的种子行业将迎来产业的整合，对隆平高科来说既是机遇也是挑战。从财务数据来说，隆平高科在近三年内实现了稳步增长，资产负债结构、利润结构、现金流量结构都较为合理，在财务指标反映的能力中，企业的盈利能力、运营能力、发展能力和获现能力都较为稳定，有的还有所提升，只有偿债能力因借款的增加和债券的发行有所下降，因此对公司的建议是：抓住产业整合发展的机会，合理安排筹资手段，降低财务风险，稳步实现企业的发展，成为产业整合者。

课后阅读

财务报告查找方法

财务报告的查找方法大致可以归纳为三类：

（一）上市公司官网。在"投资者关系/关于我们"中查找。

（二）证券交易所网站。交易所会定期公布上市公司的财务报告，如上海证券交易所、深圳证券交易所。

上海证券交易所网址：http://www.sse.com.cn/。

深圳证券交易所网址：http://www.szse.cn/。

（三）财经网站。国内有很多财经网站上有有关上市公司的财务数据，甚至有现成的财务指标计算结果，利用好这些网站，有利于提高财务分析的效率。

东方财富网：http://quote.eastmoney.com/sz000998.html。

新浪财经：http://finance.sina.com.cn/realstock/company/sz000998/nc.shtml。

练习题

1.如何撰写财务分析报告？

2.下载你所关注的公司的财务报告，并撰写该公司的财务报告。

参考文献

[1]王化成．财务报表分析[M]．北京：北京大学出版社，2007．

[2]张新民，钱爱民．财务报表分析[M]．北京：中国人民大学出版社，2008．

[3]张新民，钱爱民．企业财务报表分析[M]．北京：清华大学出版社，2006．

[4]孙福明，章颖薇，刘瑾．财务报表分析[M]．北京：清华大学出版社，2010．

[5]张铁铸，周红．财务报表分析[M].北京：清华大学出版社，2011．

[6]何韧．财务报表分析[M]．上海：上海财经大学出版社，2010．

[7]卢雁影．财务分析[M]．北京：科学出版社，2009．

[8]张川．企业财务报告分析[M]．北京：清华大学出版社，北京交通大学出版社，2012．

[9]卢雁影.财务分析[M].北京：科学出版社，2011．

[10] 章政，李翠霞.新时期的种子产业发展政策支撑[J].中国种业，2013（7）：50-51．

[11]王淑萍．财务报告分析 [M]．修订版．北京：清华大学出版社，2006．

[12]中国注册会计师协会．财务成本管理[M].北京：中国财政经济出版社，2014．

[13]张先治，陈友邦．财务分析 [M]．5版．大连：东北财经大学出版社，2010．

[14]岳虹．财务报表分析[M]．北京：中国人民大学出版社，2009．

[15]国务院国资委财务监督与考核评价局．企业绩效评价标准值[M]．北京：经济科学出版社，2014．

[16]中国注册会计师协会．战略与风险管理[M]．北京：经济科学出版社，2014．

[17]董启元.惨绿中的"绿大地"[J].上海企业，2011（7）：106-108．

[18]蒋冲，章颖，徐建军．人格特征、利益博弈、资本证券化与财务舞弊——基于绿大地舞弊案例的启示[J].会计之友，2010（2）：50-51．

[19]唐曦.绿大地事件中深圳鹏城会计师事务所责任分析[J].经济研究导刊，2012（16）：92-93．

[20]李涛.从绿大地事件看上市公司监管[J].财会研究，2012（6）：61-63．

[21]张博亚.绿大地内部控制方面存在的问题及完善[J].财务与会计，2011（9）：17-18．

[22]霍唤民.怎样编写企业财务分析报告[J].财会月刊，1996（5）：43．